U0140468

国家社科基金
GUOJIA SHEKE JIJIN HOUQI ZIZHU XIANGMU
后期资助项目

马克思的哲学观的当代解读

A Contemporary Interpretation on
Marx's View of Philosophy

刘秉毅　著

社会科学文献出版社
SOCIAL SCIENCES ACADEMIC PRESS (CHINA)

国家社科基金后期资助项目
出版说明

后期资助项目是国家社科基金设立的一类重要项目，旨在鼓励广大社科研究者潜心治学，支持基础研究多出优秀成果。它是经过严格评审，从接近完成的科研成果中遴选立项的。为扩大后期资助项目的影响，更好地推动学术发展，促进成果转化，全国哲学社会科学工作办公室按照"统一设计、统一标识、统一版式、形成系列"的总体要求，组织出版国家社科基金后期资助项目成果。

全国哲学社会科学工作办公室

目　录

导言　以哲学观为切入点
反思马克思哲学

要在新的时代境遇中发展马克思主义哲学，就必须首先明确这种以马克思命名的哲学的实质所在。也就是说，必须认真思考马克思究竟实现了怎样的哲学革命，开创了怎样的哲学传统。毫无疑问，对于上述问题的解答离不开多层次、多角度的考察，而事实上研究者也已经在本体论、生存论、方法论、哲学思维方式等方面作出了许多有益的探索。但同时更要看到，以哲学观为切入点的研究作为其中最直接的一条路径，具有着不可替代的重要意义。之所以这样说，一方面是由于马克思的哲学观与马克思哲学密切相关，在它们之间存在一种"解释学的循环"；另一方面则是由于马克思是一位从根本上改变了人们对哲学本身看法的哲学家，哲学经过他的革命性改造获得了全新的形式和内容。因此，我们完全有理由相信，对于马克思的哲学观的研究将为反思马克思哲学乃至马克思主义哲学提供重要的思想资源。

从词源学的角度来看，"哲学"是由希腊文中的"爱"和"智慧"这两个词叠加形成的。然而，"爱智慧"这一基本词义似乎过于空泛，并不能确切地回答究竟什么是哲学。于是，人们开始在对哲学本身的思考中寻找答案，却从来没有任何一种见解能够成为公认的结论。这种情形恰如黑格尔所说："哲学有一个显著的特点，与别的科学比较起来，也可以说是一个缺点，就是我们对于它的本质，对于它应该完成和能够完成的任务，有许多大不相同的看法。"① 当然，人们无须为"什么是哲学"没有定论而感到遗憾，因为这恰恰体现了哲学在不断地更新自身的提问方式和思考方式，在随着人类社会实践的发展而不断重树自身的理论形象。同时，各种不同的见解也在提示我们，哲学已经将自身纳入了反思的范围，而这正是哲学观问题产生的标志。

---

① 〔德〕黑格尔：《哲学史讲演录》第 1 卷，贺麟、王太庆译，商务印书馆，1959，第 5 页。

所谓哲学观，就是对与哲学本身相关的一系列问题的观点、看法和态度。这些问题包括哲学的主题、对象、性质、方法、功能、目的，以及哲学与现实、时代的关系，哲学的形成、发展和未来命运，哲学与其他文化形式的关系，哲学家的形象及其在社会历史中的角色，等等①。由此可见，哲学观是哲学中一个最具前提性和基础性的问题。对于一个哲学家而言，不论他是否自觉，总有一定的哲学观作为前提预设规定着他的理论活动的旨趣和方向，决定着他的哲学思想的性质和特点。因此，可以说有怎样的哲学观就有怎样的哲学。要理解一个哲学家的思想，就必须首先对其所持有的哲学观有所把握。而且，哲学观的这种先导作用在哲学史上的变革时期会显得尤为明显，凡是哲学的重大转向或根本性变革，总是要集中地表现为哲学观的彻底更新。也正是在这个意义上，马克思的哲学观作为一个极其重要且富有意义的问题被提了出来。

根据哲学观的定义可知，马克思的哲学观就是马克思对于哲学本身的理解，体现在他对上述那些有关哲学本身的问题的具体看法之中。马克思实现了哲学史上的伟大变革，因此他的哲学观必然经历了一个不断发展变化的思想历程：从对传统的哲学观的接受与吸收，到反思与批判，再到新哲学观的形成与确立。如果能够完整地呈现这一过程，将马克思在不同时期对于哲学本身的观点、看法和态度揭示出来，那么马克思哲学革命的内在逻辑和实质精神也就呼之欲出了。当然，马克思的哲学观只是我们反思马克思哲学的一个切入点，并不能代替其他角度的考察，但它作为一个最具前提性和基础性的问题，又要求我们必须首先对其作出合理的理解和诠释。

马克思的哲学观研究无疑是重要的，但同样不能忽视的是这一研究所具有的挑战性。众所周知，马克思在从根本上改变人们对哲学本身的看法并开辟出一条全新的哲学道路的同时，并没有用明确的语言来系统地阐明自己的新哲学观，他对哲学本身的理解也只散见于一系列著作的细微之处。与此相关，马克思的哲学观在很大程度上是通过论战来表述的，因此多以否定的形式出现。一个典型的例子便是马克思在《〈黑格尔法哲学批判〉导言》中对于"实践政治派"和"理论政治派"的批

---

① 参见杨学功《传统本体论哲学批判》，人民出版社，2011，第24页。

判，哪怕清楚马克思反对什么，但想要从正面讲出他认为应当怎样"消灭哲学"则并不是一件容易的事，因为毕竟不能简单地认定马克思所反对的东西的反面就是他所赞成的。另一个耐人寻味的事实则是，马克思在完成《德意志意识形态》和《哲学的贫困》之后便很少再论及哲学本身，以至于在其最重要的哲学研究即政治经济学批判中反而出现了哲学观的"空场"。正是由于这些困难的存在，围绕马克思的哲学观出现了许多争论不休的问题：马克思是哲学终结论者吗？马克思早期的哲学观与成熟时期的哲学观之间存在断裂吗？是否存在能将二者统摄起来的内在逻辑？与"哲学"相对立的"科学"在马克思那里究竟意味着什么？马克思在政治经济学批判中如何践行了自己的新哲学观？恩格斯有关哲学本身的一系列论述是否遵循了马克思的哲学观？等等。这些问题的存在固然表明马克思的哲学观研究绝非易事，但也从另一个角度体现了这一研究的意义所在。而本书也将以这些问题为线索，试图在对马克思的哲学观的梳理和阐发中澄清理解上的纷争，并在此基础上给出自己的解答。

为了更加明确马克思的哲学观研究的内容，我们有必要对几个相关概念进行辨析。首先，"马克思的哲学观"不等于"马克思哲学观"。这两个概念虽然只有一字之差，但正是这个"的"字的去留决定了二者不同的内涵。上文已经表明，"马克思的哲学观"就是马克思对于哲学本身的理解，或者说是马克思对于"如何做哲学"的看法。但在"马克思哲学观"这一概念中，"观"的主体已不再是马克思，而是研究者；"观"的对象也不再是一般意义上的哲学或哲学本身，而仅仅是马克思哲学。也就是说，"马克思哲学观"是研究者对于马克思哲学的总体性理解，或者说是研究者为马克思哲学与其他思想家的哲学划定的边界。不可否认，研究者对于"马克思的哲学观"的阐释与研究者自身的"马克思哲学观"的确会有相当程度的重合，但我们必须看到，前者更加侧重的是思想史的细节，而后者则更注重马克思哲学的整体，这是二者之间不可混淆的关键点。从这个角度来看，研究"马克思的哲学观"正是建构我们的"马克思哲学观"的一种前提性工作。因为把握马克思对于哲学本身的理解的演变过程，在很大程度上就是为了在其中发现他对于自己的哲学的规划，而这便正是"马克思哲学观"的题中应有之义。当然，如果连马克思对于哲学本身的观点、看法和态度都没有进行深入的理解和把握，那么我们的"马克思哲学观"也不会合理到哪儿去。

其次，"马克思的哲学观"也不等于"马克思的哲学概念"。作为一个论题的"马克思的哲学概念"所关注的，是马克思通过"哲学"这一概念表达了怎样的思想。而事实上，马克思对于"哲学"一词的使用从未超出传统形态的哲学的范围。如果说在青年黑格尔派时期马克思尚未将自己的思想同"哲学"进行划界的话，那么从1844年开始，马克思就不再把自己的学说称作"哲学"了。因此，从"马克思的哲学概念"入手进行的考察基本上只能得到"哲学"的一个被不断批判的形象，而无法涉及马克思有关"新唯物主义"的许多重要思想。当然，这就又牵涉了"思想成熟后的马克思还有没有哲学"的问题。对于这个问题的回答无疑取决于对"哲学"的定义，如果把"哲学"等同为无所不包的绝对真理体系，或者认为只有专门论述抽象的形上问题才算是"有哲学"，那么完全有理由说马克思不再有哲学。但是，一旦我们注意到马克思所始终具有的总体性的、超越性的理论视野，那么就会明白：正是为了实现人的解放的目的，马克思才没有局限在实证的"科学"研究之中，而是为经济事实建立起了批判性的概念。从这个意义上来说，马克思的思想始终具有哲学的性质。至于他拒绝用"哲学"来称谓自己的学说，则是这一概念承载了西方学术传统中过于沉重的理论负荷，因而不得不采用其他过渡性和替代性的说法。这样，"马克思的哲学观"与"马克思的哲学概念"之间的区别也就很清楚了：前一概念中的"哲学"是广义的，它所指的是一般意义上的哲学或哲学本身，并不像后一概念中的"哲学"受限于哲学的传统形态。

至此，"马克思的哲学观"作为一个有待研究的问题，就被较为明确而具体地提了出来。至于这一研究的意义，则主要包括以下几个方面。

首先，这一研究将深化我们对于马克思哲学的理解和反思。正如前文所提到的那样，理解、反思马克思哲学（或者说建构一种体现时代精神的"马克思哲学观"）是一个总问题，而"马克思的哲学观"则是这个总问题的一个首要的切入点。因此，我们可以尝试用马克思本人对于哲学本身的观点、看法和态度来回答他究竟实现了怎样的哲学革命、开创了怎样的哲学传统。同时，这一研究也有助于消除对于马克思哲学的一系列误读，因为许多误读正是来自用马克思已经颠覆了的传统哲学观去解读马克思哲学，而其中一个典型的例证便是立足于现代西方哲学中的存在主义来证明马克思哲学的"当代性"。

其次，这一研究将丰富和扩展我们对一系列元哲学问题的理解。在传统的马克思主义哲学原理教科书中，哲学的对象、性质、特点、功能，以及哲学的基本问题、哲学的基本派别等元哲学问题都是必不可少的内容。然而，不论是出于构建理论体系的需要，还是为了兼顾历史上各种形态的哲学，原理教科书在回答这些问题时侧重于对哲学本身的一般性考察，得出的结论也较为简单和抽象。同时，原理教科书在这一部分内容中更多地采用的是恩格斯和列宁的提法，因而并没有充分地体现出马克思的哲学观。从这个意义上说，我们需要一种比原理教科书更为具体也更为贴近马克思本人原意的对于元哲学问题的解答，而这也正是本书所致力于达到的目标。

再次，这一研究有助于我们更好地认识马克思思想与现代西方哲学中"哲学终结论"和"后哲学文化"的关系。20世纪以来，随着以科学主义、本质主义和线性历史观为特征的现代性出现危机，许多西方哲学家，如维特根斯坦、海德格尔、罗蒂等，都曾把否定哲学、批判哲学和取消哲学的真理垄断地位作为自己理论的一个主题。不可否认，他们的这些主张与马克思对哲学"去神圣化"的态度有一定的相似性，例如海德格尔就曾将马克思称为哲学终结论的先驱："随着这一已经由卡尔·马克思完成了的对形而上学的颠倒，哲学达到了最极端的可能性。哲学进入其终结阶段了。"[1] 但同时也要看到，这些现代西方哲学家所做的不过是在纯理论、纯思想的范围内表达一种批判性的反思，并不能从根本上克服现代性的危机。马克思与他们的关键区别就在于，他使革命性的哲学成为社会改造实践的一部分，把消灭形而上学幻想的任务落实在了现实的社会变革之中。

最后，这一研究将为当代中国马克思主义哲学研究提供有益的启示。近年来，中国的马克思主义哲学研究出现了明显的"学术化"倾向：许多研究者以"回到马克思""政治淡出，学术凸显"为口号，远离现实

---

[1] 孙周兴选编《海德格尔选集》下卷，上海三联书店，1996，第1244页。

生活、回避现实问题，仅仅专注于解读和阐释经典文本，从而把马克思主义哲学变成了书斋里的学问。这一现象的出现固然有其现实的社会历史原因，但也必须承认，这种所谓的"学术性诉求"已经违背了马克思主义哲学的本性，其直接的后果便是马克思主义哲学在思想界的"边缘化"。因此，通过考察马克思的哲学观特别是马克思对于学院哲学家的批判，我们将重新理解他关于"如何做哲学"的论述。而这对于当代中国马克思主义哲学的健康发展来说，无疑具有借鉴的意义。

为了实现上述研究意义，我们必须在马克思的哲学观研究中贯彻如下的研究思路。

第一，遵循马克思的文本，将其哲学观还原为一个不断发展变化的思想历程。马克思的哲学观不是一蹴而就的现成观点，我们不能指望将他的任何一个具体表述（如"任何真正的哲学都是自己时代的精神上的精华"）当作具有终极意义的答案。不可否认，青年马克思较多地谈论了哲学本身，因而其早期文本自然会成为我们关注的重点，但这并不意味着马克思"走出哲学"之后的政治经济学批判著作不重要，它们更需要我们以哲学家的方式（阿尔都塞语）加以阅读，力图从中找到马克思对于其哲学规划的正面表述。

第二，区分马克思对于传统哲学的"观"和对于新哲学的"观"。尽管"马克思的哲学观"这一概念中的"哲学"指的是哲学本身或一般意义上的哲学，但马克思本人在使用"哲学"一词时，所指代的对象从未超出西方传统形而上学的范围，因此作上述区分有利于澄清理解上的纷争，避免陷入"马克思思想成熟后是否还有自己的哲学"这样的无谓讨论，也避免将马克思的哲学观理解为简单否定或贬低哲学的庸俗之见。在这种情况下，我们大致可以按照如下两个大的方向进行研究：一是马克思批判或否定了怎样的哲学，二是马克思赞赏或肯定了怎样的哲学。

第三，强调思想的连续性，重视思想史背景和社会历史原因。不可否认，马克思对待哲学的态度的确经历了一个转变的过程，但我们却不应当据此将马克思的哲学观割裂为前后对立的两个阶段。应当看到，贯穿马克思思想始终的是一种改变世界的诉求，他的哲学观无论怎样变化都是为了使哲学服务于"实际地反对并改变现存的事物"的革命行动。与此同时，我们也要看到马克思的哲学观绝非脱离时代语境的纯粹个人见解，就其时代背景而言，思想领域中黑格尔对于传统哲学的"完成"和现实社会中自然科学的高歌猛进以及阶级矛盾的尖锐化都是不可忽略的重要因素。

第四，力图从哲学观的角度深化对于马克思哲学实质的理解，推进马克思主义哲学中国化。如果研究仅限于探讨马克思的哲学观本身，那么其理论意义还是不充分的。因此，一方面，需要立足于哲学观与哲学的直接相关性，对马克思所实现的哲学革命和所开创的哲学传统作出自己的解读；另一方面，则必须重视马克思的哲学观对于马克思主义哲学发展的规范作用，从中发掘有利于当代中国马克思主义哲学研究健康发展的思想资源。只有以此为落脚点，马克思的哲学观研究才不会沦为纯形式主义的学术活动。

按照这样的研究思路，本书拟从五个方面展开对于马克思的哲学观的研究。

第一章主要讨论马克思的哲学观的思想史前提。伴随着西方哲学的历史发展，一种定位于"科学的科学"的哲学观传统也逐渐形成，并在黑格尔那里获得了最为充分和集中的表达。这种传统的哲学观作为当时人文主义的启蒙思想的重要组成部分，势必对马克思的思想产生了深远的影响。可以说，马克思正是由此开始了对于哲学本身的思考，而这一点首先便可以在他最早期的思想探索历程中得到证实。

第二章具体考察马克思的哲学观在各个思想阶段上呈现出的不同规定性。以《〈黑格尔法哲学批判〉导言》和《关于费尔巴哈的提纲》为标志，马克思的哲学观的逻辑进程可以分为三个阶段。在理性主义的哲学观阶段，马克思直接继承了传统的哲学观，将哲学视为宗教批判和政治批判最有力的理论武器。此时的马克思尽管已经意识到哲学在形式上具有的缺陷，但尚未质疑哲学的理性主义内容，因此在这一阶段马克思强调的重点是哲学的现实化。在费尔巴哈对整个传统哲学的批判的影响下，马克思的哲学观也进入了一个短暂的过渡阶段，即人本主义的哲学观。在这一时期，马克思逐渐放弃了对于传统哲学的信任态度，但他同时也意识到，费尔巴哈的"新哲学"亦不能为干预现实的批判性活动提供有力的理论支持。因此，马克思重新恢复了哲学与辩证法的关联，并最终确立了实践唯物主义的哲学观。在马克思对于自己的新哲学的规划中，实践原则改变了哲学的思维方式，历史视域改变了哲学的理论形态，而对于蒲鲁东的批判则摆正了哲学进入政治经济学研究的方式。在其作为哲学新形态的政治经济学批判中，马克思践行了自己的新哲学观，从而使哲学真正成为社会改造实践的理论先导。

第三章意在从整体上回答马克思究竟有着怎样的哲学观：首先，在马克思的哲学观与传统哲学观构成的历时性结构中，前者因超越后者而具有一种明确的现代属性；其次，尽管马克思的哲学观经历了三个阶段的发展，但它在哲学的基础、主题、功能，以及哲学家的形象等问题上的基本思想又是始终一贯的，从而体现出"变中之不变"的基本内容；最后，在马克思的哲学观与现代西方哲学的哲学观构成的共时性结构中，前者因与后者的关键性差别而表现出鲜明的个性特征。

第四章着重将马克思的哲学观放在与马克思哲学的关系中进行考察。基于哲学观与哲学互为前提的缠绕关系，我们可以将马克思哲学的每一次重大发展视为其哲学观更新的结果，同时将马克思的哲学观的每一次跃迁视为其哲学创造不断深化的产物。而这样一来，马克思所实现的哲学革命便在哲学观的视角内获得了一种新的理解方式。

第五章作为全文的结语部分，主要探讨马克思的哲学观所引发的理论反响和所具有的当代意义。我们看到，马克思的哲学观一方面影响了马克思主义理论家对于哲学本身的思考，从而开启了马克思主义的哲学观；另一方面则规范着马克思主义哲学的发展，使马克思主义哲学能够在"一般与特殊"的张力中不断丰富自身的内容。当然，就目前中国马克思主义哲学研究所面临的困境而言，马克思的哲学观也同样具有启示性的意义。

第一章 马克思的哲学观的
思想史前提

任何思想上的变革都是在对既有传统的反思和超越中产生的，马克思的哲学观也不例外。要领会马克思关于哲学本身的深刻思想及其所实现的理论变革，就必须首先对他所面对的传统观念进行把握。总体而言，在西方文化的语境中，哲学意味着一种超越现象世界、探索形上的本体世界的理论活动。然而，自哲学诞生以来，其探索本体世界的具体方式和途径又一直处在不断的变化之中，不同历史时期的人们对于哲学的本质和使命都有着颇为不同的理解。也就是说，哲学从来就不具有确定的、既成的形象，如果说对于任何一门具体科学本身的探讨都是多余的话，那么"了解什么能被称为'哲学'的问题总是哲学的真正问题，是它的中心，它的根源，它的生命原则"①。也正因如此，哲学观向来是一个富有意义的问题，它构成了每一时期西方文化的重要内容，马克思对于哲学本身的思考也必然要以哲学在当时历史语境中的理论定位作为自身的思想史前提。

第一节 传统哲学观的主要内容

随着西方哲学的历史发展，哲学观的具体形态也经历了一个不断变化的演进过程：在古希腊，哲学作为"爱智慧"的代名词，所表示的是对事物产生和运动的原因作出理智的说明。因此，哲学往往被理解为各种知识的总汇，它与数学、物理学等具体科学还处在浑然一体的状态之中。尽管亚里士多德突出了研究存在本身的"第一哲学"的相对独立的地位，但他并没有超出这种知识总汇式的广义哲学观。到了中世纪，哲

---

① 包亚明主编《一种疯狂守护着思想——德里达访谈录》，何佩群译，包亚明校，上海人民出版社，1997，第 222 页。

学则更多地被当作人运用自己的理性来理解上帝和圣经的手段，从而具有了"神学的婢女"的形象。在经院哲学家看来，哲学并没有独立于神学的地位，它的任务便是为信仰提供可以理解的证明。近代以来，哲学曾一度恢复"知识总汇"的形象①。但是，随着各门具体科学的纷纷独立，哲学逐渐在新的学科分类格局中为自身找到了更为明确的定位，即对于最高原因和普遍原理的追寻。也正是基于这样的定位，哲学得以凌驾于各门具体科学之上，获得了"科学的科学"的尊荣。

毫无疑问，马克思的哲学观正是在对这种近代哲学观的反思和超越中形成的。不过，我们也要看到，马克思之前的整个哲学观的演变历程中也存在内在的一贯性，某些基本规定不论是在古希腊、中世纪还是在近代都有较为明确的体现。因此，本书倾向于将马克思的哲学观的思想史前提概括地统称为"传统哲学观"。具体而言，这种传统哲学观主要包含以下几方面的内容。

一 哲学的目的：绝对真理

众所周知，西方哲学家从来没有在"什么是哲学"这一问题上取得过完全一致的意见。然而，这并没有妨碍哲学 2000 多年来的不断发展，作为一门学科的哲学的合法性与必要性也从未受到过质疑和否定。究其原因，就在于哲学家普遍相信自己的工作有着特定的使命，而这一使命便是到纷纭复杂、变动不居的现象世界的背后去把握某种具有统一性和恒定性的原则或尺度。为了与人们的虚妄的"意见"相区分，哲学家更乐于将自己的发现冠以"真理"之名，而且是关于具有根本重要性的东西的"绝对真理"。可见，所谓绝对真理，就是关于万物本原或最高存在的终极知识，能够在任何时间、为任何事物提供根本性的依据。可以说，正是这种追求绝对真理的信念贯穿了从古希腊到近代的哲学发展历程，并构成了传统哲学观的核心规定性。

哲学对于绝对真理的追求之所以是可能的，则是由于以下两个基本

---

① 例如笛卡尔曾指出："全部哲学就如一棵树似的，其中形而上学就是根，物理学就是干，别的一切科学就是干上生长出来的枝。这些枝条可以分为主要的三种，就是医学、机械学和伦理学。"（〔法〕笛卡尔：《哲学原理》，关文运译，商务印书馆，1958，序言第 XVII 页。）

的理论预设。

其一，世界具有统一性，不论是宇宙万象还是人类历史都要受到某种确定的、必然的秩序和原则的制约。就这一信念而言，早在古希腊时期就已经得到了确立。我们知道，最早的自然哲学便是对于万物本原问题的直接探讨，从泰勒斯的"水"、阿那克西美尼的"气"到毕达哥拉斯学派的"数"、赫拉克利特的"火"，再到恩培多克勒的"四根"、阿那克萨戈拉的"种子"和德谟克利特的"原子"，哲学家们始终致力于把宇宙万物归结为某种一元的、永恒不变的实体。柏拉图和亚里士多德则通过将本原问题提升至形而上学的水平，深化了人们对于世界的统一性的确信。例如，柏拉图将"善"的理念确立为整个世界的最高原则，构成了所有理念以及作为各种理念的摹本的感性事物共同追求的终极目标。亚里士多德也明确指出，第一哲学"寻求的是本原和最高的原因"①，而在他看来，"实体"便是一切存在的中心。到了中世纪，世界的统一性问题又具有了上帝创世说的色彩，因此哲学所要做的便是证明作为绝对创造者的上帝的存在。与先前的两个阶段不同，近代哲学不再直接探讨万物的本原问题，但这并不意味着哲学家们放弃了世界的统一性信念。在他们看来，如果不先解决认识论的问题，那么任何关于万物本原的论断都不会有确实的依据。可见，世界的统一性的前提就在于建立起思维和存在的同一。我们看到，不论是经验论所强调的感觉经验、唯理论所强调的天赋观念，还是费希特的"自我"、谢林的"绝对同一性"和黑格尔的"绝对精神"，这些都是世界的统一性问题在认识论框架内的间接表达。由此可见，从古希腊到近代的哲学家都相信万物本原或本体的存在，而这也就使得一种本质主义、基础主义的思维方式成为进行哲学思考的首要前提。

其二，理性是人类寻求普遍性、确定性和必然性的能力，因而可以把握到万物本原、本体。当泰勒斯将水表述为万物由以产生的根源时，理性便代替神话和幻想，成为人们探究世界统一性的原则。特别是随着毕达哥拉斯学派的"数"和赫拉克利特的"逻各斯"的提出，本原问题具有了抽象的含义，而这也就使得理性成为发现真理的唯一途径。例如，

———————

① 苗力田主编《亚里士多德全集》第7卷，中国人民大学出版社，1993，第84页。

赫拉克利特就曾经指出："眼睛和耳朵对于人们乃是坏的见证"，"思想是最大的优点；智慧就在于说出真理"①，表现出了对于理性思维的极大推崇。只是在中世纪，理性才一度让位于信仰，但这并不意味着理性的论证被完全抛弃。以安瑟尔谟为例，虽然他坚持认为"信仰而后理解"，但他对于上帝存在的本体论证明还是在相当程度上恢复了遭到贬抑的理性精神。随着文艺复兴与宗教改革运动的兴起，理性精神的旗帜重新得到了高扬。在这一时期，出现了经验论哲学的经验理性和唯理论哲学的天赋理性的对立，但这种分化毕竟只是理性主义内部的分化，理性已毫无疑问地成为衡量一切的唯一尺度。康德则进一步提出"人为自然立法"，从而表明了主体理性在认识过程中的决定性作用。然而，他同时又以现象和自在之物的区分限制了理性的作用范围。为了消除这一矛盾，费希特和谢林都更加突出了理性的能动作用，并最终在黑格尔的思辨体系中达到了理性与现实的和解。综上所述，对理性的信仰构成了西方哲学的主要传统。特别是对于非理性主义思潮兴起之前的传统哲学家而言，哲学在本质上只能而且必须是理性的事业。

正是基于上述两个理论预设，传统哲学观才得以将哲学定位为探求绝对真理的理性活动。哲学家们相信，只有把握到宇宙万物的终极根据或最高原因，现象世界的一切才能够获得真正合理的解释。因此，哲学必然要超越以事物的个别领域和局部属性为研究对象的具体科学，成为最高的"科学"。对于传统哲学的这种自我期许，赖欣巴哈曾作过这样的概括：哲学总是"努力想获致一种关于普遍性的、关于支配宇宙的最普遍原则的知识"，并通过"理性，宇宙的立法者，把一切事物的内在性质显示给人的思维"，甚至"竭力想用它建立绝对知识的同样方法去建立道德指令"②。不可否认，在马克思之前的哲学史上也曾经出现过对于绝对真理的质疑和诘难。以休谟为例，他从彻底的经验主义立场出发，断言世界的"最后的原因"已经超出了人类知识的范围，属于经验所不能达到的领域，因而只能对其存疑。同样地，康德则通过对人的认识能力本身的批判性考察划定了理性的界限，否证了理性的无条件的认识能

----

① 北京大学哲学系外国哲学史教研室编译《古希腊罗马哲学》，商务印书馆，1961，第29页。

② 〔德〕H. 赖欣巴哈：《科学哲学的兴起》，伯尼译，商务印书馆，1983，第234、235页。

力。不过，我们也要看到，休谟和康德所做的这些理论努力仍然是在传统本体论的思维方式内进行的，他们对于绝对真理的质疑和诘难终究还是为了追求更具客观性和普遍必然性的知识，并最终使形而上学具有科学的形式。也正是出于这个原因，康德之后的德国古典哲学很快恢复了对于超验本体的探求，使哲学家自古希腊以来便孜孜以求的绝对真理在近代达到了其最高形态。总而言之，绝对真理就是传统哲学观为哲学所设定的根本目的，即使就传统哲学的整个发展历程而言，这一点也始终没有发生动摇。

那么，传统哲学所追求的这种绝对真理又具有怎样的性质呢？我们可以将其概括为以下四个方面。第一，超验性。哲学家们固然承认感性经验是人类知识的直接来源，却拒绝赋予其真实存在的地位。在他们看来，感性经验只是偶然的、易变的、非本质的表象，哲学只有深入形上的超验世界，才能把握到绝对真实和无限完善的真理。第二，自足性。既然绝对真理蕴含一切事物的终极解释、规定着人们的生活实践，那么它本身必然是完备而无须外求的。也就是说，绝对真理并不需要随着现实世界的发展变化而开放自身，改换其已然具有的内容和形式。第三，超时空性。绝对真理意味着在任何时间、任何地点都普遍适用的统一性原则，因而永恒"在场"。对于传统哲学家而言，任何受制于具体的历史情境或具有地域特征的理论都是不可接受的，他们所要找寻的只是绝对真理这样一把万能钥匙。第四，神圣性。在传统观念中，绝对真理作为凌驾于人的现实生活世界之上的终极知识，绝非普通人可以企及。也正是由于垄断了真理的话语权，哲学家被当作高高在上的立法者和导师，随时准备救赎那些庸俗浅薄的无知之辈。

不难发现，绝对真理所具有的这些性质同时也反映了传统哲学的基本特征，而这也就再次证明了"以绝对真理为根本目标"的信念对于整个传统哲学的深刻影响。可以说，传统哲学观的其他规定性也都是从这一点当中衍生出来的。

二　哲学的方法：抽象思辨

既然哲学所追求的绝对真理具有普遍和必然的性质，那么哲学便不能沉湎于充满差异和偶然的现象世界，而必须到现象世界的背后去寻找真正的、本质的存在，在思想的天国中建构完全合乎理性的世界秩序。为了达到这一目的，哲学只能运用抽象思辨的思维方法，通过对现实内容和感性经验进行剪裁，以使之符合逻辑的概念和范畴。

在早期希腊哲学中，哲学家对于万物本原的探求尚没有摆脱自然思维，因而也缺乏对于哲学方法的自觉。直到柏拉图的理念论的提出，超越感性事物以寻求普遍本质的观念才得以确立，而这也就标志着哲学具有了区别于其他一切学科的特有的思维方法。柏拉图认为，"理念"作为普遍的概念、共相或形式，并不是感官的对象，而只能是理智通过抽象和思辨所把握到的东西。不仅如此，柏拉图还进一步将理念实体化和客观化，将其看作独立于个别事物的实在本体。于是，哲学中第一次明确地出现了感性世界与理念世界的二元分离。当然，这两个世界并不具有同等的地位，理念世界是感性世界存在的根据和原型，可感事物正是通过"摹仿"或"分有"理念而获得其实在性的。可见，在柏拉图那里，抽象思辨的思维方法被赋予了本质的重要性，成为进行哲学思考的必要条件。

怀特海曾经指出："欧洲哲学传统最可信赖的一般特征是，它是由柏拉图的一系列注脚所构成的。"[①] 而海德格尔也认为，"纵观整个哲学史，柏拉图的思想以有所变化的形态始终起着决定性作用。形而上学就是柏拉图主义。"[②] 这些都表明了由柏拉图所明确的抽象思辨方法对于整个西方传统哲学的深远影响。不可否认，许多哲学家（如亚里士多德、笛卡尔、康德、黑格尔等）都曾探讨过具体的方法问题，从而实现了逻辑工具和理性能力的不断完善。但是，他们对于哲学方法的研究都是为寻求绝对真理的目的而展开的，因而不可能突破抽象思辨的总体特征。也就是说，从柏拉图哲学开始，历史和现实就必须服从于知性逻辑和概念化思维，而这也就使得抽象观念对于现实世界的统治成为哲学家们的普遍信念。对此马克思曾不无讽刺地指出，这种抽象思辨的方法好比将"果品"这个一般观念当作本质、实体，而把现实的苹果、梨、草莓、扁桃当作虚幻的、非本质的存在形式，使它们只能作为"'果品'生活过程

① 〔英〕怀特海：《过程与实在》，杨富斌译，中国城市出版社，2003，第70页。
② 孙周兴选编《海德格尔选集》下卷，上海三联书店，1996，第1244页。

中的千差万别的环节"被显示出来①。

应当承认，任何理论都离不开抽象。不过，使抽象物实体化、独立化，并最终凌驾于现实世界之上，则是传统哲学所特有的。从当代的视角看，这种抽象思辨方法具有以下局限性。

其一，它造成了感性世界与超感性世界的截然分立。用海德格尔的话来说，"自柏拉图以来，更确切地说，自晚期希腊和基督教对柏拉图哲学的解释以来，这一超感性领域就被当作真实的和真正现实的世界了。与之相区别，感性世界只不过是尘世的、易变的，因而是完全表面的、非现实的世界。尘世的世界是红尘苦海，不同于彼岸世界的永恒极乐的天国。如果我们把感性世界称为宽泛意义上的物理世界，那么，超感性世界就是形而上学的世界了。"② 与两个世界的区分相伴随的，则是现象和实在、肉体和灵魂、意见和真理、激情和理智的对立。毫无疑问，在这几个对立中，后者都要比前者更加真实和优越，而前者则必须无条件地服从于后者。从这个意义上说，正是抽象思辨的方法将哲学导向了对于逻各斯的绝对崇拜，从而使得"理性霸权"和"概念宰制"成为传统哲学所无法摆脱的理论困境。

其二，抽象思辨的方法也颠倒了概念、范畴与其现实基础的关系。在我们今天看来，概念和范畴只是现实在理论上的表现。然而，传统哲学家们却并不这样认为。他们一方面把概念和范畴看作从纯理性的头脑中产生的，另一方面则将现实事物视为概念和范畴的化身。于是，"形而上学者也就有理由说，世界上的事物是逻辑范畴这块底布上绣成的花卉；他们在进行这些抽象时，自以为在进行分析，他们越来越远离物体，而自以为越来越接近，以至于深入物体。……既然如此，那么一切存在物，一切生活在地上和水中的东西经过抽象都可以归结为逻辑范畴，因而整个现实世界都淹没在抽象世界之中，即淹没在逻辑范畴的世界之中，这又有什么奇怪呢？"③ 同样地，现实的历史运动的根据也只能到纯理性的运动中去找寻，而这种纯理性的运动不过是"设定自己，自己与自己相对立，自相结合"的逻辑展开。

---

① 参见《马克思恩格斯文集》第 1 卷，人民出版社，2009，第 276～278 页。
② 孙周兴选编《海德格尔选集》下卷，上海三联书店，1996，第 770～771 页。
③ 《马克思恩格斯文集》第 1 卷，人民出版社，2009，第 600 页。

其三，抽象思辨的方法还阻碍了哲学对于其对象的正确认识。众所周知，思维和存在的关系问题是近代哲学的基本问题，而这一问题的提出，本身就有赖于抽象思辨的思维方法。也就是说，只是出于一种归本或还原的需要，现实世界中的丰富关系才会被简单地抽象为人与自然、主体与客体、精神与物质的两极对立。因此，即使是作为近代哲学中两大对立阵营的唯心主义和唯物主义，在哲学的方法上也并无二致。如果说唯心主义以思维、精神为本原，其抽象思辨的方法是一目了然的，那么唯物主义对于这一方法的运用则是隐蔽的。这是因为，唯物主义尽管强调物质和自然，却并不是立足于事物本身，而是从理性出发将它们设定为了一种"物相"，以至于使"感性失去了它的鲜明色彩，变成了几何学家的抽象的感性。"① 可见，唯心主义和唯物主义的差别只是在对立的两极中各取一端，它们都无法真正地把握到现实对象。

当然，一心追求绝对真理的传统哲学家们是看不到上述这些局限性的。对于他们来说，抽象思辨就是哲学实现自身理论目的的最为有效的甚至是唯一的途径。也正是由于传统哲学观在哲学的方法上的这一定向，传统哲学往往带上了某些"玄学"的特征。

三　哲学的形式：知识体系

黑格尔曾经指出："哲学若没有体系，就不能成为科学。"② 这个论断表明了传统哲学观在哲学的形式方面的两个重要规定性。

其一，哲学需要"科学化"为一种有确实依据的、可理解的、能够经学习而成为一切人的所有物的客观知识，并最终将绝对真理表述为具有最大概括性和最高解释力的"终极知识"。这意味着，对于传统哲学观而言，哲学和各门具体科学尽管在研究的对象和内容上有着明确的区别，却分享着共同的形式。甚至可以说，哲学在形式上应当以数学、力学、物理学等科学作为范例。从哲学史上来看，不论是亚里士多德将逻辑学量化、精密化的努力，还是笛卡尔将"清楚分明"当作真理的标准，或是康德对于先天综合判断的研究，都反映了传统哲学的科学化诉

---

① 《马克思恩格斯文集》第 1 卷，人民出版社，2009，第 331 页。
② 〔德〕黑格尔：《小逻辑》，贺麟译，商务印书馆，1980，第 56 页。

求。不难发现，传统哲学观之所以要求哲学科学化，无非是为了使哲学具有一种坚实可靠的形象。然而，这同时也暴露了其知识论的立场。也就是说，只有预先把哲学当作一门知识，才会有随之而来的"客观性""确定性""概括力""解释力"等问题；相反，如果否认哲学的知识属性，那么哲学的科学化也就没有意义了。

可见，所谓知识论的哲学观，就是把哲学视为一种求知的活动，把哲学的主要任务规定为从根本上理解事物。在这一视角下，只要哲学获取到关于世界本原或本体的最高知识，而人们又理解并接受了这种既成的知识，那么哲学的全部意义就得到了实现。在哲学发展的最初阶段，所研究的对象是自然万物，因而难免作为一种知识性的学说而存在。但是，真正为哲学开启知识论传统的则是苏格拉底。在"美德即知识"这一命题中，苏格拉底将善行的根据归结为关于绝对的、普遍的"善"的知识，从而把人的生存问题也纳入了认知的范畴。于是，对于传统哲学而言，包括自然和人在内的整个世界就都成为知识的对象，成为可以用逻辑的方式予以把握的现成之物。亚里士多德则进一步指出，"求知是所有人的本性"，人们进行哲学思考就是为了摆脱无知①，而这也就把哲学的全部注意力都限定在了知识论的领域之中。也正是在这种哲学观的影响下，哲学日益成为一种知识性的理论学科，建构起了越来越庞大、越来越丰富的知识大厦，并最终在黑格尔的"绝对知识"那里达到了顶峰。

然而，与此同时，这种知识论的哲学观的局限性也逐渐显露了：一方面，它遮蔽了哲学所特有的人文旨趣，禁锢了哲学对于自由思想的追求，使哲学与科学在形式上失去了应有的分界。在这种情况下，哲学对于人的生存所担负的重大责任便隐而不见了，留给哲学的只剩下对于知识的普遍性、确定性的追求。另一方面，它也使哲学具有了一种与科学相同的"理论态度"，即以二元区分为前提的主体对于对象的"看""观察"或"透视"。这样一来，世界对于哲学的开放性也就消失了，世界只能成为哲学所静观的对象，而哲学也只能止步于"解释世界"。

---

① 参见苗力田主编《亚里士多德全集》第 7 卷，中国人民大学出版社，1993，第 27、31 页。

其二，哲学的知识内容又需要作为体系被表述出来。传统哲学家设定了世界的统一性，因而哲学对于不同事物的说明也必须立足于共同的原则，以便使整个宇宙自然乃至人类精神都呈现为绝对真理的不同部分或不同环节。正是在这个意义上，黑格尔指出："没有体系的哲学理论，只能表示个人主观的特殊心情，它的内容必定是带偶然性的。哲学的内容，只有作为全体中的有机环节，才能得到正确的证明。"①

一般来说，任何一种完善而自足的理论都会表现出总体性和内在一致性的特征，从而具有某种体系的形式。但是，把体系化作为一种本质性要求，进而以体系的囊括范围和内在一贯程度来作为评价理论完善与否的重要标准，则是传统哲学所特有的规定性。也正是基于这个原因，传统哲学又往往被视为"体系哲学"。根据文德尔班的考证，德谟克利特、柏拉图和亚里士多德开创了哲学的"体系化时期"，因为他们"都各自提出了包括一切的、本身完整的体系。他们的学说之所以具有这种特性，一方面是由于他们的问题的全面性，另一方面是由于他们处理这些问题时的自觉统一性"②。从此，传统哲学就踏上了追求完善体系之路，并逐渐形成了两种类型的哲学范畴体系，即以亚里士多德哲学为代表的实体论范畴体系和以康德哲学为代表的主体论范畴体系。直到黑格尔"实体即主体"原则的提出，这两种范畴体系才趋于统一。而黑格尔哲学又因其毫无矛盾地囊括了从精神现象学、逻辑学、自然哲学到历史哲学、法哲学、宗教哲学、哲学史和美学的广大领域，成为传统哲学观的体系化诉求的最充分实现。

当然，也只是在这种极端的形式下，体系哲学的虚妄性才最终得以暴露。首先，传统哲学的体系往往是在确立核心范畴和判断的前提下经过推论而形成的，因而难免成为一种静态的、封闭的逻辑架构。其后的全部实践发展的成果，都只能作为已有结论的证明和注解。这种情形恰如阿多尔诺所言："体系，作为（将一切都纳入其中的）总体性的描述形式，使思想与其内容绝对对立，并蒸发掉了思想中的内容"③。其次，除少数怀疑论哲学家外，几乎所有传统哲学家都相信自

---

① 〔德〕黑格尔：《小逻辑》，贺麟译，商务印书馆，1980，第 56 页。
② 〔德〕文德尔班：《哲学史教程》上卷，罗达仁译，商务印书馆，1987，第 137、138 页。
③ 〔德〕阿多尔诺：《否定辩证法》，王凤才译，商务印书馆，2019，第 28 页。

己的体系便是绝对真理,能够将宇宙万物都纳入概念和范畴的绝对统治。而这也就使传统哲学具有了一种独断论的特征。最后,传统哲学的体系还会与方法构成矛盾。例如,黑格尔正是因为没有突破"传统的要求",即"哲学体系是一定要以某种绝对真理来完成的",才不得不背离自己的辩证方法。"这样一来,革命的方面就被过分茂密的保守的方面所窒息。"①

总之,传统哲学观在形式方面对于哲学的要求就是成为一种知识性的理论体系。需要注意的是,尽管上文对于传统哲学的知识论特征和体系化诉求的说明是分别进行的,但二者之间无疑存在本质性的关联。也就是说,哲学的体系化本身就是哲学的科学化的重要内容,其前提必然在于将哲学当作一种解释世界的知识。体系化虽然表面上只是一个形式的问题,但也从本质上反映了传统哲学主客对待的"理论态度"。

四 哲学的使命:为整个文化奠基

上文曾经提到,传统哲学观在将哲学的目的定位于绝对真理的同时也就赋予了哲学以神圣的性质,而这种神圣性又进一步决定了哲学在整个文化中的特殊地位。长期以来,哲学一直被当作"一门超级科学或一门主学科,它关心的是具有根本重要性的问题"。哲学家们普遍相信,哲学不仅"可被用于证明或批评个人行为和生活以及社会习俗和制度,还可为人们提供一个进行个人道德思考和社会政治思考的框架"②。这意味着,对于传统哲学观而言,哲学在整个文化中所扮演的是一个奠基者的角色。

具体来说,首先,哲学代表了一种至高无上的生活方式。我们知道,泰勒斯曾因观察星象时不慎跌入坑里而遭到仆人的嘲笑。这反映了在哲学发展的早期,人们并没有对哲学家那种超越日常兴趣的行事方式予以特别推崇。但是,随着苏格拉底发出"未经反思的生活是不值得过的"的训导,哲学逐渐成为与人生密切相关的一种生活方式。亚里士多德则把沉思的生活与实践的和技艺的生活区分开来,认为沉思居于一切生活

---

① 《马克思恩格斯文集》第4卷,人民出版社,2009,第271页。
② 〔美〕罗蒂:《哲学和自然之镜》,李幼蒸译,生活·读书·新知三联书店,1987,中译本作者序第14、11页。

方式之首，代表了最完满的幸福。用他的话来说："理性的沉思的活动则好像既有较高的严肃的价值，又不以本身之外的任何目的为目标，并且具有它自己本身所特有的愉快，而且自足性、悠闲自适、持久不倦和其他被赋予最幸福的人的一切属性，都显然是与这种活动相联系着的。"①亚里士多德的这种观点表达了传统哲学家所共同憧憬的生存境界。即使到了19世纪，黑格尔也仍然在强调：如果精神太忙碌于现实，太驰骛于外界，以致沉陷在日常急迫的兴趣中，那么它便是不自由的。精神要摆脱这种状况，就必须跟随哲学回到内心，转回自身，以徜徉自怡于自己原有的家园中②。

　　可见，传统哲学观之所以相信哲学能够为整个文化奠基，首先就是由于哲学"把过沉思的生活，即理论生活方式当作拯救途径。理论生活方式居于古代生活方式之首，高于政治家、教育家和医生的实践生活方式。"③上文曾经提到，传统哲学中占据主导地位的是一种知识论的哲学观，即把哲学当作一门真理性的知识。那么，这里所说的哲学的生活方式是否构成了对于知识论哲学观的反拨呢？笔者认为，真正与知识论的哲学观相对应的是生存论的哲学观，只有这种哲学观才能使哲学实现对于人的生存的现实关切。而"哲学的生活方式"所强调的不过是超越现象世界的求知活动的重要意义及哲学家个人的精神自由，因而仍然是服务于知识论的哲学观的。事实上，传统哲学在其整个发展历程中始终在批判和贬低世俗的、日常的兴趣和活动，但从未想过深入这些兴趣和活动中去发现它们对于现实的人的生存论意义。因此，马克思说传统哲学"仅仅把理论的活动看做是真正人的活动"④，而哈贝马斯也认为，传统哲学"替少数人打开了真理的大门，对大多数人而言，这扇门却一直都是关闭的"⑤。

　　其次，哲学也凌驾于其他文化形式之上。用罗蒂的话来说，"作为一

---

①　北京大学哲学系外国哲学史教研室编译《古希腊罗马哲学》，商务印书馆，1961，第327页。

②　参见〔德〕黑格尔《小逻辑》，贺麟译，商务印书馆，1980，第31、32页。

③　〔德〕哈贝马斯：《后形而上学思想》，曹卫东、付德根译，译林出版社，2001，第32页。

④　《马克思恩格斯文集》第1卷，人民出版社，2009，第499页。

⑤　〔德〕哈贝马斯：《后形而上学思想》，曹卫东、付德根译，译林出版社，2001，第32页。

门学科的哲学，把自己看成是对由科学、道德、艺术或宗教所提出的知识主张加以认可或揭穿的企图"。可见，科学等文化形式尽管有着各自专门的领域，却仍然需要哲学所提供的前提性的辩护，因而它们相对于哲学而言并不是独立的，也不是自足的。那么，哲学何以具有这种基本性的地位呢？在罗蒂看来，这是由于哲学自诩对知识和心灵的性质有着特殊的理解，"它理解知识的各种基础，而且它在对作为认知者的人、'精神过程'或使知识成为可能的'再现活动'的研究中发现了这些基础"。或者更确切地说，哲学相信"心"能够像一面镜子一样再现客观事物，这些表象虽然有些准确，有些不准确，却可以借助纯粹的、非经验的方法加以研究。正是在这种知识论的哲学观的影响下，哲学最终"成为这样一个文化领域，在这里人们可以脚踏根基，在这里人们可以找到用以说明和辩护他作为一名知识分子的活动的语汇和信念，从而可以发现其生命的意义"①。

以哲学与经验科学的关系为例。尽管传统哲学始终希望在形式上像科学一样严密、精确，但它同时也一直在赋予自身以一种超科学的理论形象。早在古希腊时期，亚里士多德就指出，"第一哲学"所研究的是存在本身，而各门具体科学则是从存在中切取某一部分，研究这一部分的属性。因此，只有"第一哲学"才能把握到本原和最高层次的原因。而黑格尔则在承认"哲学的发展实归功于经验科学"的同时坚持认为，"哲学赋予科学内容以最主要的成分：思维的自由（思维的先天因素）。哲学又能赋予科学以必然性的保证"②。同样地，即使在宗教面前，哲学也能够保持这种居高临下的姿态。仍然以黑格尔为例，在他看来，宗教虽然同哲学一样达到了作为普遍内容的绝对理念的高度，却只能借助于形象的或历史的形式，因而也低于哲学的概念式表达。

毫无疑问，传统哲学观对于哲学与其他文化形式关系的定位进一步加剧了传统哲学的封闭性。当传统哲学以一种奠基者的眼光来审视其他文化形式时，实际上也就否认了深入这些文化形式内部进行哲学考察的必要性。因此，传统哲学家往往只是把科学、道德、艺术和宗教当作哲

---

① 〔美〕罗蒂：《哲学和自然之镜》，李幼蒸译，生活·读书·新知三联书店，1987，第1、2页。

② 〔德〕黑格尔：《小逻辑》，贺麟译，商务印书馆，1980，第54页。

学的外史、当作真理的佐证或逻辑发展的不同环节。以谢林为例，他虽然将艺术哲学称为自己全部哲学的"拱顶石"，但是并没有研究艺术创造本身的规律，而是借此达到了主观与客观的真正同一性。可见，"艺术"在谢林那里是一个完全意义上的哲学概念，甚至可以说就是绝对真理的代名词。

第二节　传统哲学观的"完成"：黑格尔的哲学观

通过上述考察，传统哲学观的主要内容得到了基本的呈现。不过，为了更深入地把握马克思的哲学观的思想史前提，我们还需要对黑格尔的哲学观进行一个专门的探讨。不可否认，黑格尔作为传统哲学家的一员，他对于哲学本身的思考必然具有传统哲学观的一般特征，而且上文也的确多次提及他的观点和看法。然而，值得注意的是，我们之所以说传统哲学在黑格尔那里"完成"了，恰恰就是由于他最充分地落实了传统哲学观对于哲学本身的规定，在传统哲学观的限度内做到了极致。从这个意义上说，黑格尔也"完成"了传统哲学观，他关于哲学本身的思想不仅是传统哲学观的最完善的表达，而且还蕴含某些超越、突破传统哲学观的潜在因素。更为重要的是，黑格尔的哲学观还构成了马克思的哲学观直接的思想来源，并对后者产生了深刻而持久的影响。因此，本书拟从黑格尔的四个基本命题出发，试图对其既根植于传统而又富有个性的哲学观思想进行一个全面的梳理。

一　哲学是认知着的真理

与其他传统哲学家的哲学观相比，黑格尔的哲学观具有一个显著的特点，即他对于"哲学"的理解本身就是其哲学的一个有机环节。或者说，黑格尔是在整个哲学体系的逻辑展开之中来谈论"哲学"的。因此，理解黑格尔的哲学观的一个必要前提，便是明确"哲学"在其体系中的地位。从总体上看，黑格尔体系包括逻辑学、自然哲学和精神哲学三大部分；具体到精神哲学，又分为主观精神、客观精神和绝对精神三个阶段；而在作为最高阶段的"绝对精神"那里，则经历了从艺术到宗教再到哲学的演进过程。可见，"哲学"居于黑格尔体系的顶端，是其整个哲学的最终完成。不可否认，黑格尔在这里所说的"哲学"特指由他本人发现的绝对真理。但是，如果联系他关于"哲学史是一个有机整体"的思想，那么也可以将这里的"哲学"理解为一般意义上的哲学。

现在的问题是，黑格尔何以将"哲学"置于整个体系的顶端呢？要回答这个问题，就必须从贯穿其整个体系的绝对精神的演化运动入手。我们知道，黑格尔哲学所表现的是绝对精神在创造世界的过程中不断地认识自己的"奥德赛之旅"。在创造世界之前的筹划阶段，绝对精神曾以纯粹逻辑的方式达到了作为"思维着自身的理念"①的绝对理念。不过，绝对理念终究是一个逻辑范畴，并不具有客观的现实性，因而它需要外化为丰富多彩的现实存在，使绝对精神真正踏上创造世界的历程。当这一创造历程从自然界开始时，绝对精神所具有的自我意识是极其微弱的。但是，在绝对精神的推动下，自然界逐步向前发展，以至于从中产生出人和人的精神来。当然，绝对精神在进入人类社会历史和精神生活的领域之后并没有马上觉醒，而是在经历了主观精神和客观精神的阶段，并扬弃了艺术和宗教的形式之后，才最终在哲学中获得了完全的自我意识。也就是说，绝对精神只是在哲学中才得以回顾其整个创造历程，从而意识到它自身是一切存在。不难发现，此处的"哲学"与逻辑学中的"绝对理念"一样，都是绝对精神对自身进行思维的产物，代表了思维与存在的同一。二者的不同之处则在于，"哲学"是绝对精神在经历了从外化到回归的创造历程之后所实现的，因而更体现了理性与现实的和解。也正是在这个意义上，黑格尔将哲学称为"认知着的真理"②，并以此完成了整个体系。

如前所述，传统哲学观为哲学所设定的目标在于世界统一性前提下的绝对真理。黑格尔作为一名传统哲学家，自然也执着于此。不过，他对于绝对真理的谈论又远远地超越了前人。我们知道，古希腊乃至近代早期的哲学家在追求绝对真理的过程中往往只关注于实体性的本原或本体，而这也就使得他们的哲学具有了一种直接性、静态性的特征。例如黑格尔就曾经指出，由于立足于形式逻辑，"亚里士多德所最注意的，就

---

① 〔德〕黑格尔：《小逻辑》，贺麟译，商务印书馆，1980，第 421 页。

② 〔德〕黑格尔：《哲学科学全书纲要》，薛华译，上海人民出版社，2002，第 327 页。

是规定这个存在是什么，——就是认识实体。"① 与此不同，黑格尔则通过改进理性工具，借助辩证逻辑将绝对真理表述为实体的自我认识。"认知着的真理"这一命题就表明，哲学的真理并不是直接给出的，而是在一个不断的认识过程中逐步呈现的。

当然，这种将绝对真理主体化、动态化的做法并不是黑格尔的个人独创，而是德国古典哲学全部发展的结果：从康德的"哥白尼式的革命"开始，哲学就把注意力转向了主体的能动性；费希特进一步将这种主体的能动性延伸到了自在之物的本体领域，使"非我"成为"自我"的设定之物；而谢林则从主体和客体的无差别的同一出发，认为物质和精神、自然和人都是从这种"绝对同一"中分化出来的区别和规定。以上这些解决主观能动性和客观制约性矛盾的努力虽然不能令黑格尔完全满意，但在其中一步步酝酿成熟的唯心辩证法思想却直接启发他提出了"实体即主体"的原则。用他的话来说，"一切问题的关键在于：不仅把真实的东西或真理理解和表述为实体，而且同样理解和表述为主体"②。可见，在黑格尔那里，绝对精神是绝对的实体，但同时也是能动的主体，有着自身运动的内在根据，能够从一个绝对的点出发将自身发展为一个无所不包的体系。这样，"哲学"对于黑格尔来说便具有了双重的意义：一是对绝对精神通过外化创造世界的整个历程的揭示，二是绝对精神在通过反思把这些外化形式重新纳入自身的统一性中之后形成的理论成果。

如果说"认知着的真理"这个命题表明，黑格尔仍然将哲学视为真理的同义词。那么，随着绝对真理的主体化和动态化，哲学也就具有了一种内在的生成性。具体来说，一方面，哲学成为主观能动性的集中表达，排除了任何与人的创造无关的事物存在的可能，而这也就直接启发了马克思从实践活动出发解释社会历史现实。不过，黑格尔的出发点终究是主体与客体的二元分立，因而他不得不安排绝对精神在其自我意识即"哲学"中完成对于世界的创造，以确保主观能动性和客观制约性的最终统一。对于马克思的实践的思维方式而言，这一问题则并不存在。另一方面，哲学也成为逻辑和历史相统一的证明。在黑格尔看来，绝对

---

① 〔德〕黑格尔：《哲学史讲演录》第 2 卷，贺麟、王太庆译，商务印书馆，1960，第
288 页。
② 〔德〕黑格尔：《精神现象学》上卷，贺麟、王玖兴译，商务印书馆，1979，第 10 页。

精神的自我认知作为一条逻辑的主线，既体现在历史的发展之中，也体现在哲学史的进程之中。因此，当绝对精神的自我认知完成的时候，历史和哲学史中的内在联系也就呈现了。哲学的这种历史感虽然在黑格尔那里还具有抽象和唯心的形式，但是深刻地影响了马克思的思想。可以说，马克思对历史事实进行抽象以发现逻辑规律的做法，就是对黑格尔最好的继承。

二　哲学是自由的科学

在黑格尔看来，哲学既然意味着绝对精神的最终实现，那么它本身便具有自由的性质。需要指出的是，这里所说的"自由"固然包含不依赖他物、不受外力压迫等一般含义，但更多地则是指一种精神性的主体和实体的同一状态。黑格尔说："自由正是在他物中即是在自己本身中、自己依赖自己、自己是自己的决定者……只有当没有外在于我的他物和不是我自己本身的对方时，我才能说是自由。"① 在黑格尔哲学中，自由首先是一个无条件的前提，是绝对精神的本质所在。然而，随着绝对精神的创造活动的展开，现实事物以其外在性、异己性的特征构成了对于主体的限制，自由也就变成了不自由。只有当绝对精神意识到这些外物不过是自己设定起来的东西，并在其中重新发现自身时，它才能够达到"现实的自由"。这个"正、反、合"的三段式表明，黑格尔的"自由"不过是绝对精神对于自身已然拥有的自由的认识过程。尽管他强调自由必须通过历史的、具体的内容获得现实性，但这种思维内部的"现实化"终究只具有形式的意义，因而并不相关于现实世界中人的自由的存在方式。

基于对"自由"的这种理解，黑格尔指出："哲学也可以看成是自由的科学。因为在哲学中各对象的异己特性消失，从而意识的有限性也会消失。"② 由此可见，他之所以赋予哲学以自由的性质，主要还是为了重申绝对精神在哲学中所获得的自我意识具有统摄主体和实体的意义。这一点在上文中已多有提及，此处就不加赘述了。不过，就哲学与自由

---

① 〔德〕黑格尔：《小逻辑》，贺麟译，商务印书馆，1980，第83页。

② 〔德〕黑格尔：《哲学科学全书纲要》，薛华译，上海人民出版社，2002，第5页。

的关系问题而言，黑格尔还提出了以下几点有价值的思想。

第一，哲学掌握着关于自由的真理。黑格尔指出，熟知的东西并不是真正知道了的东西，如果人们的观念仅停留在日常意识的层次，那么便不能正确地理解自由。在这方面，最为典型的误解便是把任性或任意当作意志的自由，以及认为自由与必然相互排斥。因此，只有通过哲学对于自由的发展过程和实体性内容的揭示，这些空疏浅薄的意见才会消逝无踪。

第二，哲学是对于自由的现实性的证明。前文已经提到，对于黑格尔来说，自由的实现是一个非常重要的问题。然而，他同时又认为，这一问题仅在哲学内部就可以得到解决。也就是说，只要哲学将社会历史领域证明为精神活动的产物，自由也就获得了其现实性的意义。例如，"世界历史无非是'自由'意识的进展"①：东方人由于不知道精神是自由的，只能被压制于专制君主一个人的任性的自由之下；希腊人和罗马人虽然具有了自由的意识，但是只知道少数人是自由的，因而还蓄有奴隶；在基督教的影响下，人们开始意识到一切人都是自由的，但直到现代社会，这个原则才被推行到现实世界的各种关系上。与历史哲学类似，法哲学则是要证明自由在社会中的逐步展现："自在的自由"以直接的、外在的事物为定在，表现为个人对于财产的直接占有权利；"自为的自由"则从这种外部权利上升到了对于善的内心意识，从而进入了道德的领域；"自在自为的自由"作为善在伦理实体即家庭、市民社会和国家中的实现，意味着精神最终"在其对象中返回到自身"②。

第三，"哲学的出现属于自由的意识"③。黑格尔认为，哲学起始的条件是思想从自然事物里摆脱出来，从感性直观中超拔出来，从而深入自身，成为自由的意识。因此，当一个民族的思想尚未达到这种自由的存在的时候，是不可能产生哲学的。哲学的这一开端还进一步决定了其独立自为的性质。如果说别的科学都必须将特定的外物作为自身的对象，那么哲学则无须如此，它在外物那里发现的不过是思想本身。

---

① 〔德〕黑格尔：《历史哲学》，王造时译，上海书店出版社，2006，第17页。

② 〔德〕黑格尔：《法哲学原理》，范扬、张企泰译，商务印书馆，1961，第31页。

③ 〔德〕黑格尔：《哲学史讲演录》第1卷，贺麟、王太庆译，商务印书馆，1959，第94页。

总之，黑格尔的上述观点同样构成了对于"哲学是自由的科学"的佐证。不过，这种"自由"仅限于思维内部，因此也可以说，黑格尔为哲学所设定的任务便是向人们表明如何正确地理解现存的事物，而所谓正确，就是在事物中发现自身的反映并重建起自身的同一性。只要人们能够在这种认识的活动中既深入于内容又返回于自身，那么也就实现了自由。由此可见，黑格尔不仅不要求实际地改变现实世界，还直接把"理性与现实的和解"作为哲学的最高目的①。在他看来，哲学的"认识所提供的是与现实保持更为温暖的和平。"② 毫无疑问，黑格尔对于哲学与自由关系的理解并不同于马克思以哲学的批判服务于现实的人的自由解放的做法。但是，黑格尔的这种理解也并非无关于现实世界中的自由诉求。在当时相对落后的德国，资产阶级对于自由竞争的经济体系和君主立宪的政治制度有着强烈的向往，然而，法国大革命"绝对的自由"所带来的恐怖后果又使他们对自身的前途有了更多的犹疑和动摇，而这也就促使他们回到内心去对自由本身进行更为深入的思考。黑格尔将自由局限在哲学中、以哲学实现自由的做法，正是德国资产阶级对于自由的这种矛盾心理的反映。

此外，值得注意的是，黑格尔将哲学当作"自由的科学"，这本身就表明此处的"科学（Wissenschaft）"不同于那种以精确反映事物规律为己任的、追求客观经验性的、完全实证的知识系统。这是由于，"自由"作为人的生存和发展的理想状态，是一种价值观念的表达，不可能被用来修饰上述那种狭义的"科学（Science）"。事实上，德语中的 Wissenschaft 泛指一切系统的知识和学问，既包括狭义的"科学"（即自然科学和社会科学），也包括哲学、历史学、文学等人文学科。黑格尔之所以使用这个词，无非是为了表明自己的哲学具有实际的内容和完善的体系，因而比一般学说更接近于真理。但是，这并不代表他放弃了哲学与具体科学之间的本质区别。无独有偶，在马克思的学说中也存在"哲学"和"科学"之间的张力。因此，把握黑格尔对于"科学"一词的用法，无疑将有助于我们更好地理解马克思对自己学说的定位。

---

① 参见〔德〕黑格尔《小逻辑》，贺麟译，商务印书馆，1980，第 43 页。

② 〔德〕黑格尔：《法哲学原理》，范扬、张企泰译，商务印书馆，1961，序言第 13 页。

三 哲学是具体统一的总体

前文曾经指出，传统哲学观赋予哲学的是一种抽象思辨的方法。然而，黑格尔却认为，"哲学是最敌视抽象的，它引导我们回复到具体。"①那么，是否可以说黑格尔已经有意识地放弃了抽象观念对于现实世界的统治呢？

问题的关键在于理解黑格尔的"具体"概念。黑格尔认为，知性在认识的过程中总是坚执于非此即彼的对立或无差别的同一，因而无法真正地深入事物的内容，把握到事物自身。在这种思维方式下，认识主体只能得到一种空洞的、形式的、抽象的知识，并往往会在思维与存在、现象与本质、有限与无限等问题上陷入二元论的处境。与此相反，理性则能够认识到一切现实之物都包含有相反的规定于自身，都是在自我否定、自我分化和自我综合的过程中达到具体的能动的同一。因此，对于事物的真正把握就在于意识到其不同规定的统一，从而获得一种包含有丰富的内容、层次和矛盾关系的知识。可见，黑格尔的"具体"概念必须在知性和理性两种思维方式的区别中才能被理解。通过这一概念，黑格尔所要强调的是，哲学并不是对于事物的外在的、主观的反映，而是要将思想证明为事物的自身。也就是说，"哲学诚然是和统一有关，但它并不是和抽象的统一、单纯的同一性和空洞的绝对有关，而是与具体的统一有关，并且在它的全部进程中完全只与具体的统一有关"②。

从哲学史的角度来看，黑格尔对于哲学的"具体的统一"的强调主要是为了批判康德为哲学所设定的内化路向。黑格尔承认，"康德哲学的主要作用在于曾经唤醒了理性的意识，或思想的绝对内在性……自此以后，理性独立的原则，理性的绝对自主性，便成为哲学上的普遍原则"③。然而，康德通过划分现象和自在之物以回避理性的矛盾的做法却又使哲学不得不放弃了与外部现实的真实联系，从而进入了一个纯粹形式化的内省领域，丧失了干预现实的能力。在这种情况下，德国古典哲

---

① 〔德〕黑格尔：《哲学史讲演录》第 1 卷，贺麟、王太庆译，商务印书馆，1959，第29 页。
② 〔德〕黑格尔：《精神哲学》，杨祖陶译，人民出版社，2006，第 394 页。
③ 〔德〕黑格尔：《小逻辑》，贺麟译，商务印书馆，1980，第 150 页。

学为主体性塑造现实的权利进行辩护的意图便面临着落空的危险。因此，黑格尔势必要将康德的"形式的真理"转化为"内容的真理"，把主体与客体、理性与现实重新统一起来。他指出，康德将矛盾判定为理性的非法使用所导致的一种错误，代表着思维的缺点，因而退回到了知性的立场。但事实上，矛盾恰恰具有"真正积极的意义"，理性正是通过自身的矛盾本性而展现出一种否定自身、超出自身并创造对象的能动作用。可见，黑格尔正是借助对矛盾的辩证理解使理性获得了面向现实的"实践"能力。他相信，这样一来哲学便可以走出内省的领域，并获得全新的自我理解。用他的话来说，"哲学的内容就是现实"①。

就此而论，黑格尔的确使哲学表现出了前所未有的现实感。但是，这并不意味着他突破了传统哲学观所要求的抽象思辨的方法。之所以这样说，是由于黑格尔在强调哲学深入于内容并把握"事物的自身"之前，就已经把思想先行地规定为"事物的自身"了。于是，真实的事物消失了，剩下的仅是一种纯粹思想物的外观。即使这种思想物被要求通过一个辩证的过程以达至"具体的统一"，但被统一起来的那些相反规定仍然只是抽象的思维形式。例如，黑格尔所说的"客观性"并不是通常人们所认为的"外在事物的意义"，而是指"思想所把握的事物自身"②。这表明，黑格尔实际上是把这一概念的日常含义即"思想与事物相符合"颠倒为"事物与思想相符合"，因为在他看来，只有理性才是现实的真正形式。这样，我们便不难理解哲学在黑格尔那里所获得的现实感为何最终还是落在了抽象思维的领域之中。

当然，我们也要看到，黑格尔的努力毕竟是传统哲学内部一次极为深刻也极为富于成果的理论超越。通过对传统哲学之抽象的外部性和空洞的统一性的批判性总结，黑格尔不仅预示了现代哲学可能的发展方向，而且更为重要的是，他证明了哲学干预现实的可能性和必要性。哈贝马斯曾经指出，早在青年时期，黑格尔便"要求哲学扮演批判角色，即要求哲学发挥为改变实践做准备的作用"③。可以说，正是这种思想诉求对

---

① 〔德〕黑格尔：《小逻辑》，贺麟译，商务印书馆，1980，第43页。

② 参见〔德〕黑格尔《小逻辑》，贺麟译，商务印书馆，1980，第120页。

③ 〔德〕哈贝马斯：《理论与实践》，郭官义、李黎译，社会科学文献出版社，2004，第160页。

马克思产生了深远的影响。在 20 世纪初反对将马克思主义教条化、实证化的理论斗争中，卢卡奇和柯尔施曾不约而同地论证了"理论与实践的总体性"是马克思思想的根本原则，而这一原则就来自马克思对于德国古典哲学特别是黑格尔哲学的继承。

最后，让我们再回到黑格尔对于哲学本身的规定。在他看来，哲学既然"完全只与具体的统一有关"，那么便必然要表现为一个总体。这是由于，具体的东西包含有差别和对立于自己本身之内，因而能够在内部矛盾的推动下将自身发展为一个"联系在一起和保持在一起的统一体"。黑格尔认为，哲学的这种总体性绝不同于一般百科全书的那种外在的集合和偶然的次序，而是一种有机的内在联系。也就是说，哲学的每一部分都是哲学总体的一个环节或阶段，它作为一个特殊的规定性或因素，只有在总体中才能获得真正的理解。同样地，这一点也反映在哲学史中。黑格尔反对将不同的体系，如亚里士多德哲学、笛卡尔哲学、康德哲学等视为不同的哲学，而主张将它们之间的更替看作同一个哲学或哲学本身的逻辑演进。用他的话来说："哲学史上所表现的种种不同的体系，一方面我们可以说，只是一个哲学体系，在发展过程中的不同阶段罢了。另一方面我们也可以说，那些作为各个哲学体系的基础的特殊原则，只不过是同一思想整体的一些分支罢了。"①

四　哲学是时代精神的思维和认识

黑格尔在强调哲学与现实之间的本质联系的同时，也就突出了哲学的时代性特征。在他看来，现实并不是僵死的、本质上一成不变的事实的汇集，而是一个历史的、发展的过程，每一时代的现实都有其独特的形态。因此，作为与现实处于总体性关系中的哲学，也必然要在具体的时代语境中形成和发展，它的内容绝不是随意的、偶然的主观遐想。可以说，正是黑格尔使哲学首次明确地意识到了自身与时代的内在关联："每一哲学属于它的时代，受它的时代的局限性的限制，即因为它是某一特殊的发展阶段的表现。……每一哲学都是它的时代的哲学，它是精神发展的全部锁链里面的一环，因此它只能满足那适合于它的时代的要求

① 〔德〕黑格尔：《小逻辑》，贺麟译，商务印书馆，1980，第 54~55 页。

或兴趣。"①

当然，这并不意味着黑格尔之前的哲学家们都完全忽视了哲学与时代的关系问题。他们通常认为，每一时代的政治局势和宗教对哲学有很大的影响，而哲学也同样对政治和宗教有所影响。不过，在黑格尔看来，这种认识的出发点是哲学与时代彼此外在、各自独立的关系，因而无法真正解决这一问题。他认为，唯一正确的思路是将这些不同的领域视为同一个精神的显现，而这个精神便是"时代精神"。对此黑格尔解释道："时代精神是一个贯穿着所有各个文化部门的特定的本质或性格，它表现它自身在政治里面以及别的活动里面，把这些方面作为它的不同的成分。"② 可见，政治、法制、艺术、宗教等对于哲学的关系，既不在于它们是哲学的原因，也不在于哲学构成它们存在的根据，而在于它们与哲学一道，都根源于时代精神。也就是说，每一时代哲学所具有的特性与体现在该时代其他历史方面的特性是一致的。不过，哲学终究不同于其他文化形式，"它是精神的整个形态的概念，它是整个客观环境的自觉和精神本质，……这多方面的全体都反映在哲学里面，以哲学作为它们单一的焦点，并作为这全体认知其自身的概念"③。

总之，在黑格尔那里，哲学一方面是时代精神的一个有机的组成部分，而另一方面则是时代精神对于自身的思维和认识。这一说法尽管明显带有唯心主义和神秘主义的色彩，却深刻地揭示了哲学与时代现实不可分割的关系。黑格尔坚信，哲学作为它的时代的产物，就是对于这一时代的实质的知识，因而不可能处于这一时代之外。换言之，哲学"是被把握在思想中的它的时代。妄想一种哲学可以超出它那个时代，这与妄想个人可以跳出他的时代，跳出罗陀斯岛，是同样愚蠢的"④。诚然，黑格尔也承认哲学可以通过知识与对象间的区别酝酿出新的精神，但总的来说，超越或脱离时代的哲学只能是一种个人的私见，而私见无疑是

---

① 〔德〕黑格尔：《哲学史讲演录》第 1 卷，贺麟、王太庆译，商务印书馆，1959，第 48 页。

② 〔德〕黑格尔：《哲学史讲演录》第 1 卷，贺麟、王太庆译，商务印书馆，1959，第 56 页。

③ 〔德〕黑格尔：《哲学史讲演录》第 1 卷，贺麟、王太庆译，商务印书馆，1959，第 56 页。

④ 〔德〕黑格尔：《法哲学原理》，范扬、张企泰译，商务印书馆，1961，序言第 12 页。

任意而空虚的。

黑格尔认为,哲学与时代的内在关联首先就体现在哲学史中。也正是从这一原则出发,他得出了哲学史研究的三个重要结论。第一,不必苛责先前的哲学家没有达到我们时代的思想,但同时也不能拿我们的思想方式去改铸先前的哲学家,以致妄加结论于他们。因此,我们只需从哲学家自己的字句出发,按照历史的材料进行研究,避免超出其本意的引申和推论。第二,每一时代的哲学都有其独特的地位、意义和价值,都是通向绝对真理的过程中一个不可或缺的阶段。这样说来,哲学史便不是"死人的王国"。即使先前的哲学被扬弃和超越,但它并没有真正死亡,而是在被降低为一个次要的环节后,继续活在后来的哲学之中。第三,较早时代的哲学在思想上是贫乏和抽象的,而思想上丰富和具体的哲学则总是较晚出现,整个哲学史就是哲学从抽象到具体的发展历程。黑格尔还特别强调,最晚出的、最年轻的、最新近的哲学,即他本人的哲学,就是最发展、最丰富、最深刻的哲学①。

不难发现,黑格尔实际上是把自己当作了哲学史的终结者,否定了哲学继续随时代发展的任何可能。上文曾经指出,传统哲学所追求的绝对真理具有一种超时空的特征,几乎所有的传统哲学家都相信他们的思想具有普适于一切时代的意义。那么,黑格尔对于哲学与时代内在关联的揭示,本身就已经揭穿了传统哲学观的这种虚妄的信念。顺着这一思路,黑格尔本可以将自己的哲学也视为"精神发展的全部锁链里面的一环",仅仅满足他那个时代的要求和兴趣,从而为后世哲学的进一步发展留下可能性的空间。然而,作为传统哲学家的一员,黑格尔最终还是背叛了自己的发现,走回了以绝对真理窒息发展的老路。当然,这并不意味着黑格尔否认了哲学与现实的本质联系。在他看来,哲学史终结的同时,整个历史也终结了,其后的历史只不过是对他所发现的真理的再次确证,因而不会再有新的时代精神产生出来了。

尽管黑格尔本人不愿承认,但后世的研究者还是证明了他的哲学同样只是对特定时代精神的反映。马尔库塞指出,黑格尔是法国大革命时

---

① 参见〔德〕黑格尔《哲学史讲演录》第 1 卷,贺麟、王太庆译,商务印书馆,1959,第 43~52 页。

代的产儿，而那个时代的时代精神便是"理性能够主宰现实""世界应该是一个理性支配的世界"。因此，同法国大革命的诉求一样，黑格尔哲学的诉求也是"在理性基础上建立国家和社会，以便使社会制度和政治制度能够符合个人的自由和利益"①。哈贝马斯则是从"现代性的自我确证"的角度来规定黑格尔哲学的时代特征的。他认为，现代性的主体性原则尽管肯定了个性自由，但同时也造成了社会生活系统和观念系统的分裂。因此，黑格尔哲学的时代动机便是从先验的角度把理性理解为一种一体化的和解力量②。

不论如何，让哲学与现实的本质联系成为哲学的明确自觉，这的确是黑格尔的历史功劳。当青年马克思发出"任何真正的哲学都是自己时代的精神上的精华"③ 这一宣言的时候，他实际上还是在重申黑格尔的发现，即这个时代需要哲学对现实的干预。只是随着他对于传统哲学观的突破，这一信念才真正获得了现实地改变世界的意义。

第三节　传统哲学观对于马克思的最初影响

毫无疑问，直到马克思诞生的那个时代，上述传统哲学观一直是西方文化的重要组成部分，深刻地影响着当时的历史文化语境。可以说，马克思正是由此开始认识哲学、了解哲学，并对哲学本身进行思考的，而这一点首先便可以在他最早期的思想探索历程中得到证实。当然，马克思在这一时期尚没有明确的哲学观自觉，他关于哲学的所有初步见解都还是在传统哲学观的内部形成的，无法区别于当时的通行看法。但我们也要看到，对于马克思而言，哲学经历了一个从一门普通学科到不可或缺的思想力量的转变，这个过程本身就包含他的思考和选择。而且，在他走向哲学的这一过程中，某些重要的哲学观问题已然以萌芽的形式表现了出来。从这个意义上说，研究传统哲学观对于马克思的最初影响，也就是为马克思的哲学观寻找一个坚实的思想起点。

---

① 〔美〕马尔库塞：《理性和革命》，程志民等译，重庆出版社，1993，第 3 页。
② 参见〔德〕哈贝马斯《现代性的哲学话语》，曹卫东等译，译林出版社，2004，第 32 页。
③ 《马克思恩格斯全集》第 1 卷，人民出版社，1995，第 220 页。

一　启蒙理性的思想氛围

在 19 世纪初的德国，启蒙已逐渐成为思想领域中的主题。我们知道，启蒙是一场涵盖自然科学、哲学、文学、历史学、政治学和经济学等诸多方面的思想文化解放运动，其目的在于反抗封建专制的压迫和教会思想的束缚。当时的启蒙思想家认为，迄今为止人们一直处在充满着迷信、非正义、特权和压迫的黑暗之中，只有抛弃以往的一切社会形式和国家形式，并与一切传统观念相决裂，人们才能走向光明，获得自由、平等和普遍幸福。为了实现这一目的，启蒙思想家找到了"理性"作为自己的理论武器。在他们看来，理性是人的本质力量的集中体现，代表着主体的独立性和能动性，而无须受制于任何外界的权威。因此，可以说启蒙所要建立的是一个充分满足个人发展和社会进步之要求的"理性的王国"，在这一王国中，理性成为衡量一切的唯一尺度："宗教、自然观、社会、国家制度，一切都受到了最无情的批判；一切都必须在理性的法庭面前为自己的存在作辩护或者放弃存在的权利。"①

既然理性原则是启蒙时代的灵魂，那么与理性密切相关的哲学自然也就成为启蒙思想的集中表达。必须承认，启蒙时代人们对于理性的确信主要来自自然科学的巨大成就，而并非来自哲学。但是，哲学在当时作为一种建构形上的理念世界的活动，仍然有着自然科学所无法替代的重要意义。因此，没有任何启蒙思想家能够忽视哲学在这场思想文化解放运动中的地位，而事实上，他们中的许多人也都具有哲学家的身份。

具体来说，哲学在当时主要是通过以下两种方式服务于启蒙的：一是法国式的唯物主义。伏尔泰、孟德斯鸠和卢梭等自然神论者虽然在整个自然体系之外设定了一个创造的精神，但这个精神并不是恐吓人、压制人的外在权威，而是对人运用自身理性的权利的保证。狄德罗、拉美特利、爱尔维修和霍尔巴赫等唯物主义的无神论者则彻底排除了神的存在，通过使人自然化而造就了一个机械决定论的世界，从而最大限度地高扬了科学理性。不论采取何种途径，哲学在 18 世纪的法国已经成为动员广大民众与封建势力进行斗争的思想武器，具有了直接关注社会

---

① 《马克思恩格斯文集》第 3 卷，人民出版社，2009，第 523 页。

现实的特征。而哲学家作为民众的导师，其任务就在于启发人们的自由民主意识和科学精神。二是德国式的唯心主义。与哲学在法国的平民化趋势不同，哲学在德国则成为大学教授的专业，不仅思想更为抽象复杂，而且语言也更加晦涩难懂，不再是未经专业训练的普通人可以问津的学问。但是，也正因如此，德国唯心主义才能够以更为深刻的方式确立起人的主体性原则，从而使理性塑造现实的权利得以充分地证明。也就是说，从康德到黑格尔，德国哲学家始终是在以反思的方式为自由和合理的生活秩序而抗争，他们的哲学正是"法国革命的德国理论"①。

总之，当启蒙的思想潮流席卷特里尔这座小城时，哲学在这一时代所特有的形象和作用也就被这里的知识分子所普遍接受了。我们知道，曾对少年马克思的思想发展产生过深刻影响的几个人，如父亲亨利希·马克思、男爵威斯特华伦和中学校长维滕巴赫等，都是深受启蒙思想影响的开明人士。特别是维滕巴赫，他作为一名坚定的康德信徒，更是对哲学有着深入的研究。因此我们可以想象，少年马克思在接受来自他们的人文主义教育的过程中，已经对哲学有了初步的接触和了解，而他所接触和了解的哲学又必然具有理性主义、人道主义和自由主义的特征。或者更确切地说，马克思最初的观念是在"以伊曼努尔·康德为主要代表的德国后期启蒙运动的思想财富以及在莱茵省起过特殊作用的法国启蒙运动的思想"的影响下形成的。②

进一步地，我们还可以考察另外两个与哲学密切相关而又有着根本区别的文化领域，即宗教和科学，对于少年马克思的影响，以期发现促使他日后走向哲学的若干线索。首先来看宗教。众多传记作品都表明，马克思在宗教教育中所接受的并不是那种强调无条件信仰的思想奴役，而是一种试图将宗教纳入理性框架的理性主义神学思想。按照海涅的描述，在当时的德国，人类的理性已经被授予解释圣经的权利，并被认为是一切宗教论争的最高裁判者，也就是说，理性的权能已经变得合法化了③。正因如此，马克思才可能在中学考试的宗教作文中主要从人性、

---

① 《马克思恩格斯全集》第 1 卷，人民出版社，1995，第 233 页。
② 参见中共中央编译局马恩室《马克思恩格斯研究》1989 年第 2 辑。
③ 参见〔德〕海涅《论德国》，薛华、海安译，商务印书馆，1980，第 234 页。

历史和道德的角度，而不是从教义和信仰的角度来论证信徒与基督结合为一体的原因和实质。可见，少年马克思所具有的是一种类似于自然神论的观点，这种体现着思想启蒙的宗教观点不仅不会削弱反而还会激发他对于哲学的热情。其次是科学。上文曾经提到，启蒙理性在很大程度上是一种科学理性或工具理性，而且事实上，这种理性也曾深刻地影响了许多与马克思同时代的思想家（如恩格斯）。然而，马克思从小所接受的是正统的古典教育，长期沉浸在人文经典的熏陶之中，因此，即使在面对与自然科学相关的问题时，他也仍然能够从人出发进行思考。也就是说，当时盛行的科学理性同样没有阻碍马克思走向哲学，他的思想始终具有浓厚的人文主义色彩。

　　于是我们看到，在其中学考试的德语作文《青年在选择职业时的考虑》中，马克思首次表达了对于从事哲学理论工作的向往。他写道："那些主要不是干预生活本身，而是从事抽象真理的研究的职业……看来还是最高尚的。"但是，他同时也强调指出，这些职业"对于还没有确立坚定的原则和牢固的、不可动摇的信念的青年是最危险的"，只有当"这些职业在我们心里深深地扎下了根"，当"我们能够为它们的主导思想而牺牲生命、竭尽全力"的时候，这些职业才"能够使具有合适才干的人幸福"①。可见，此时的马克思已经对哲学理论工作的艰辛和挑战性有了一定的认识，但他同样表示愿意在慎重考虑的前提下确立起对于这一工作的信念。至于马克思为何将哲学理论工作称为"主要不是干预生活本身，而是从事抽象真理的研究的职业"，则是由于他此时的哲学视野还停留在康德的水平上，尚不了解黑格尔关于哲学与现实同一的原则。同样在这篇作文中，马克思还提出了另一个重要的观点："在选择职业时，我们应该遵循的主要指针是人类的幸福和我们自身的完美。……人只有为同时代人的完美、为他们的幸福而工作，自己才能达到完美。"②这种启蒙主义的人生理想表明，马克思在日后所从事的任何工作（包括哲学研究和哲学批判）都只不过是一种手段，都是为了服务于人类的幸福这一根本目的。

---

① 参见《马克思恩格斯全集》第 1 卷，人民出版社，1995，第 458～459 页。
② 《马克思恩格斯全集》第 1 卷，人民出版社，1995，第 459 页。

二 建构法哲学体系的尝试

除启蒙理性外，浪漫主义思潮也曾深刻地影响了马克思早期思想的发展。与启蒙一样，浪漫主义同样是对思想、文化和艺术领域中的传统观念的反抗，反映了个性解放的要求和对精神自由的追求。而二者的区别则在于，浪漫主义将启蒙所推崇的现代性也纳入了反思和批判的范围："理性的王国"不仅没有真正实现自由、平等和普遍幸福，反而还加剧了社会的分化和人性的丧失。也正是基于对启蒙的这种不满和失望的态度，浪漫主义走向了理性的反面，转而通过直觉、想象和情感来表达自身的诉求。如果说启蒙是通过对过往历史的贬低而许诺了光明的未来，那么浪漫主义则更多地具有一种复古情结：一方面，不少浪漫主义者都认为中世纪是一个完美而理想的时代，其政治模式更利于实现人的本性；另一方面，由于对现代文明的拒斥，许多浪漫主义者更是将自然作为了自由理想的寄托。不难发现，浪漫主义也是对于时代问题的解答，只不过这种解答更加远离现实、更加虚幻罢了。众多传记作品都表明，在引导少年马克思成长的几位长者中，威斯特华伦男爵便是一位浪漫主义文学的爱好者。在其影响下，马克思也曾一度以浪漫主义情感来确定自己的活动方向。对于这一点的最好证明，便是他在大学时期对于诗歌创作所投入的巨大热情。

从表面上看，马克思的诗歌创作是以纯粹文学的形式进行的，不仅无关于哲学，而且还中断了他走向哲学的进程。然而事实上，这种创作活动恰恰是马克思早期哲学信仰的自我确证，他在其中所最终获得的乃是一种哲学的觉解。之所以这样说，是由于浪漫主义思潮的哲学基础与马克思当时对于哲学的认识一样，都是在康德—费希特的理路中形成的。例如，黑格尔就曾经指出，浪漫主义思潮的代表人物施莱格尔的学说的根源是费希特的哲学①。众所周知，作为康德哲学中主体性原则的彻底化，费希特哲学将一切事物都归结为了"自我"的能动作用，从而使"自我"成为唯一独立存在的世界主宰。很明显，这种哲学意图与浪漫主义所追求的个性解放和精神自由是完全一致的，而对于从康德—费希

---

① 参见〔德〕黑格尔《美学》第1卷，朱光潜译，商务印书馆，1979，第80页。

特那里开始接触并了解哲学的少年马克思来说，走向浪漫主义也就成了很自然的事情。在马克思早年的诗作中，我们能够感受到一种强烈的主体意识，或者说是充满激情的英雄主义情绪。然而，与之相伴随的则是对于作为客体的现实的轻视："一切现实的东西都模糊了，而一切正在模糊的东西都失去了轮廓。"① 毫无疑问，这些不过是少年马克思所服膺的哲学原则的文学化表达。

"但是写诗可以而且应该仅仅是附带的事情，因为我必须攻读法学，而且首先渴望专攻哲学。"② "我学的专业本来是法律，但我只是把它排在哲学和历史之次当做辅助学科来研究。"③ 马克思的这两段自白表明，到了大学时代的中后期，哲学对于他而言的重要性已经超过了诗歌创作和他自身的专业。不过，为了兼顾专业学习的需要，马克思还是打算将法学和哲学这两门学科"紧密地交织在一起"，即"试图使一种法哲学贯穿整个法的领域"。当然，这一尝试仍然是按照康德和费希特为哲学所规定的原则进行的。研究资料表明，当时马克思参考了康德的《法的形而上学原理》和费希特的《自然法权基础》。通过这两部著作，他不仅把握到了康德和费希特关于法的形而上学思想，而且事实上也接受了传统哲学观对于哲学的体系化要求。因此我们看到，马克思在法哲学方面的理论探索首先是以一个关于私法的逻辑体系的形式表现出来的。在这一体系中，并没有任何实际的法和法的任何实际内容，而只有抽象的原则、思维和定义，因为此时的马克思相信，只有脱离了具体内容的纯粹形式才能为法奠定哲学的基础。可见，传统哲学观赋予哲学的抽象思辨方法和奠基使命也都成为马克思此时的信条。可以说，他通过这一体系所要探寻的，正是法学领域中的"绝对真理"。

然而，马克思很快便看到了这个体系的虚假，用他的话来说："这里首先出现的严重障碍同样是现有之物和应有之物的对立。"④ 这种对立之所以会促使马克思摒弃自己的法哲学体系，是由于当时德国的法学界正在经历一场自然法学派与历史法学派的论战：前者宣称自由平等是一切

---

① 《马克思恩格斯全集》第 47 卷，人民出版社，2004，第 7 页。
② 《马克思恩格斯全集》第 47 卷，人民出版社，2004，第 7 页。
③ 《马克思恩格斯文集》第 2 卷，人民出版社，2009，第 588 页。
④ 《马克思恩格斯全集》第 47 卷，人民出版社，2004，第 7 页。

公民的自然权利，因而主张制定普遍适用的法律；而后者则重视习惯法，强调法律应当从历史的传统和习俗中抽引出来。可见，这两个学派论战的实质就在于：立法究竟应当遵循应有的原则还是实有的原则？显然，正是这场论战使马克思意识到自己的法哲学体系作为一种理想主义的观念架构，根本无法应对来自现实的挑战。出于解决这一对立的需要，马克思深感自己"没有哲学就无法深入"。然而，当他"重新投入哲学的怀抱，并写了一个新的形而上学基本体系"的时候，却再次发现自己的"全部努力都是错误的"①。

原因很简单：此时马克思所了解的哲学几乎完全是由康德和费希特所定向的，而这种哲学又恰恰无力解决思维与存在、理性与现实、应有与实有之间的对立。具体来说，康德立足于知性的立场，尚不理解矛盾的积极意义，因而从一开始就将主体与客体的二元对立绝对化了。特别是他划分现象与自在之物的做法，更是彻底地割裂了哲学与现实的所有关联。费希特虽然通过高扬主体能动性而消解了自在之物，但他的"自我"对于"非我"的设定却只是一种外在的、随意的和偶然的行动。也就是说，客体的一切具体的内容都被淹没到抽象主体的空洞形式中了，主客两极仍然处于分裂的对立状态。当然，康德和费希特也意识到了自身哲学中所包含的这种对立，他们也希望主体性获得一些坚实的、明确的、具体的内容。但是，他们只能构想和阐述一种尚不存在却应当存在的统一性（例如康德的道德学说），而这种"应当如此"的解决方案无非只是对于哲学自身的空洞性的再次确认。因此，可以说"现有之物和应有之物的对立……是（康德和费希特的——引者注）理想主义所固有的"。当马克思意识到这一点的时候，他与这种理想主义的思想关联也就终结了："帷幕降下来了，我最神圣的东西被毁掉了。"② 在对哲学的探求中，马克思遭遇了第一次思想危机。

三　"向现实本身去寻求观念"

在 1837 年 11 月给父亲的信中，马克思描述了他在经历这次思想危

---

① 参见《马克思恩格斯全集》第 47 卷，人民出版社，2004，第 11 页。
② 《马克思恩格斯全集》第 47 卷，人民出版社，2004，第 7、12 页。

机时痛苦、彷徨的心境。不过，他并没有因为对康德和费希特的失望而放弃哲学。相反，通过阅读和学习黑格尔的著作，马克思极大地拓展了自己对于哲学本身的理解，从而登上了时代精神的最高峰。就这一思想的转向而论，完全是马克思对应有与实有关系问题进行深入反思的结果，因为在反思中他逐渐意识到，这一问题已经在黑格尔那里得到了解决。

正如本书在考察黑格尔的哲学观时所指出的那样，黑格尔哲学的使命是克服被绝对化了的主体性，使主体与客体、理性与现实重新统一起来。从"实体即主体"的原则出发，黑格尔证明了绝对精神既是绝对的实体，也是能动的主体。因此，绝对精神创造世界的过程便同时意味着理性在现实中的外化和现实中理性的自我觉醒，而这样一来，主体性也就获得了明确而坚实的内容。具体到应有与实有的关系问题上，黑格尔指出："哲学所研究的对象是理念，而理念并不会软弱无力到永远只是应当如此，而不是真实如此的程度。"① 也就是说，"凡在人们头脑中是合乎理性的，都注定要成为现实的，不管它同现存的、表面的现实多么矛盾"②。可见，黑格尔在解决应有与实有关系问题的同时，也赋予了哲学以引领和干预现实的权利，而这正是青年马克思所需要的。于是，黑格尔哲学凭借其在传统哲学内部所能达到的最大的现实感，成为马克思心目中"新的神"。

当然，这并不意味着马克思在此次思想危机之前对黑格尔一无所知，早在信奉康德—费希特哲学的时期，他便已经读过黑格尔哲学的一些片段。但是，当时的马克思对黑格尔哲学还充满着厌恶的情绪：一方面，他"不喜欢它那种离奇古怪的调子"③，认为黑格尔采用复杂的体系和晦涩的语言，不过是为了表示自己的高深莫测；另一方面，他也不满意黑格尔过分关注现实，以至于沉陷在日常的事物之中。就这一方面而言，最好的例证便是马克思写于1837年上半年的一首名为"黑格尔"的讽刺短诗，其中写道："康德和费希特喜欢在太空遨游，寻找一个遥远的未知国度；而我只求能真正领悟　在街头巷尾遇到的日常事物！"④ 需要注意

---

① 〔德〕黑格尔：《小逻辑》，贺麟译，商务印书馆，1980，第45页。
② 《马克思恩格斯文集》第4卷，人民出版社，2009，第269页。
③ 《马克思恩格斯全集》第47卷，人民出版社，2004，第13页。
④ 《马克思恩格斯全集》第1卷，人民出版社，1995，第736页。

的是，这里的"我"所指代的并不是马克思本人，而是作为讽刺对象的黑格尔。这首短诗表明，马克思当时还在以浪漫主义作家的身份批评黑格尔哲学枯燥乏味、毫无想象。然而，仅仅半年之后，"在街头巷尾遇到的日常事物"便也成为他本人的致思方向。

对于马克思来说，转向黑格尔哲学的过程无疑是极其艰难的。在这一过程中，他甚至还曾求助于谢林哲学，以期"从哲学上辩证地揭示这个表现为概念本身、宗教、自然、历史的神性"。然而，在这一尝试的终点处，他却发现了黑格尔体系的开端。面对这个反讽的结果，马克思懊恼极了，他没有想到"这个在月光下抚养长大的我最可爱的孩子，就像狡猾的海妖，把我诱入敌人的怀抱"①。也正是从这时起，马克思开始重新审视黑格尔哲学，并逐渐把自己所憎恶的观点变成偶像。可以说，马克思的哲学信仰从康德—费希特主义到黑格尔主义的转变，实际上就是以浓缩的形式再现了德国古典哲学的逻辑进程，而推动这一转变的思想力量，则来自他对于应有与实有关系问题孜孜不倦的探求。

因此，当马克思立足于黑格尔哲学以回顾自己建构法哲学体系的尝试时，他很快便意识到了费希特的那种让客体从属于主体的独断论是错误的，"我们必须从对象的发展上细心研究对象本身，而决不允许任意划分；事物本身的理性在这里应当作为一种自身矛盾的东西展开，并且在自身中求得自己的统一"②。不难发现，这一表述已经相当接近黑格尔的风格，从中可以看出，此时的马克思对于客体和现实已有了足够的重视。与之相伴随的，则是马克思在哲学观上的转变。在他看来，哲学所要做的已不再是抽象、空洞地高扬人的主体性，而是"向现实本身去寻求观念"。"如果说神先前是超脱尘世的，那么现在它们已经成为尘世的中心。"③ 也正是基于这样的哲学观，马克思加入了青年黑格尔派的博士俱乐部，因为当时的青年黑格尔派正在着手将哲学革命化为批判的武器。在与博士俱乐部成员的交往和争论中，马克思同"现代世界哲学"即黑格尔哲学的联系越来越紧密，从而最终完成了由一名哲学的学习者向专业哲学家的转变。

---

① 《马克思恩格斯全集》第 47 卷，人民出版社，2004，第 13 页。
② 《马克思恩格斯全集》第 47 卷，人民出版社，2004，第 8 页。
③ 《马克思恩格斯全集》第 47 卷，人民出版社，2004，第 13 页。

　　通过以上的考察，我们可以看到，马克思之所以会不断地走向哲学，首先是由于西方传统文化特别是启蒙运动提供了一个适宜哲学思想生长的历史文化语境。然而，更为关键的原因则是他从小所接受的古典人文教育，以及来自维滕巴赫校长的哲学熏陶。在这两方面因素的共同作用下，传统哲学观所赋予哲学的崇高地位也成为少年马克思的信条。这使得他相信，哲学是通向"人类的幸福和我们自身的完美"的重要途径，只有借助哲学的思想力量，才能从根本上服务于同时代的人。不过，正如前文所指出的那样，对于当时的马克思来说，包括哲学在内的任何工作都只是手段，如果哲学无益于现实中人的幸福和完美，那么便同样难逃被抛弃的命运。而事实上，他的第一次思想危机就是由此产生的。所幸的是，黑格尔使马克思重新相信哲学与现实处于总体性的联系之中，哲学对于现实的干预不仅是可能的而且也是必要的。也正因如此，马克思才最终选择义无反顾地投身于哲学的怀抱之中。

　　这次思想危机从产生到化解的整个过程表明，尽管马克思曾一度醉心于脱离现实的理想主义话语，但当他真正觉察到应有与实有、理想与现实的尖锐对立后，还是会坚定地服从于现实的权威。这种尊重现实的思想倾向不仅早在他中学时期便有所体现[①]，而且始终贯穿于他一生的思想历程。不过，我们也要看到，马克思在这里所说的"向现实本身去寻求观念"并不代表他已经突破了传统哲学的思维内在性。这一宣言作为黑格尔的"哲学研究的对象就是现实性"的翻版，不过是为了"证实精神本性也和肉体本性一样是必要的、具体的并有着坚实的基础"[②]。也就是说，马克思的思想在这一阶段所完成的只是由主观唯心主义到客观唯心主义的转变。当然，对于一个不满二十岁的青年来说，这次思想转变已是难能可贵。同时，它也向我们表明，哲学与现实的关系从一开始就是马克思思考哲学本身的基本立足点。

---

① 例如马克思曾在《青年在选择职业时的考虑》一文中写道："我们并不总是能够选择我们自认为适合的职业；我们在社会上的关系，还在我们有能力决定它们以前就已经在某种程度上开始确立了。"（《马克思恩格斯全集》第1卷，人民出版社，1995，第457页。）

② 《马克思恩格斯全集》第47卷，人民出版社，2004，第13页。

第二章 马克思的哲学观的逻辑进程

以博士论文《德谟克利特的自然哲学和伊壁鸠鲁的自然哲学的差别》为标志，马克思登上了德国思想界的舞台，而他的哲学观也由此获得了明确而富有个性的表达。也就是说，马克思正是从这时开始清理和超越传统哲学观，并独立地思考哲学本身的。我们知道，哲学对于马克思来说不仅意味着一种社会意识形式，而且也是他本人所一直倚重的思想力量。但是，不论就何种意义而言，马克思坚信哲学绝不是免于被批判的圣物，它必须在社会历史现实面前为自身存在的必要性和合法性作出辩护。也正是基于这样的思路，他才最终突破了传统哲学观对于哲学的种种设定，实现了哲学观上的根本性变革。当然，这一变革作为马克思艰辛探索的思想成果，绝不是一蹴而就的，它的实现经历了从理性主义到人本主义再到实践唯物主义的整个发展历程。因此，只有通过具体考察以上三个思想阶段的不同规定性，才能够将马克思的哲学观的逻辑进程完整地揭示出来。

第一节 理性主义的哲学观阶段

从博士论文到《德法年鉴》时期，马克思的哲学观的基本特征可以概括为"理性主义"。之所以作出这样的概括，是由于当时马克思对于哲学本身的理解并没有真正地超出德国古典哲学的水平。如前所述，德国古典哲学作为启蒙时代的产物，其初衷便在于支持理性塑造现实的权利，希望以理性的力量驱散神学权威与封建势力统治下的黑暗。因此，当马克思将哲学视为宗教批判和政治批判最有力的理论武器的时候，他仍然是在延续启蒙时代哲学的历史使命。不可否认，马克思思想中强烈的现实主义因素已经促使他从形式的方面对德国古典哲学进行了某些批判性的反思；而且，他对于"理性"的理解也逐渐包含了人的解放特别是无产阶级的解放的诉求。但是，就哲学与统摄一切的普遍理性的本质关联而言，马克思却并没有提出过任何疑问。可以说，此时的马克思还是以一名传统意义上的理性主义者的身份来谈论哲学的。

一 世界的哲学化与哲学的世界化

马克思的博士论文是他在青年黑格尔派的直接影响下进行哲学研究所取得的主要成果。单从选题上看，这篇论文似乎是在探讨一个纯粹的哲学史问题。而事实上，作为这篇论文核心主题的"自我意识"在当时的德国恰恰是一个具有现实政治意义的课题。马克思本人也承认，自己对于伊壁鸠鲁的专门研究"与其说出于哲学的兴趣，不如说出于〔政治的〕兴趣"①。可见，要理解马克思在博士论文中所阐发的哲学观思想，就必须首先对当时的理论背景特别是青年黑格尔派的思想倾向有所把握。

（一）哲学的出路

马克思是在哲学史上的一个特殊时期踏上其思想之旅的，而这种特殊性首先就反映在他博士论文的选题中：与希腊化时期的哲学面临着亚里士多德的庞大体系的处境相似，19 世纪 40 年代的德国思想家也只有突破作为当时哲学发展之顶峰的黑格尔哲学，才有可能进行新的理论创造。然而，正如前文所指出的那样，黑格尔已经在传统哲学观的限度内做到了极致，并以其无所不包的宏伟体系"完成"了哲学对于绝对真理的追求。在这种情况下，任何构建新的哲学体系的努力都难免成为对他所发现的真理的再次确证。例如，克朗纳就曾指出，如果说"了解康德就是要越过康德"，那么"我们乃可以相应地说：了解黑格尔就是要洞悉到我们绝对不可以再越过黑格尔。假如还有所谓'后黑格尔'这回事的话，则我们必须作一崭新的开端"②。当然，为哲学寻找一个"崭新的开端"绝非易事。对于当时的思想家来说，"哲学往何处去"已经成为一个问题，而且是具有根本重要性的问题。

不过，人们很快便发现，黑格尔哲学虽然在最大限度上实现了传统哲学观的要求，却并没有满足当时的社会历史现实对于哲学的需要，其

---

① 《马克思恩格斯全集》第 50 卷，人民出版社，2021，第 275 页。

② 〔德〕克朗纳：《论康德与黑格尔》，关子尹编译，同济大学出版社，2004，第 8 页。

至与现实发生了尖锐的冲突。我们知道，在黑格尔主义取得独占地位的19 世纪 30 年代，德国仍然没有摆脱封建势力的统治，并且宗教权威也一直在阻碍着现代化的进程。这样一来，黑格尔哲学为普鲁士国家辩护的立场和对于宗教的暧昧态度便显得尤为不合时宜了。不可否认，黑格尔哲学中的这两个方面在他的整个逻辑体系中仅处于比较次要的位置，而且只是由于封闭体系的需要才背离了其革命的方法。但是，正由于这两个方面集中体现了黑格尔哲学与现实的直接关联，它们不仅招致了最猛烈的批判，而且也表明了突破其保守体系的极端必要性。这种情形恰如马克思在《关于伊壁鸠鲁哲学的笔记》中所说的那样："哲学把握了整个世界以后就起来反对现象世界"，"与本身是一个整体的哲学相对立的世界，是一个支离破碎的世界"[1]。可见，虽然矛盾重重却非常活跃的时代现实已经向哲学提示出了可能的发展方向。

正是在这样一种时代背景下，青年黑格尔派决意将哲学改造为现实批判的理论武器。在布鲁诺·鲍威尔等人看来，黑格尔哲学之所以会从证明理性塑造现实的权利这一革命的意图出发，却走向美化现存秩序这一保守的结果，就是由于在他那里理性往往是以一种实体性精神的面目出现的，而这也就排除了个人的主体性和能动性的作用，从而很容易被用来为压制个体自由的宗教权威和政治势力进行辩护。因此，青年黑格尔派主张，哲学的核心主题应当由凌驾于个体之上的"绝对精神"转向个人的"自我意识"。不难发现，所谓的自我意识作为一个个体化了的主体性原则，不仅没有超出黑格尔哲学，反而破坏了黑格尔所主张的"实体即主体"思想，甚至可以说回到了费希特的水平上，使精神活动重新具有了独断的性质。但是，如果从现实斗争的需要来看，那么哲学上的这种"倒退"又算得了什么呢？用恩格斯的话来说："斗争依旧是用哲学的武器进行的，但已经不再是为了抽象的哲学目的；问题已经直接是要消灭传统的宗教和现存的国家了。"[2] 以鲍威尔为例，在他看来，自我意识的本质就在于自由，因此必须通过批判一切束缚人、压制人的东西，把主体性的地位还给人本身。而哲学作为自我意识的集中体现，

---

① 《马克思恩格斯全集》第 40 卷，人民出版社，1982，第 136 页。

② 《马克思恩格斯文集》第 4 卷，人民出版社，2009，第 274 页。

更是把"推翻现行秩序视为自身的最高目标"①。

这一批判事业很快便吸引了青年马克思的兴趣。在这一时期，他不仅基本认同了青年黑格尔派对于哲学的出路的判断，而且还特别受到了来自鲍威尔的哲学观的影响。面对这场"继伟大的世界哲学之后出现的风暴"，马克思表现出了一种大无畏的豪迈气概，因为他相信哲学即将由此获得全新的形态："哲学的客观普遍性变成个别意识的主观形式，而哲学的生命就存在于这些主观形式之中。"② 由此反观马克思博士论文的选题，我们便可以明白这一选题的真实意图在于，通过哲学史上的先例来为后黑格尔时代自我意识哲学的兴起进行辩护。众所周知，亚里士多德之后的伊壁鸠鲁主义、斯多葛主义和怀疑主义这三派哲学都是以自我意识为原则的。然而，也正是基于这个原因，它们在哲学史上所获得的评价并不高，甚至往往被当作一种片面的折中主义。针对这种情况，马克思认为，如果能证明这三派自我意识哲学在现代世界"享有充分的精神上的公民权"，那么青年黑格尔派为哲学所指明的出路也就有了合法性的根据。也正是在这一思路的指引下，马克思开始了其博士论文的写作，并在其中阐发了自己立足于自我意识立场之上的哲学观思想。

（二）哲学的自由精神

作为对鲍威尔的回应，马克思在博士论文的序言中也明确表示，哲学"反对不承认人的自我意识是最高神性的一切天上的和地上的神。不应该有任何神同人的自我意识相并列。"③ 可见，此时的马克思已经以哲学为武器，踏上了宗教批判的征程。他相信，哲学所具有的那颗"要征服世界的、绝对自由的心脏"本身便是对于宗教权威的最有力的反抗，自我意识的"最高神性"只有借助哲学的自由精神才能得到真正的彰显。

在博士论文中，马克思主要是通过对比德谟克利特和伊壁鸠鲁的原子论学说来表明哲学的自由精神的。在他看来，德谟克利特的原子论是一种关于必然性的学说，因为它规定原子只能进行直线式的下落运动。又由于直线意味着点的消逝和扬弃，所以原子在这里只是一个"没有独

---

① 转引自〔美〕布鲁德尼《马克思告别哲学的尝试》，陈浩译，中国人民大学出版社，2019，第 126 页。
② 《马克思恩格斯全集》第 40 卷，人民出版社，1982，第 136 页。
③ 《马克思恩格斯全集》第 1 卷，人民出版社，1995，第 12 页。

立性的点"或"丧失了个别性的点",其坚实性还根本没有出现。在这种情况下,原子是没有任何自由可言的,只能作为一个被决定者无条件地服从于命运的安排。于是,马克思借用普卢塔克的话评价道:"在德谟克利特看来,必然性是命运,是法,是天意,是世界的创造者。"① 而德谟克利特之所以会对原子作出这样的规定,就是由于他只关注外部世界的物质性存在,崇尚以因果律建立起来的决定论观点。

与此相反,伊壁鸠鲁则把目光更多地投向了人的生命存在和人的自由,崇尚以目的论建立起来的人文主义本体论。而这一点在原子论学说中的体现,便是他在承认直线运动的同时,为原子增加了进行偏离直线运动的可能性。也正是通过这个看似细微的理论改造,伊壁鸠鲁使原子得以摆脱必然性的束缚,成为一种自由的、个体性的存在。马克思认为,如果说原子在直线下落中所表现出的是一种物质性,那么偏斜则"表述了原子的真实的灵魂即抽象个别性的概念"②,使原子实现了自身的形式规定。只有当这两个方面综合地结合起来的时候,原子才可以说是真正地完成了。

毫无疑问,马克思并不是以超然的中立态度来进行这种对比的。在他看来,既然"原子不外是抽象的、个别的自我意识的自然形式"③,那么赋予原子以自由精神的伊壁鸠鲁哲学便自然值得肯定和赞扬。或者说,伊壁鸠鲁哲学的原则,即"自我意识的绝对性和自由"④,正是青年黑格尔派所需要的批判立足点。此时的马克思相信,只有遵循伊壁鸠鲁的致思路向,哲学才能为人们呈现出一个充满各种可能性的偶然世界,在这一世界中,人们拥有自我决定的权利,而无须再对神予以任何的崇拜和迷信。不可否认,德谟克利特也承认可能性的存在,但他所谓的可能性只是必然性的表现形式,并没有摆脱决定论的性质,因而可以说是一种"实在的可能性"。显然,这就与伊壁鸠鲁基于主体的想象力所阐发的"抽象的可能性"形成了鲜明的对立:"实在的可能性就像知性那样被限制在严格的限度里;而抽象的可能性却像幻想那样是没有限制的。实在

---

① 《马克思恩格斯全集》第 1 卷,人民出版社,1995,第 25 页。
② 《马克思恩格斯全集》第 1 卷,人民出版社,1995,第 35 页。
③ 《马克思恩格斯全集》第 1 卷,人民出版社,1995,第 54 页。
④ 《马克思恩格斯全集》第 1 卷,人民出版社,1995,第 63 页。

的可能性力求证明它的客体的必然性和现实性；而抽象的可能性涉及的不是被说明的客体，而是作出说明的主体。"① 可见，只有伊壁鸠鲁展现了人的不受外在条件限制的创造性的存在，他无愧于"最伟大的希腊启蒙思想家"的称号。

马克思还进一步指出，伊壁鸠鲁哲学的自由精神不仅以隐喻的方式体现在原子论中，而且也直接地表现为一种鲜明的无神论立场。在古希腊，天体往往被笼罩在一种崇敬的宗教态度之中。人们相信，天体即是众神，因为它们永远按照同一方式运行，具有永恒和不朽的性质。然而，在伊壁鸠鲁看来，这种将天体神化的观点恰恰"扰乱自我意识的心灵的宁静"。又由于"一切扰乱心灵的宁静、引起危险的东西，不可能属于不可毁灭的和永恒的自然"，所以，"一个必然的、不可避免的结论就是，它们（即天体——引者注）并不是永恒的"②。即使天体意味着成为现实的原子，而原子又与自我意识相关，但天体作为一种物质，已经具有了自然的现实性，因而"它也就不再是对抽象自我意识的肯定"，甚至成为自我意识的死敌。可见，伊壁鸠鲁所强调的并不是一般意义上的自我意识，而是"具有抽象的个别性形式的自我意识"，任何将自我意识实体化、普遍化的做法都是他所不能接受的。也正是从对伊壁鸠鲁哲学的这种当代解读出发，马克思批判了关于神存在的证明。在他看来，这种证明"不外是对人的本质的自我意识存在的证明"，因此反而构成了对一切关于神的观念的驳斥③。哲学所具有的那种"痛恨所有的神"的自由精神，在这里已经显露无遗了。

不过，马克思对于伊壁鸠鲁哲学的欣赏并不是毫无保留的。博士论文的相关内容表明，他并不赞成伊壁鸠鲁片面强调存在于虚空中的原子的概念或形式，而忽视原子的物质性的做法，因为这种做法只能将自由局限在脱离现实世界的"心灵的宁静"这样一种消极意义上。也就是说，"抽象的个别性是脱离定在的自由，而不是在定在中的自由。"④ 尽管马克思在博士论文中并没有作出明确的批判，但是，对于哲学与现实

---

① 《马克思恩格斯全集》第1卷，人民出版社，1995，第27～28页。
② 《马克思恩格斯全集》第1卷，人民出版社，1995，第59页。
③ 参见《马克思恩格斯全集》第1卷，人民出版社，1995，第101页。
④ 《马克思恩格斯全集》第1卷，人民出版社，1995，第50页。

关系问题的敏感，特别是黑格尔关于"定在中的自由"的教诲已经使他意识到，伊壁鸠鲁对于哲学的自由精神的诠释存在不可克服的缺陷。不难发现，在这一问题上，马克思已经初步超越了青年黑格尔派的其他成员向着费希特主观哲学后退的倾向。对于他来说，问题已不再是哲学要不要自由精神，而是哲学的自由精神的火焰如何烧向那作为定在的外部世界。对于这一问题的思考，就集中在他关于世界的哲学化与哲学的世界化的命题之中。

（三）哲学的"丧失"

对于青年黑格尔派来说，哲学之作为批判的武器的全部意义，就在于将整个外部世界证明为自我意识的创造活动的产物，从而消解掉任何外在于个人的权威。在他们看来，自我意识无疑是最高的绝对原则，它完满自足、无须外求。但由于人们还没有意识到自我意识的这种神圣性质，所以只能使自身屈从于非理性的黑暗状态。而一旦人们在哲学的启蒙下形成了自觉的自我意识，整个现实世界也就从束缚它的枷锁中解放出来了。不难发现，在青年黑格尔派的上述理论中暗含着这样一个观点，即哲学作为自我意识的集中表达，同样具有凌驾于现实世界之上的优越地位。因此，哲学的现实批判表现为一种居高临下的、单向度的改造过程，这一过程仅在理论内部便能够完成。也就是说，青年黑格尔派在将自我意识绝对化的同时，也将哲学绝对化了。

作为青年黑格尔派的一员，马克思对于上述观点并没有明确地质疑。特别是在博士论文中，他还在与"实证哲学"相对的意义上肯定了这种立足于自我意识的哲学批判。他指出，青年黑格尔派的理论活动"就是批判，也正是哲学转向外部"。这一派别由于认为缺点存在于世界这一方，所以"坚持把哲学的概念和原则作为主要的规定"，主张必须使世界哲学化。在内容上，只有这一派别"才能获得真实的进步"。① 不过，正如前文所指出的那样，时刻关注哲学与现实关系的马克思已经觉察到了鲍威尔等人的哲学批判具有一种过于绝对的弱点。既然真正的自由只能是"定在中的自由"，那么重新思考哲学与世界的相互作用便十分必要了。当然，马克思的这一思考并没有直接针对哲学本身展开，而是从

---

① 参见《马克思恩格斯全集》第 1 卷，人民出版社，1995，第 76~77 页。

分析自我意识的内在矛盾开始的。

所谓自我意识的内在矛盾，就是概念和定在、形式和质料的矛盾。自我意识的概念、形式虽然是精神性的、能动的方面，并且决定着自我意识的本质，但它的实现必须要以对定在和质料的否定为前提，而无法在自身内部达到。也就是说，在马克思看来，人的个体性的自由存在不可能脱离感性的、物质的现象形式，只有当内在精神从自身自然和外部世界中超拔出来的时候，自我意识才算是真正地完成了。由此反观鲍威尔的自我意识概念，我们就会看到，被他所绝对化了的只是一种抽象的个体性精神。由于不包含任何的内在矛盾和内在否定性，所以这种自我意识并没有真正进入感性世界，其创造活动也仅仅具有形式上的意义。正是基于这样的认识，马克思将哲学本身也作为了批判的对象。在他看来，哲学同自我意识一样，也处在与现实世界的内在矛盾之中。因此，哲学并不是绝对的、完满的，它的缺陷就在于现实因素的缺乏。为了消除这种缺陷，使自身的理性内容在现象中取得具体形式，哲学就必须打破精神世界，与外部世界建立一种反思的和实践的关系："在自身中变得自由的理论精神成为实践力量，作为意志走出阿门塞斯冥国，面向那存在于理论精神之外的尘世的现实，——这是一条心理学规律。"①

我们知道，马克思在大学时期曾一度将黑格尔体系作为解决哲学与现实关系问题的典范。但是，随着对于社会现实的体验的深入，马克思逐渐意识到，黑格尔所能提供的终究只是一种现实感，哲学在他那里不过是"为了认识而注视着外部世界"。因此，可以说马克思对于哲学走向现实世界的强调构成了他的哲学观的第一次飞跃，他已经体会到了哲学在这个时代所特有的"实现自己的欲望"。他认为，正是在这种欲望的鼓舞下，哲学"就同他物发生紧张的关系。它的内在的自我满足和完整性被打破了。本来是内在之光的东西，变成转向外部的吞噬一切的火焰"②。

具体来说，哲学的实现是通过双重否定达到的：一重是对世俗现实的否定，使世界趋向合理，即"世界的哲学化"；另一重则是对自身的

---

① 《马克思恩格斯全集》第 1 卷，人民出版社，1995，第 75 页。
② 《马克思恩格斯全集》第 1 卷，人民出版社，1995，第 75～76 页。

内在规定性的否定，抛弃封闭孤立的理论体系，即"哲学的世界化"。对此马克思评论道："世界的哲学化同时也就是哲学的世界化，哲学的实现同时也就是它的丧失。"① 需要注意的是，这里出现的"丧失"一词曾被某些研究者当作马克思之作为"哲学终结论者"的最早证据。但是，如果联系上下文的具体语境来看，我们就会明白这个词并不包含任何否弃的意思。而马克思之所以要使用这个词，一方面是由于哲学的"内在的自我满足和完整性被打破了"，另一方面则是由于哲学"陷入了它所反对的缺陷之中"。如前所述，马克思认为哲学的缺陷是被外部世界规定的，因此，只有当哲学"陷入这些缺陷之中时，它才能消除这些缺陷"。可见，哲学的"丧失"所表明的恰恰是哲学的实现的彻底性。

此外，马克思还分析了哲学的实现的主观方面，即哲学同作为"个别的自我意识"的哲学家的关系。他指出，哲学家"始终具有一个双刃的要求：其中一面针对着世界，另一面针对着哲学本身"。具体而言，针对着世界的要求便是"把世界从非哲学中解放出来"，而针对着哲学本身的要求则是把他们自己从作为一定的体系束缚他们的哲学中解放出来②。如果说哲学家在先前往往被当作实体性精神借以说出真理的工具，或体系的一个主观环节，那么，随着哲学在外部世界中的实现，哲学家也就将自身证明为了哲学的真正的"精神承担者"。马克思的这一思想不仅突出了自我意识的主体性和创造性，同时也肯定了哲学家的个性因素和自由存在，因而在其哲学观的发展历程中具有重要的意义。

总之，马克思在博士论文中所阐发的哲学观思想已经预示了他日后对于鲍威尔的那种抽象的、囿于纯理论思维的批判的超越。不过，这一超越在此时还只是一种可能性。例如"哲学的实践本身是理论的"③ 这句话就表明，马克思对于哲学的现实意义的认识还有待深入，他的哲学观变革之路才刚刚开始。

二　哲学是时代精神的精华

《莱茵报》时期的工作无疑为马克思"哲学的世界化"的思想诉求

---

① 《马克思恩格斯全集》第 1 卷，人民出版社，1995，第 76 页。
② 参见《马克思恩格斯全集》第 1 卷，人民出版社，1995，第 76 页。
③ 《马克思恩格斯全集》第 1 卷，人民出版社，1995，第 75 页。

提供了一个实现的机遇。通过直接参与现实问题的探讨，他深切意识到，政治批判正是哲学走向现实世界的重要途径。但是，此时马克思以哲学进行批判的出发点还是理性的国家概念，因而无法真正切中现实政治问题的要害。在这种情况下，哲学的世界化难免要遭遇到来自现实的无情嘲弄和残酷打击。哲学与现实的关系问题使马克思再一次陷入了思想危机。

（一）哲学与现实的内在联系

在《〈科隆日报〉第 179 号的社论》一文中，马克思较为集中地论述了自己对于哲学本身的看法和态度。不过，这篇文章具有很强的论战性，因此，在对其中的哲学观思想进行考察之前，我们有必要先对这场论战的具体语境作一了解：论战的起因是 1842 年 6 月 28 日《科隆日报》的一篇社论。在这篇社论中，作者海尔梅斯攻击了青年黑格尔派在报刊上进行宗教批判的做法，并呼吁普鲁士的书报检查机关予以禁止。尽管这篇社论是出于维护宗教的保守目的，但在具体的论证中，海尔梅斯却将批驳青年黑格尔派的依据归结至了哲学本身。在他看来，广大群众的理解力有限，因而无法理解哲学文章。也就是说，哲学的见解应当在幕后发表，仅出现在专供学术界人士阅读的出版物上。任何政治派别如果通过报纸传播哲学观点，那么"就表明它意图不纯正；它的主要目的不是要教诲和启发人民"①。显而易见，海尔梅斯的这一观点极大地挑战了马克思推动"哲学的世界化"的意图，并直接威胁着哲学的政治批判的合法性。因此，马克思对于这篇社论的反驳便主要地集中在了这样一个问题上，即"哲学也应该在报纸的文章中谈论宗教事务吗？"②

首先，马克思承认："哲学，尤其是德国哲学，爱好宁静孤寂，追求体系的完满，喜欢冷静的自我审视；所有这些，一开始就使哲学同报纸那种反应敏捷、纵论时事、仅仅热衷于新闻报道的性质形成鲜明对照。哲学，从其体系的发展来看，不是通俗易懂的；它在自身内部进行的隐秘活动在普通人看来是一种超出常规的、不切实际的行为；就像一个巫

① 参见《马克思恩格斯全集》第 1 卷，人民出版社，1995，第 208～218 页。
② 《马克思恩格斯全集》第 1 卷，人民出版社，1995，第 219 页。

师，煞有介事地念着咒语，谁也不懂得他在念叨什么。"① 但是，并不能据此将哲学判定为一种世界之外的遐想。相反，哲学与现实之间存在密切的内在联系："人民的最美好、最珍贵、最隐蔽的精髓都汇集在哲学思想里。正是那种用工人的双手建筑铁路的精神，在哲学家的头脑中建立哲学体系。"② 可见，哲学同人类的其他领域一样，都是立足于这个现实的世界的。所不同的是，"哲学在用双脚立地以前，先是用头脑立于世界的"。这个生动的比喻表明，哲学的特殊性更多地只表现在形式的方面；在内容上，它同样是自己的时代、自己的人民的产物。马克思相信，只要对这一点作出了说明，哲学走上报刊、走向群众的可能性也就得到了确立。

我们知道，传统哲学观所赋予哲学的是一种超脱于尘世之上的神圣形象，而且事实上，许多哲学家也都沉醉于哲学的这种自我期许。但是，面对在报刊上进行政治批判这一实际工作，哲学的传统形象不仅无助于批判的开展，反而还会构成群众理解的障碍。青年黑格尔派虽然意识到了报刊媒介的重要性，但还并没有完全摆脱"神谕降临"式的傲慢态度。与之不同，马克思则在《〈科隆日报〉第 179 号的社论》一文中更多地展现出了一种哲学平等地面对读者、启蒙公众的谦和姿态。不可否认，他的这一观点的理论基础仍然是黑格尔所确立的哲学与现实的总体性原则。但是黑格尔是在书斋里进行哲学创造的，从未打算脱去"禁欲主义的教士长袍"，因而他对于哲学塑造现实的权利的辩护只具有思想内部的意义。与此不同，马克思则希望换上"报纸的轻便服装"，在他看来，此时最为重要的便是争取到现实世界中广大群众对于哲学的信任。也正是出于这个目的，马克思进一步发展了黑格尔关于哲学的时代性的思想，并将其更明确地表述为："任何真正的哲学都是自己时代的精神上的精华"③。

（二）哲学与现实的相互作用

当然，仅仅认识到哲学与现实的内在联系还不够。在马克思看来，

① 《马克思恩格斯全集》第 1 卷，人民出版社，1995，第 219 页。
② 《马克思恩格斯全集》第 1 卷，人民出版社，1995，第 219～220 页。
③ 《马克思恩格斯全集》第 1 卷，人民出版社，1995，第 220 页。

哲学要真正体现出作为时代精神的精华的意义，"变成文化的活的灵魂"，还必须"在外部通过自己的表现，同自己时代的现实世界接触并相互作用。那时，哲学不再是同其他各特定体系相对的特定体系，而变成面对世界的一般哲学，变成当代世界的哲学"①。我们知道，马克思曾将黑格尔哲学称为"现代世界哲学"，这是就哲学在思维内部通过自己的内容与现实世界相接触而言的。马克思在这里虽然使用了"当代世界的哲学"这一类似的说法，但他所强调的东西已经变为了哲学与现实相互作用的外部形式，即哲学"进入沙龙、教士的书房、报纸的编辑室和朝廷的候见厅，进入同时代人的爱与憎"。马克思指出，只有这些具体的外部形式才能够证明哲学正在世界化，而世界也正在哲学化，它们标志着"哲学思想冲破了令人费解的、正规的体系外壳，以世界公民的姿态出现在世界上"②。而由此得出的一个必然的结论，便是哲学完全有必要在报纸上谈论宗教问题。

不难发现，马克思对于哲学与现实关系的外部形式的重视不仅延续而且发展了他有关世界的哲学化与哲学的世界化的思想。在博士论文中，马克思虽然已经明确地提出了这一思想，并强调了外部世界相对于哲学的意义，但当时他更多的是从哲学观念构造的角度来谈的。也就是说，马克思在博士论文时期对于"两化"的强调在很大程度上还保持着思辨的形式，而哲学与世界的双向改造也仅仅被视为哲学家的任务。与之不同，此时的马克思则已经意识到，哲学只有走出观念体系构造的藩篱，在积极参与政治批判的过程中走向公众，才能为"两化"的推进找到现实的力量。

接下来的问题是，哲学又是如何"以世界公民的姿态出现在世界上"的呢？马克思写道："哲学是被它的敌人的叫喊声引进世界的；哲学的敌人发出了要求扑灭思想烈火的呼救的狂叫，这就暴露了他们的内心也受到了哲学的感染。"③ 这里所说的"哲学的敌人"，无疑是指那些宗教权威和专制制度的卫道士，而他们之所以会感受到来自哲学的威胁，就是由于哲学代表着理性的力量，它所呼唤的是自由理性的实现。面对

---

① 《马克思恩格斯全集》第 1 卷，人民出版社，1995，第 220 页。
② 《马克思恩格斯全集》第 1 卷，人民出版社，1995，第 220 页。
③ 《马克思恩格斯全集》第 1 卷，人民出版社，1995，第 220 页。

敌人的诽谤、歪曲和篡改，哲学最终不得不打破长久以来的沉默，通过报纸向公众宣传自己的主张。马克思相信，哲学在报纸上的出现带来了"一次空前未有的破坏活动"，因为只有哲学才能真正把握到一个时代的迫切问题："问题却是公开的、无所顾忌的、支配一切个人的时代之声。问题是时代的格言，是表现时代自己内心状态的最实际的呼声。"① 正是在对现实问题的研究中，哲学彰显了自身的时代性和真理性。从这个意义上来说，哲学就是教诲和启发公众的精神食粮，也正因如此，马克思明确指出要"多向人民宣传哲学的内容"②。

　　我们看到，虽然《莱茵报》时期的马克思还保持着与青年黑格尔派的思想联系，但他与鲍威尔之间的分歧已经越来越明显了。具体到哲学观上，鲍威尔将哲学的批判绝对化的做法已不再能够唤起马克思的兴趣，对于后者来说，这种哲学理论支配现实生活的致思方式本身就应当受到批判。我们知道，鲍威尔对于哲学与现实的关系问题的基本判断，便是哲学的批判能够直接地改变现存事物。例如在1841年3月致马克思的信中，他就曾经写道："理论现在是最有力的实践，而我们还完全不能预见，它将在怎样广泛的意义上变成实践。"③ 事实证明，当时的马克思接受了鲍威尔的上述意见，并一度产生了谋求大学教职的想法。然而，由于普鲁士当局对于青年黑格尔派的打压，马克思失去了进入大学任教的可能，此时他唯一的选择便是从事更为实际和具体的工作。不过，也正是这个看似被迫的转向为马克思提供了实现哲学的世界化的广阔舞台，在对现实政治问题的讨论中，他逐渐意识到了鲍威尔片面夸大哲学精神力量的做法的虚妄性。换言之，马克思在哲学观上对于鲍威尔的超越并不是在书斋中，而是在火热的社会生活中实现的，他早年所确立的以哲学服务于人类幸福的宏愿，在此时具体化为了对于哲学与现实的相互作用的诉求。

（三）哲学与宗教

　　上文提到，马克思与海尔梅斯之间的论战是围绕哲学的宗教批判

---

① 《马克思恩格斯全集》第1卷，人民出版社，1995，第203页。
② 《马克思恩格斯文集》第10卷，人民出版社，2009，第4页。
③ 转引自〔法〕科尔纽《马克思恩格斯传》第1卷，刘磊、王以铸、杨静远译，持平校，生活·读书·新知三联书店，1963，第173页。

展开的。因此，除了对哲学与现实关系的一般性论述之外，马克思在《〈科隆日报〉第 179 号的社论》一文中还专门揭露了哲学与宗教的根本性对立。我们知道，黑格尔尽管赋予了哲学以高于宗教的地位，但他同时也认为，二者的区别仅在于对绝对理念的不同理解方式，即哲学借助于思维和概念，而宗教则借助于象征和比喻。可见，哲学与宗教在黑格尔那里最终是可以调和的。就这种对于宗教的暧昧态度而言，青年黑格尔派无疑是无法接受的，在他们看来，"宗教不是反对哲学的某一特定体系，而是反对包括各特定体系的一般哲学"①。哲学要进行彻底的宗教批判，就必须首先划清与宗教的界限。

于是，马克思以雄辩的口吻写道："哲学谈论宗教问题和哲学问题同你们（指维护宗教的政论家——引者注）不一样。你们没有经过研究就谈论这些问题，而哲学是在研究之后才谈论的；你们求助于感情，哲学则求助于理智；你们是在咒骂，哲学是在教导；你们向人们许诺天堂和人间，哲学只许诺真理；你们要求人们信仰你们的信仰，哲学并不要求人们信仰它的结论，而只要求检验疑团；你们在恐吓，哲学在安慰。"②马克思认为，哲学和宗教虽然都进入了公众世界，却是以完全不同的方式进入的。如果说宗教是一种非理性的外在权威的话，那么哲学则代表了人们对于真理和知识的热爱，因而是一种"自由理性的行为"。也正是由于自身的这一本性，哲学在基督教国家中不可避免地要遭受到来自宗教的责难，但是，它并没有因此而退缩。用马克思的话来说："哲学是问：什么是真实的？而不是问：什么是有效的？它所关心的是一切人的真理，而不是个别人的真理"。因此，哲学不可能随着政治地理的界限的改变而在不同国家采取不同的特殊原则，它"不会把特殊的世界观和民族观的虚幻视野和人的精神的真实视野混淆起来"③。也就是说，即使在基督教国家，哲学也仍然会坚持对于普遍真理的追求。

作为对上述观点的概括，马克思将哲学称为"人世的智慧"，以区别于作为"来世的智慧"的宗教。而由此得出的结论便是，哲学比宗教更有权关心现世的王国——国家。可见，在马克思那里，哲学与宗教之

---

① 《马克思恩格斯全集》第 1 卷，人民出版社，1995，第 221 页。
② 《马克思恩格斯全集》第 1 卷，人民出版社，1995，第 222 页。
③ 《马克思恩格斯全集》第 1 卷，人民出版社，1995，第 215 页。

争的焦点乃是国家问题，他希望通过哲学的批判来消除国家政治中的宗教观念，以实现"国家的合乎理性的公共的存在"。按照当时马克思的观点，哲学所要做的工作就是"从人类关系的理性出发来阐明国家"，"不应该根据宗教，而应该根据自由理性来构想国家"①。可以说，与海尔梅斯的"宗教是国家的基础"这一保守立场相对，马克思则是把哲学当作了国家的拯救者。

从这些论述中，我们可以明确地感受到此时马克思的哲学观所具有的理性主义性质：尽管他非常重视哲学与现实相互作用的外部表现形式，但这一进入世界的哲学却仍然固守于"国家的本性""人类社会的本质"这样一些抽象的理性预设。或者更确切地说，此时马克思的哲学批判总体上还是以黑格尔的理性自由观为前提的，他相信只要国家变革为合乎理性的普遍性存在，就能够克服特殊利益之间的矛盾，进而实现人的自由。那么，当这样一种哲学登上报纸、直接参与到现实问题的探讨之中的时候，又会遭遇到怎样的命运呢？

很显然，答案并不乐观。仅仅时隔三个月，马克思便在关于林木盗窃法的辩论中意识到了"私人利益的空虚的灵魂从来没有被国家观念所照亮和熏染，它的这种非分要求对于国家来说是一个严重而切实的考验。"② 面对特殊的私人利益与普遍的国家理性之间的分裂，马克思的"哲学的世界化"意图无疑遭到了严重的挫折和打击。不过，他并没有像青年黑格尔派的其他成员那样，把这种失败归咎于国家的非理性和群众的无知，从而进一步把哲学与现实对立起来；与此相反，马克思则借《莱茵报》被查封的机会，"从社会舞台退回书房"，开始了对于哲学的内容的批判性反思。需要指出的是，在此次思想危机中，尽管马克思表现出了一贯的尊重现实的精神，但他还不至于因此而改变对于哲学本身的态度。事实上，为了解决由物质利益问题引发的疑问，马克思所找到的突破口（即对于黑格尔法哲学的批判性分析）仍然在哲学之内。也就是说，他接下来的哲学观探索，依旧是以哲学家的身份进行的。

---

① 《马克思恩格斯全集》第 1 卷，人民出版社，1995，第 226 页。
② 《马克思恩格斯全集》第 1 卷，人民出版社，1995，第 261 页。

三 "消灭哲学"

基于《莱茵报》时期的政治经验，并借助于费尔巴哈的唯物主义方法，马克思进一步深化了对于哲学与现实关系的思考：一方面，哲学批判的主要对象由宗教转向了市民社会和国家；另一方面，哲学的首要使命也从消除国家政治中的宗教观念变为了彻底的人的解放。不可否认，在这一时期马克思的理论话语中，已经出现了"真正的人的本质""类存在物"等人本主义的哲学概念。但是，此时他强调的重心仍然是哲学的现实化，而这一点与他博士论文以来的致思路向有着明确的一贯性，因此本书更倾向于将《德法年鉴》时期（包括克罗伊茨纳赫时期）马克思的哲学观思想归入理性主义阶段。而且，我们还要看到，正是"消灭哲学"这一表达哲学的现实化诉求的最强音，恰恰成为马克思的哲学观在理性主义阶段的最后表达。

（一）哲学的"颠倒"

在马克思的哲学观的逻辑进程中，费尔巴哈的学说曾起到过不可替代的重要作用。不过，这里我们所要关注的，只是他对于马克思的最初影响，而这种影响首先就集中在方法论的方面。在1843年发表的《关于哲学改造的临时纲要》一文中，费尔巴哈揭露了黑格尔哲学的唯心主义性质。他指出，黑格尔哲学的秘密就在于把思维当作主体，而把客体当作思想的一个单纯的宾词，因此，"我们只要经常将宾词当作主词，将主体当作客体和原则，就是说，只要将思辨哲学颠倒过来，就能得到毫无掩饰的、纯粹的、显明的真理。"① 对于刚刚经历了哲学与现实的尖锐对立的马克思而言，费尔巴哈的这种"主宾倒置"的批判方法很快便引发了他的思想共鸣。不过，费尔巴哈"强调自然过多而强调政治太少"的特点并不能使马克思满意②。马克思所要做的，便是将费尔巴哈的方法引入政治批判，在法哲学领域中揭露黑格尔哲学的颠倒性质。

众所周知，黑格尔法哲学的出发点是自由意志。在他那里，法的全部内容都被解释为了意志自我发展、自我实现过程中的不同环节，遵循

---

① 《费尔巴哈哲学著作选集》上卷，荣震华、李金山等译，商务印书馆，1984，第102页。
② 参见《马克思恩格斯全集》第47卷，人民出版社，2004，第53页。

着精神的辩证本性。例如，作为伦理实体的家庭、市民社会和国家就是按照"个别—特殊—普遍"的逻辑顺序安排的，意志只有在国家理念中才能返回自身，实现自在自为的自由。不难看出，黑格尔的法哲学正是以抽象思辨的方式探求绝对真理的传统哲学观的典型体现。如果说先前马克思对于这种哲学观的批判性反思还不够彻底的话，那么，此时他的意图已经明确地是要颠倒哲学把握世界的方式了。

马克思指出，黑格尔法哲学是一种"逻辑的、泛神论的神秘主义"。之所以这样说，是由于黑格尔"不是从对象中发展自己的思想，而是按照自身已经形成了的并且是在抽象的逻辑领域中已经形成了的思想来发展自己的对象"①。这样一来，观念与现实的关系便被颠倒了，作为出发点的事实没有被理解为事实本身，而是被理解为由观念所产生的神秘结果。于是，马克思仿照费尔巴哈的口吻写道："黑格尔在任何地方都把观念当作主体，而把本来意义上的现实的主体……变成谓语。而发展却总是在谓语方面完成的"②。从这种批判中我们可以看到，马克思实际上是将未经思辨改造的现实事物作为了哲学应有的出发点。对于他来说，像"市民社会决定国家"这样的命题本身就是一种自明的、无须论证的事实。而这也就表明，马克思对于黑格尔以思维和观念作为哲学出发点的做法的拒斥，在很大程度上是以他先前的政治经验为前提的。

马克思还进一步指出，黑格尔之所以会颠倒观念与现实的关系，就是由于他的整个法哲学只不过是逻辑学的补充。也就是说，在黑格尔看来，国家的各种规定的哲学意义仅仅在于，这些规定在其最抽象的形式中可以被看作逻辑学的形而上学的规定。对此马克思讽刺道："哲学的工作不是使思维体现在政治规定中，而是使现存的政治规定消散于抽象的思想。哲学的因素不是事物本身的逻辑，而是逻辑本身的事物。"③可见，要想彻底恢复被黑格尔所颠倒的观念与现实的关系，就必须首先对哲学与逻辑学的关系进行清理。根据马克思的观点，逻辑学在黑格尔那里虽然是作为整个哲学的总论或提纲出现的，但它并不应当成为哲学注意的中心。具体到法哲学中，逻辑学应当来自对国家发展演变的规律所

---

① 《马克思恩格斯全集》第3卷，人民出版社，2002，第18～19页。
② 《马克思恩格斯全集》第3卷，人民出版社，2002，第14页。
③ 《马克思恩格斯全集》第3卷，人民出版社，2002，第22页。

进行的研究，并表现为政治形体的逻辑。可见，马克思的批判并不是要否定逻辑学在哲学中的必要性，而是要用事物本身的逻辑取代观念的逻辑。用他的话来说，哲学的理解"不在于到处去重新辨认逻辑概念的规定，像黑格尔所想象的那样，而在于把握特有对象的特有逻辑"①。马克思在这里所强调的逻辑的特殊性，无疑是对哲学的对象的现实性和具体性的再次确认，因为只有这样，才能避免抽象思维以普遍性的名义对事物进行的任意裁割。

在《黑格尔法哲学批判》中，马克思所关注的另一个问题则是哲学的批判性。我们知道，黑格尔对于理性塑造现实的权利的辩护本身就包含着对于非理性的现实的批判。但是，在法哲学领域中，他却成为现存的君主制的辩护者。马克思认为，黑格尔之所以会使哲学失去批判性，同样是由于他把思辨的产物当作了哲学的中心。也就是说，正是基于那种完全抽象的、远离现实的逻辑范畴，黑格尔才得以将任何他乐于为之辩护的经验存在解释为观念的现实真理性，或按照逻辑的方式对现实中的矛盾进行形式化的解决。不过，随着马克思对于其法哲学的颠倒，现实的批判性也就被重新注入哲学之中了："对现代国家制度的真正哲学的批判，不仅揭露这种制度中存在着的矛盾，而且解释这些矛盾，了解这些矛盾的形成过程和这些矛盾的必然性"②。哲学虽然不能直接地改变世界，却能帮助人们认清国家的本质，而这样一来，对国家制度进行改造的必要性和可能性也就呈现出来了。

（二）哲学的批判的实践意义

如果说马克思对于黑格尔法哲学的上述批判是在书房中完成的，那么，《德法年鉴》的出版则为他提供了一个使哲学重新走向公众世界的机会。如前所述，此时的马克思已经通过哲学的"颠倒"，在很大程度上走出了理性的迷梦。因此，他相信，哲学终将走出《莱茵报》时期所遭遇的挫折和打击，继续以批判的方式彰显自身的实践意义。

在《〈黑格尔法哲学批判〉导言》中，马克思首先分析了哲学的批判所处的理论状况。他指出，既然宗教作为"一种颠倒的世界意识"，

---

① 《马克思恩格斯全集》第3卷，人民出版社，2002，第114页。
② 《马克思恩格斯全集》第3卷，人民出版社，2002，第114页。

产生于一个"颠倒的世界"，那么，随着对宗教的批判的结束，哲学便必然要将国家和市民社会作为主要的批判对象："人的自我异化的神圣形象被揭穿以后，揭露具有非神圣形象的自我异化，就成了为历史服务的哲学的迫切任务。于是，对天国的批判变成对尘世的批判，对宗教的批判变成对法的批判，对神学的批判变成对政治的批判。"① 具体来说，这种批判既可以表现为直接"向德国制度开火"，也可以表现为对现实的副本即德国的国家哲学和法哲学的批判。毫无疑问，马克思非常重视前者，但他也并未因此而忽视后者的重要意义。其之所以如此，是由于在政治发展落后的德国，人们只能在哲学中经历自己的未来的历史。也就是说，"德国的法哲学和国家哲学是唯一与正式的当代现实保持在同等水平上的德国历史。"② 因此，围绕它们所展开的批判便不仅意味着对于德国现存制度的否定，而且同时也包含着对于现代国家本身的缺陷的揭露。

为了更好地进行这一批判，马克思分析了对待德国的法哲学和国家哲学的两种错误态度。首先是"实践政治派"。马克思指出，这一派关于否定哲学的要求是正当的，但是，他们为这个要求所提供的理由却是错误的。在这一派看来，哲学是抽象思辨的，因而不属于德国的现实范围，甚至低于德国的实践和为实践服务的理论。也正是由于这种狭隘的眼界，该派以为，只要背对着哲学，并且扭过头去对哲学嘟囔几句陈腐的气话，对哲学的否定就实现了。由此可见，"实践政治派"实际上是低估了哲学的时代价值，忽视了哲学与现实的密切关联。尽管他们要求人们必须从现实的生活胚芽出发，却忘记了德国人民现实的生活胚芽一向都只是在他们的脑壳里萌生的；在德国，观念的变革往往是政治变革的先导。对此马克思评论道：既然德国的历史还没有达到其法哲学和国家哲学的水平，那么，"实践政治派"的当务之急便应当是使哲学成为现实，即实现哲学中所蕴含的现代国家制度。唯有如此，才算是真正地"消灭"了哲学的观念性的存在。③

其次是"理论政治派"。按照马克思的观点，这一派的错误同样在于没有正确理解哲学与现实的关系问题，以至于认为目前的斗争只是哲

---

①　《马克思恩格斯文集》第1卷，人民出版社，2009，第4页。

②　《马克思恩格斯文集》第1卷，人民出版社，2009，第9页。

③　参见《马克思恩格斯文集》第1卷，人民出版社，2009，第9~10页。

学同德国世界的批判性斗争。也就是说，这一派实际上是过分地高估了哲学的实践功能，甚至抱有一种哲学支配世界的幻想。他们没有想到，迄今为止的哲学本身就属于这个世界，而且是这个世界的补充，虽然只是观念的补充。也正是基于这种对哲学本身的非批判态度，该派只能停留于哲学提供的结论，从而日渐脱离了实际的革命斗争。马克思指出，这一派的根本缺陷可以归结为以下两个方面：其一，没有从内容上认识到对德国的法哲学和国家哲学的否定正是对德国现实进行批判的前提；其二，没有从形式上认识到哲学的抽象思辨性阻碍着批判对于现存事物的实际改变。总之，"理论政治派"只有以一种自我批判的态度"消灭"哲学的观念性的存在，才能在反对德国现存制度的斗争中真正使哲学成为现实。①

通过以上考察我们可以看到，这里出现的"消灭哲学"同样是在哲学的实现的意义上说的。马克思通过这一提法所要强调的，无非是哲学需要摆脱其非现实的观念性存在，在世界化的过程中扬弃自身。因此，"消灭哲学"与博士论文中所说的"哲学的丧失"一样，并不能被当作马克思要求终结哲学的证据。

现在的问题是，既然上述两个派别都没能在政治批判的过程中正确地理解哲学的作用，那么，哲学的批判的实践意义又体现在哪里呢？马克思写道："批判的武器当然不能代替武器的批判，物质力量只能用物质力量来摧毁；但是理论一经掌握群众，也会变成物质力量。"② 这表明，在马克思看来，哲学的批判的实践意义并不是独立自在的，这一意义的取得完全有赖于哲学与广大群众的革命实践的结合。需要指出的是，这里所讨论的已不再是德国的法哲学和国家哲学，而是那种抓住了人的根本并以人的解放为使命的哲学，因为马克思相信，只有这样的理论才能够说服人，而"理论只要说服人，就能掌握群众"。正是在这个意义上，马克思期待着由哲学的批判所引发的"理论的解放"，他指出，"正像当时（指宗教改革时期——引者注）的革命是从僧侣的头脑开始一样，现在的革命则从哲学家的头脑开始。"③

---

① 参见《马克思恩格斯文集》第 1 卷，人民出版社，2009，第 10 页。
② 《马克思恩格斯文集》第 1 卷，人民出版社，2009，第 11 页。
③ 《马克思恩格斯文集》第 1 卷，人民出版社，2009，第 12 页。

在 1843 年 9 月致卢格的信中，马克思则具体阐发了哲学如何掌握群众。他认为，哲学的批判决不能像过去那样，把群众视为被动等待真理降临的愚昧之众，因为在这种情况下，哲学家所能提供的不过是抽象的先验教条，因而根本无益于具体的现实斗争。对于当代的批判者而言，应当具有这样的理论自觉："我们不想教条地预期未来，而只是想通过批判旧世界发现新世界。……如果我们的任务不是构想未来并使它适合于任何时候，我们便会更明确地知道，我们现在应该做些什么，我指的就是要对现存的一切进行无情的批判"①。不难发现，马克思在这里已经愈发明确地否定了哲学家的神圣形象和那种无所不包的绝对真理，因为实际的政治经验向他表明，此时哲学最为重要的任务便是"向世界指明它究竟为什么而斗争"，而这一点恰恰是传统哲学观所无法容纳的。也就是说，实际斗争这一批判的出发点决定了哲学必须世俗化，使自身根植于不断变动、充满矛盾的现实生活之中。马克思相信，只有这样，哲学的批判才能获得其实践的意义，批判和实际斗争也才意味着同一件事情。

（三）哲学与人的解放

上文曾经提到，在马克思看来，即使是作为现代国家制度的观念反映，德国的法哲学和国家哲学也同样应当受到批判。但是，现代国家制度不正是青年黑格尔派所要求的政治解放的前景么？《莱茵报》时期马克思的斗争目标，即将宗教和信仰驱逐出政治领域，不也正是现代国家制度的题中之义么？要回答这些问题，就必须回到《〈黑格尔法哲学批判〉导言》的文本，因为马克思已经在其中阐明，现代国家本身的缺陷就在于"置现实的人于不顾，或者只凭虚构的方式满足整个的人"②，而这也就决定了德国的法哲学和国家哲学被批判的命运。通过以上分析，我们可以得出这样的结论：与《莱茵报》时期相比，此时马克思对于哲学的使命的定位已经转向了现实的人的解放，而这一转变同时也意味着他对整个青年黑格尔派的超越。

那么，马克思又是怎样界定人的解放的呢？在《论犹太人问题》一文中，他指出，政治解放作为迄今为止最高的解放形式，尽管摧毁了封

---

① 《马克思恩格斯文集》第 10 卷，人民出版社，2009，第 7 页。
② 《马克思恩格斯文集》第 1 卷，人民出版社，2009，第 11 页。

建主义的统治，但同时也造成了人的公民身份和市民身份的分裂，因而并不是人的解放的最后形式。由此可见，对于马克思来说，人的属性的二元化是一个更为根本的问题，它表明人的社会本质尚未实现，人还没有从私有制的精神和物质的压迫下解放出来。也正因如此，马克思认为，"只有当现实的个人把抽象的公民复归于自身，并且作为个人，在自己的经验生活、自己的个体劳动、自己的个体关系中间，成为类存在物的时候，只有当人认识到自身'固有的力量'是社会力量，并把这种力量组织起来因而不再把社会力量以政治力量的形式同自身分离的时候，只有到了那个时候，人的解放才能完成。"①

　　不难发现，尽管马克思是通过人的个体感性存在和类存在的矛盾来论证人的解放的，但他所强调的核心问题还是使人的世界和人的关系回归于人自身。而这样的诉求在哲学中的表达，便是"人是人的最高本质"。马克思指出，以人的解放为使命的哲学的批判的全部意图就在于"使宗教问题和政治问题具有自觉的人的形态"②，因为德国所需要的正是一场"人的高度的革命"。

　　当然，正如哲学的批判的实践意义的取得离不开群众的现实力量，人的解放也同样是一个革命理论与革命实践相统一的过程。不过，马克思在这里所谈论的已不是一般意义上的群众了，他为人的解放找到了无产阶级这一最重要的现实力量。在马克思看来，德国并不具备现代革命所应有的前提和基础，因此，人的解放的实际可能性只能到"一个若不从其他一切社会领域解放出来从而解放其他一切社会领域就不能解放自己的领域"，即一个"表明人的完全丧失，并因而只有通过人的完全回复才能回复自己本身"③的领域中去寻找，而无产阶级就意味着这样一个领域的形成。换句话说，无产阶级正是由于遭受普遍苦难才具有了普遍的性质，它的解放与全人类的解放是一致的。

　　于是，与鲍威尔将群众视为"精神的真正敌人"的做法相反，马克思赋予了哲学以无产阶级的意识形态的社会功能："哲学把无产阶级当做

---

① 《马克思恩格斯文集》第1卷，人民出版社，2009，第46页。
② 《马克思恩格斯文集》第10卷，人民出版社，2009，第9页。
③ 《马克思恩格斯文集》第1卷，人民出版社，2009，第17页。

自己的物质武器，同样，无产阶级也把哲学当做自己的精神武器"①。可见，马克思关于哲学的世界化的诉求此时已进一步具体化为哲学与无产阶级的结合，他要求哲学成为无产阶级斗争的观念环节。不可否认，对于尚未深入研究政治经济学和工人运动的马克思来说，这里的"无产阶级"在一定程度上还是一个具有哲学意味的抽象范畴。但是，它的出现已足以表明，马克思的思想中具有了阶级性的因素，而《莱茵报》时期那种"一切人的真理"的理性主义观点则遭到了他的否弃。"德国人的解放就是人的解放。这个解放的头脑是哲学，它的心脏是无产阶级。哲学不消灭无产阶级，就不能成为现实；无产阶级不把哲学变成现实，就不可能消灭自身。"② 可以说，正是由于哲学与无产阶级所反对的东西恰恰包含在对方之中，它们相互扬弃的结果就是人的解放的社会前景。

通过本节的考察，我们可以看到，从博士论文到《德法年鉴》时期，马克思的哲学观的核心问题是哲学的现实化。对于此时的马克思来说，哲学与现实的总体性联系的最好体现，便是哲学在宗教批判和政治批判中所获得的实践意义。于是，出于现实的批判活动的需要，马克思首先从哲学的形式的方面突破了传统哲学观的规定，哲学曾经追求的绝对真理和封闭体系，以及哲学家原有的神圣形象，都遭到了他的否定。不过，此时的马克思并没有对传统哲学观的核心即抽象思辨的理论内容提出明确的质疑，他所谓的"自我意识"、"国家的本性"和"类存在物"等，从根本上说都还只是一些理性的预设。而这种基于理性主义的哲学的现实化，本身就包含着内在的矛盾。

第二节　人本主义的哲学观阶段

如前所述，从1843年开始，马克思就明确地受到了来自费尔巴哈学说的影响。不过，就当时而言，这种影响还局限在"主宾倒置"的批判方法和人本主义的政治观点等方面，马克思并没有真正领会到费尔巴哈学说的唯物主义性质及其哲学意义。只是随着费尔巴哈对于黑格尔哲学

---

① 《马克思恩格斯文集》第1卷，人民出版社，2009，第17页。
② 《马克思恩格斯文集》第1卷，人民出版社，2009，第18页。

乃至整个近代哲学的批判意图的日渐明确，马克思的哲学观才最终迎来
了一场重大的转变。具体来说，一方面，他思考哲学本身的立足点由理
性主义转向了人本主义；另一方面，"哲学"在他的语境中也开始具有
了否定性的意义。如果再联系这一时期马克思的研究重心向政治经济学
的迁移，那么，我们似乎可以得出这样的结论，即单纯的哲学的批判已
不能满足马克思改变世界的愿望，对于他来说，哲学的重要性正在下降。
可是，真实的情况又是怎样的呢？要回答这一问题，还必须首先从费尔
巴哈的"新哲学观"入手。

一　费尔巴哈的"新哲学观"

我们知道，青年黑格尔派为后黑格尔时代的哲学所找到的出路便是
走向宗教批判与政治批判，而作为其中的一员，费尔巴哈自然也对此表
示认同。但是，与其他成员忽视对哲学本身的批判不同，费尔巴哈则第
一个发现了黑格尔哲学乃至整个近代哲学与宗教具有内在的本质关联，
不彻底批判哲学就不能真正驳倒宗教。于是，他率先提出了"改革哲学
的必要性"问题，并表现出一种强烈的划时代意识："我们的当代是人
类历史上一个伟大时代的拱顶石，从而也是一种新生活的开端"[①]。由此
可见，费尔巴哈所要求的乃是一种"人类的完全新的时期的哲学"，而
这种哲学必然要根本地超出青年黑格尔派所承袭的整个哲学传统。也正
因如此，引导着费尔巴哈进行这一场革命性变革的"新哲学观"，成为
我们在马克思的哲学观研究中无法绕过的关键之点。

（一）费尔巴哈对于黑格尔哲学的批判

在费尔巴哈看来，"新哲学的历史必然性及其存在理由，主要是与对
黑格尔的批判有联系的"[②]。其之所以如此，是由于黑格尔哲学作为"神
学最后的避难所和最后的理性支柱"，汇集了唯心主义的一切谬误，以至
于到了"谁不扬弃黑格尔哲学，谁就不扬弃神学"的地步[③]。也就是说，

---

① 转引自〔德〕洛维特《从黑格尔到尼采》，李秋零译，生活·读书·新知三联书店，
2006，第94页。
② 《费尔巴哈哲学著作选集》上卷，荣震华、李金山等译，商务印书馆，1984，第147页。
③ 参见《费尔巴哈哲学著作选集》上卷，荣震华、李金山等译，商务印书馆，1984，第
114～115页。

任何以哲学为理论武器的宗教批判要落到实处，就必须首先对黑格尔哲学进行全面的清算。

那么，黑格尔哲学的思辨神学性质具体体现在哪里呢？费尔巴哈认为，作为黑格尔哲学开端的"存在"并不是感性的具体存在，而是存在的概念或逻辑上的存在。这表明，感性的现实世界从一开始就被黑格尔排除在了哲学的视野之外。因此，思维和存在的对立在他那里只具有表面的意义，实际上不过是思维自身的内部对立。即使黑格尔声称这种对立在其哲学中得到了解决，他所证明的也仅仅是思维与自身的同一。换言之，这里的"思维与存在同一，只是表示理性具有神性，只是表示思维或理性乃是绝对的实体，乃是真理与实在的总体，只是表示并无理性对立物的存在，一切都是理性"①。与此相反，费尔巴哈则发现了感性的、个别的存在具有一种无法消融于理性和思维的实在性，因而它们并不从属于思辨的概念立场，或者说它们本身就是作为这种概念立场的对立物出现的。费尔巴哈相信，只有从这种真正的现实存在出发，对于思维和存在的关系问题的谈论才有实际的意义，而这恰恰是黑格尔所没有做到的。

当然，黑格尔也承认感性世界存在的权利。而且，正如本书第一章所指出的那样，他还格外强调哲学要走出内省的领域，深入于"现实的内容"之中。但是，在费尔巴哈看来，黑格尔对于哲学的现实性的这种要求完全是形式主义的，因为他早已预先埋下了伏笔，将物质的东西理解为精神的"自我外化"，以便随后能够轻而易举地用精神的东西将其"克服"。可见，在黑格尔哲学中，思维并没有触及现实的事物本身，除非后者转化为一种抽象的思维形式，便不能被容纳进理性、自我和精神之中。也正是在这个意义上，费尔巴哈认为黑格尔哲学终究还是落在了思想的内部。不可否认，黑格尔超出以往神学之处，就在于他将上帝即绝对精神化为了一个历史过程，然而，这一过程却是通过循环运动完成的。也就是说，绝对精神在划出一个封闭的圆圈之后又回到了它的开端，即使这个开端现在已经"不再是原来的东西，或者虽然是原来的东西，却不再采取原来的形式"，但是，整个过程的基础却"仍然只是呈现的、

———————————

① 《费尔巴哈哲学著作选集》上卷，荣震华、李金山等译，商务印书馆，1984，第154页。

显示出来的思想与思想本身亦即内在思想的关系"①。这一切都表明，黑格尔哲学充其量不过是理性化和现代化了的神学，其神学的本质并不会因此而发生任何的改变。

（二）费尔巴哈对于整个近代哲学的批判

在费尔巴哈那里，与全面清算黑格尔哲学同时进行的，是对于整个近代哲学的批判。在他看来，这种扩展之所以可能，是由于黑格尔哲学代表着整个近代哲学的本质，即抽象的思维形式对于感性的现实内容的取代和压制。针对费尔巴哈的上述观点，最有可能的质疑莫过于：如果说德国唯心主义以主体能动性为核心，扭曲了对于客体本身的认识，因而适用于这一批判，那么，近代唯物主义为何也难以幸免呢？费尔巴哈指出，问题的关键就在于斯宾诺莎的泛神论，因为正是这一学说合法化了近代的唯物主义趋向。关于斯宾诺莎在近代唯物主义中的枢纽性地位，黑格尔也有类似的判断。他指出：就"把应当理解为最后本体、能动者、作用者的东西规定成了物质、自然"而言，18 世纪的法国哲学"大体上就是斯宾诺莎主义，斯宾诺莎主义是把实体这个唯一的东西当作最后本体提出的"②。可见，只要证明了斯宾诺莎哲学同样是从神学出发，费尔巴哈对于整个近代哲学的批判就能够成立。

我们知道，斯宾诺莎哲学作为一种具有唯物主义性质的泛神论，其核心就在于把神当作内在于自然万物的原因，而同时把自然万物当作神性的具体表现。于是，自然便在与神本质相关的意义上，成为唯一的实体。从表面上看，斯宾诺莎哲学强调实体和物质，因而处在思辨唯心主义的反面。但是，费尔巴哈却并不这样认为。在他看来，斯宾诺莎哲学只是一种"神学的唯物主义"，它与唯心主义虽有对立，但这种对立却是保持在神学内部的。究其原因，一方面是由于斯宾诺莎并没有否认神的存在，另一方面则是由于被斯宾诺莎提高为神性本质的"物质"并不是现实的事物本身，而是经过理性抽象的、仅仅作为一种思维形式的"物相"。用费尔巴哈的话来说："连斯宾诺莎当作神圣本体的属

---

① 《费尔巴哈哲学著作选集》上卷，荣震华、李金山等译，商务印书馆，1984，第 53 页。
② 〔德〕黑格尔：《哲学史讲演录》第 4 卷，贺麟、王太庆译，商务印书馆，1978，第 221 页。

性看待的那个物质，也是一种形而上学的事物，一种纯粹的实体；因为物质赖以异于理智和思维活动的主要特性，即赖以成为一种能感受的实体的那种特性，已经从物质之中除去了。"① 由此可见，斯宾诺莎所证明的终究还是理智的神性，而这也就决定了其泛神论"必然要走到唯心主义"。

　　通过费尔巴哈的批判我们可以看到，包括斯宾诺莎和黑格尔在内的所有近代哲学家都面临着这样一个矛盾：哲学作为无所不包的绝对真理，必须能够以单一的原则统括物质、自然、非我等客观事物，然而事实上，这种统括又只能以非物质的、超自然的、自我的方式进行。也正因如此，费尔巴哈认为近代哲学"本身只不过是溶化和转变为哲学的神学"②，唯心主义和唯物主义作为其中互补的两极具有同样的思辨性质。可以说，在黑格尔将传统哲学"完成"后，正是费尔巴哈首次从内容的方面树立起了对于整个传统哲学的批判意识。而随着这种批判的深入，他的"新哲学观"也逐渐形成了。

（三）新哲学的名称："人"

　　在费尔巴哈看来，既然整个近代哲学都隐瞒或忽视了感性的具体存在，那么，新哲学的当务之急便是将自身的开端定位于"有限的东西、确定的东西和实际的东西"，或曰"跟思想客体确实不同的感性客体"。而这样一来，被思辨哲学所长期颠倒的思维和存在的关系也就得到了恢复："存在是主体，思维是宾词。思维是从存在而来的，然而存在并不来自思维。……只有存在才是感性、理性、必然性、真理，简言之，存在是一切的一切"③。当然，仅仅指明存在相对于思维的优先地位还不够，因为二者的对立并没有得到解决。于是，费尔巴哈找到了"人"作为思维和存在相互统一的新的基础，因为他相信，只有人才能够以自身的存在包含思维；同样，只有当思维作为人的属性的时候，它才不会脱离存在。可见，在费尔巴哈那里，"人"成为了解决哲学基本问题的出路。而这样我们也就不难理解，他何以会直接将"人"作为自己新

---

① 《费尔巴哈哲学著作选集》上卷，荣震华、李金山等译，商务印书馆，1984，第148页。
② 《费尔巴哈哲学著作选集》上卷，荣震华、李金山等译，商务印书馆，1984，第146页。
③ 《费尔巴哈哲学著作选集》上卷，荣震华、李金山等译，商务印书馆，1984，第115页。

哲学的名称①。

费尔巴哈强调，这里的"人"已不再是黑格尔意义上的抽象的主体性，而是作为一种自然存在物的真实的人，即世俗的、感性的、有血有肉的人。也就是说，这个"人"必须生活在具体的空间和时间中、能够感受到痛苦、有自己的心情、与感性对象相互作用，并且同他人进行交往，否则便不能代表新哲学的立场。不难发现，费尔巴哈在这里实际上是恢复了那些被传统哲学当作无关紧要的东西而抛弃掉了的现实的人的属性。在他看来，一旦缺失了这些属性，"人"就无法统摄思维和存在。而这也就提示我们，不能单纯由于"人"这个名称，便将费尔巴哈的新哲学判定为仅仅研究人的哲学；他通过这一命名所要表达的，乃是对于新哲学的整体定位："新哲学是不以抽象的方式，而以具体的方式思想具体事物的，是就现实的现实性，是以适合现实本质的方式，承认现实是真实的，并且将现实提升为哲学的原则和对象。"②

那么，随着这种现实的、未经异化的人的立场的确立，哲学本身又会有哪些具体的变化呢？费尔巴哈认为，直观是生活的首要原则，因此新哲学也应当从感性的真理性出发，诉诸"对于客观实际的本质和事物的直观"。唯有如此，才能按照事物的本来面目去思想和认识它们，而这也正是哲学的最高规律、最高任务。不过，费尔巴哈并没有因此而否定思维的意义，在他看来，只有直观与思维的结合才能为哲学带来生活的真理："只有为思维所规定的直观，才是真正的直观；反过来说：也只有为直观所扩大所启发的思维，才是真实的现实界的思维"③。除此之外，费尔巴哈还特别指出，由于人是一种对象性的存在物，所以人对于自身之外的对象的欲求即"爱"，便成为对象存在的最好的本体论证明。而这也就表明，新哲学同样要"建立在爱的真理上"，将能够被感觉的实体当作自身的基础。总之，在费尔巴哈那里，新哲学的所有本质特点都是与"人"的本质特点相符合的。于是，他大声疾呼道："观察自然，观

---

① 参见《费尔巴哈哲学著作选集》上卷，荣震华、李金山等译，商务印书馆，1984，第117页。

② 《费尔巴哈哲学著作选集》上卷，荣震华、李金山等译，商务印书馆，1984，第164页。

③ 《费尔巴哈哲学著作选集》上卷，荣震华、李金山等译，商务印书馆，1984，第179页。

察人吧！在这里你们可以看到哲学的秘密。"①

费尔巴哈认为，他的新哲学作为一种全新的思想事业，"与迄今为止的哲学具有本质上的区别"。在他那里，所有的哲学概念都在"感性—对象性"的框架内取得了新的意义。由于这场变革所具有的颠覆性，许多固守于传统哲学观的人甚至根本不承认费尔巴哈的学说是哲学。但是在他看来，这恰恰是新哲学的"最高的胜利"。随着思辨体系在新哲学的"人"的面前的崩溃，费尔巴哈自信已经"将哲学从'僵死的精神'境界重新引导到有血有肉的、活生生的精神境界，使它从美满的神圣的虚幻的精神乐园下降到多灾多难的现实人间"②。

二　马克思对于费尔巴哈的哲学观的接受

费尔巴哈在批判旧哲学中筹划新哲学的意图很快便影响到了整个德国思想界，并带来了一场空前的思想解放。在这种新观点的欢迎者中，自然也少不了马克思。因为正像上文所指出的那样，当时马克思对于哲学与现实关系的思考主要是从理性主义的立场出发的，这使得他在很大程度上忽视了对于哲学本身的理性内容的批判。于是，当面对现实的社会生活特别是市民社会的经济生活时，哲学的现实化诉求已经显得越来越力不从心。可以说，正是费尔巴哈的"新哲学观"使马克思彻底意识到了传统哲学在内容上的虚幻性，而这也促成了他与理性主义立场的最终决裂。为了重新审视哲学与现实的关系，找到哲学与政治经济学良性互动的途径，马克思将思考哲学本身的立足点转向了费尔巴哈的人本主义。由此，马克思的哲学观进入了一个虽然短暂却不容忽略的过渡阶段。

（一）马克思对于"哲学"的态度的转变

在《1844年经济学哲学手稿》和《神圣家族》等著作中，马克思曾毫不吝啬地称赞费尔巴哈"真正克服了旧哲学""消解了形而上学的绝对精神"，并为批判全部形而上学"拟定了博大恢宏、堪称典范的纲要"③。这些评价一方面表明了此时费尔巴哈对于马克思的强烈影响，而

① 《费尔巴哈哲学著作选集》上卷，荣震华、李金山等译，商务印书馆，1984，第115页。
② 《费尔巴哈哲学著作选集》上卷，荣震华、李金山等译，商务印书馆，1984，第120页。
③ 《马克思恩格斯文集》第1卷，人民出版社，2009，第342页。

另一方面也反映了马克思对于自己之前所服膺的理性主义哲学观的彻底清算。作为这一清算的结果，"哲学"在他那里开始具有了否定性的意义。我们知道，自博士论文时期以来，马克思语境中的"哲学"虽然历经"丧失"和"消灭"，但始终是以有待进入世界并与现实相互作用的积极力量的形象出现的。而到了此时，"哲学"却被他等同为抽象的、仅局限于认识的、与现实生活相对立的学说，因而应当像宗教那样"受到谴责"。与此相应，马克思则把自己和费尔巴哈的学说称为"完全经验的"分析、"从自身开始的实证真理"和"实在的科学"。

我们应当如何理解马克思对于"哲学"的态度的这种转变呢？有学者认为，这一转变表明马克思的知识观开始了由"哲学—知识"阶段到"科学—知识"阶段的过渡，因为此时的马克思已经明确地将哲学与科学、思辨与实证对置了起来，而他所要做的便是转向科学的、实证的政治经济学研究[1]。不可否认，上述观点的确概括了这一时期马克思思想中的某些变化，但是，将"哲学"的对立面断然规定为实证的科学的做法却是我们所不能接受的。这不仅是由于"科学"同"哲学"一样无法确切定义，更是因为那种非批判的实证性恰恰是马克思所反对的东西。也正因如此，本书倾向于将马克思对于"哲学"的态度的转变理解为一种策略性的做法，也就是说，它并不表示马克思对于一般意义上的哲学或哲学本身的否弃。与费尔巴哈乐见自己的学说不被承认为哲学一样，马克思也需要某些替代性的说法来表明自己与传统哲学的彻底决裂。而且，即使从字面上看，马克思也并未完全将"哲学"当作一个否定性的概念。例如在1844年11月致费尔巴哈的信中，就出现了"给社会主义提供了哲学基础"的字样，而在《神圣家族》中，则有"清醒的哲学""合乎健全理智的哲学"等说法。

既然马克思并没有转向非哲学的立场，那么，我们又应当如何理解这一时期他的哲学研究与政治经济学研究之间的关系呢？我们知道，《1844年经济学哲学手稿》只是马克思政治经济学研究的最初成果，他对于许多问题的清理和思考才刚刚开始。但就是在这部著作中，马克思已经意识到了政治经济学的缺陷："国民经济学从私有财产的事实出发。

---

① 参见徐长福《求解"柯尔施问题"》，《哲学研究》2004年第6期。

它没有给我们说明这个事实。"① 也就是说，政治经济学从来没有想到要对作为自身理论前提的私有财产进行批判性的分析，这决定了其立场只能是维护甚至美化不平等的社会关系。因此，马克思所要做的便是为政治经济学找到根据，而这也就意味着对这门学说本身的批判。不过，此时马克思的政治经济学研究尚未深入，因而他只能到自己最为精熟的领域即哲学中寻找批判的工具。于是我们看到，马克思凭借着人本主义的哲学观点，通过分析异化劳动给出了私有财产这一事实的根据和原因。

不过，哲学与政治经济学的这一次融合并非完全成功。之所以这样说，是由于费尔巴哈式的人本主义无法满足马克思本人对于政治经济学研究的经验性的要求。不难看出，"异化"概念的前提是一种非异化的、本真的人的存在状态，因而在某种程度上还带有抽象和空想的性质，如果从这种概念出发，便难免会将政治经济学批判变为一种外在于经济事实的价值干预。例如阿尔都塞就针对《1844 年经济学哲学手稿》指出："马克思在同过去决裂以前和为了完成这一决裂，他似乎只能让哲学去碰运气，去碰最后一次运气，他赋予了哲学对它的对立面的绝对统治，使哲学获得空前的理论胜利，而这一胜利也就是哲学的失败。"② 这一切都表明，马克思对于自身思想中抽象思辨因素的消除是一个渐进的过程，而绝不是仅仅赋予"哲学"以否定性意义便能完成了的。

（二）哲学之作为人的本质的异化

受费尔巴哈的影响，马克思在这一时期也树立起了对于整个传统哲学的批判意识，而这一意识的集中体现，便是他将"哲学"纳入了异化的问题域："哲学不过是变成思想的并且通过思维加以阐明的宗教，不过是人的本质的异化的另一种形式和存在方式；因此哲学同样应当受到谴责"③。

我们知道，在黑格尔哲学中，"异化"所表示的是绝对精神自我实现的中间过渡环节。黑格尔认为，绝对精神在其最初的自在阶段，一切内在规定都有待展开，因而存在与本质还处于一种直接统一的抽象状态。

---

① 《马克思恩格斯文集》第 1 卷，人民出版社，2009，第 155 页。
② 〔法〕阿尔都塞：《保卫马克思》，顾良译，商务印书馆，2010，第 150 页。
③ 《马克思恩格斯文集》第 1 卷，人民出版社，2009，第 200 页。

在这种情况下，绝对精神既没有对象意识，也没有自我意识。只有当各种抽象规定具体化、外化到现象界中之后，绝对精神才能够在与自身相分离的对象中获得自我意识，而这一过程便是异化。当然，随着绝对精神的自我反思，存在与本质的这种矛盾终究会被扬弃，也就是说，绝对精神最终会认识到这些异化出来的客体和对象不过是自身的设定物。这样，绝对精神便进入了自在自为的阶段，实现了存在与本质的具体统一，而这也就意味着其自我意识的最终完成。由此可见，在黑格尔那里，作为绝对精神自我意识的哲学不仅不是异化，而且恰恰是异化的扬弃和克服。

费尔巴哈则通过赋予"异化"以批判性意义，扩展了这一概念的使用范围。他在宗教批判中指出，所谓异化就是人将自己的类本质投射出去，形成上帝的观念并加以崇拜，以至于使上帝成为不依赖于人却统治着人的外在力量。因此，费尔巴哈认为，宗教是人的本质的异化，而宗教批判的目的便是使人性复归于自身。与此同时，费尔巴哈还进一步将这种批判延伸至了与宗教神学具有同质性的黑格尔哲学："黑格尔哲学使人与自己异化，从而在这种抽象活动的基础上建立起它的整个体系。"尽管黑格尔通过异化的扬弃，使那些从人抽象出来并与人相分离的本质重新与人等同了起来，但这种间接的方式却是费尔巴哈所不能接受的，因为在他看来，只有"人的本质与人的直接、鲜明、毫不暧昧的等同"才算得上是"直接的真理"。①

正是遵循着费尔巴哈的这一思路，马克思将"异化"发展为了一个批判性的哲学观概念。他相信，只要证明了哲学之作为人的本质的异化的性质，便是对其最好的批判。诚然，正像马克思本人所说的那样，这一发现应当被归为"费尔巴哈的伟大功绩"。但是我们也要看到，马克思在以"异化"观点审视整个传统哲学特别是黑格尔哲学的过程中，还是进行了某些富有个性的理论思考。众所周知，在《1844年经济学哲学手稿》中，异化概念主要是用来标示资本主义制度下工人的劳动状态的。也正因如此，马克思将未经异化的人的本质着重规定为了"自由的有意

---

① 参见《费尔巴哈哲学著作选集》上卷，荣震华、李金山等译，商务印书馆，1984，第105页。

识的活动"，即现实的生产劳动。那么，当黑格尔把"一般说来构成哲学的本质的那个东西"，即抽象的精神劳动，看成劳动的本质①的时候，马克思便有理由指出，黑格尔实际上是以人的本质的异化形式取代了人的真正本质，黑格尔哲学同异化劳动一样，不仅没有确证人，反而造就了与人相对立的异己力量。上述分析表明，尽管马克思得出了与费尔巴哈相似的结论，即"哲学精神不过是在它的自我异化内部通过思维方式即通过抽象方式来理解自身的、异化的世界精神"②，但这一结论的得出却已经包含了马克思对于现实的人的异化的思考，而这也正是他超出费尔巴哈的地方。

同样值得注意的是，在费尔巴哈那里，人的存在与本质具有直接的同一性，因而对于他来说，只要将感性的、现实的"人"确立为哲学的最高原则，哲学的异化也就自动消除了。与此不同，马克思则更多地是联系现实的人的异化来思考这一问题的。在他看来，既然哲学不过是生产的一种特殊的方式，并且受生产的普遍规律的支配③，那么，对异化劳动的扬弃便包括了对哲学的异化的扬弃。也就是说，要想真正克服作为人的本质的异化的哲学，就必须诉诸现实的共产主义运动。

（三）哲学与自然科学的结合

上文曾经提到，费尔巴哈所强调的"人"首先是一种自然存在物。就这一规定性而言，一方面，它表明人是自然的一部分，有自身的肉体存在和受动性的感觉；另一方面，它也说明人依赖于自身之外的自然，必须通过对象性的活动同自然界相联系。费尔巴哈认为，只有从以上两个方面满足了自然性的要求的"人"才是现实的、活生生的人，才能够代表新哲学的立场。而这样一来，哲学与自然的关系问题也就进入了他的视野："新哲学将人连同作为人的基础的自然当作哲学唯一的，普遍的，最高的对象——因而也将人本学连同自然学当作普遍的科学。"④ 既然新哲学的立场就是人的自然的立场，那么对于新哲学来说，以人为研究对象的"人本学"和以自然为研究对象的"自然学"之间的区别也就

---

① 参见《马克思恩格斯文集》第 1 卷，人民出版社，2009，第 205 页。
② 《马克思恩格斯文集》第 1 卷，人民出版社，2009，第 202 页。
③ 参见《马克思恩格斯文集》第 1 卷，人民出版社，2009，第 186 页。
④ 《费尔巴哈哲学著作选集》上卷，荣震华、李金山等译，商务印书馆，1984，第 184 页。

不再重要了。又由于以"人"为名称的新哲学本身就是一种人本学，费尔巴哈的结论便是："哲学必须重新与自然科学结合，自然科学必须重新与哲学结合。这种建立在相互需要和内在必然性上面的结合，是持久的、幸福的、多子多孙的，不能与以前那种哲学与神学的错配同日而语。"①

毫无疑问，马克思也接受了费尔巴哈"新哲学观"中的这一观点，并在《1844年经济学哲学手稿》中更为深入地思考了哲学与自然科学相结合的可能性和必要性的问题。马克思指出，在过去，哲学与自然科学始终是疏远的，即使黑格尔等人曾试图将二者结合起来，但他们所做的不过是把自然科学的成果概括在哲学体系之内，以至于使整个自然界都变成了思辨精神的确证。直到工业时代，哲学与自然科学才第一次有了结合的可能。这是由于，自然科学正"通过工业日益在实践上进入人的生活，改造人的生活，并为人的解放作准备，……工业是自然界对人，因而也是自然科学对人的现实的历史关系。"② 也就是说，自然科学已经在工业中抛弃掉了它的"抽象物质的方向"，转而成为"真正人的生活的基础"。在这种情况下，人们便不能仅仅从外在的有用性的方面来理解自然科学的意义，而必须把自然科学看成"人的本质力量的公开的展示"。与自然科学的人化同时发生的，则是哲学的自然化。马克思认为，费尔巴哈关于"一切科学必须以自然为基础"的命题实际上已经为哲学指明了应有的方向：为了真正把握到人的自然性，哲学就必须从感性、自然界出发，必须重视自然科学经由工业活动对人的生存方式产生的重大影响。总之，自然科学在对自然界的研究中证实了现实的人的本质，而哲学则在对现实的人的关注中发现了自然的本质。也正因如此，马克思相信，"自然科学往后将包括关于人的科学，正像关于人的科学包括自然科学一样：这将是一门科学。"③

当然，哲学与自然科学绝不是为了结合而结合的。对于马克思来说，这一结合的必要性就在于人的自我异化的积极的扬弃：在异化劳动中，人与自然界是彼此对立的，这不仅造成了人的感觉的极度贫乏，而且也使自然界丧失了一切属人的感性特质；只有在共产主义社会中，人与自

---

① 《费尔巴哈哲学著作选集》上卷，荣震华、李金山等译，商务印书馆，1984，第118页。
② 《马克思恩格斯文集》第1卷，人民出版社，2009，第193页。
③ 《马克思恩格斯文集》第1卷，人民出版社，2009，第194页。

然界才能达到本质的统一，而这也就意味着"人的实现了的自然主义和自然界的实现了的人道主义"①。由此可见，在马克思那里，哲学与自然科学的结合是共产主义的一个重要规定性，其最终指向乃是人与自然界之间的矛盾的真正解决。总之，尽管哲学与自然科学的结合是由费尔巴哈首先提出的，但马克思却为这一思想找到了基于工业活动的现实依据，并赋予了这一思想以人的解放的意义。

三　马克思对于费尔巴哈的哲学观的初步超越

上文表明，马克思的哲学观在这一时期受到了来自费尔巴哈的深刻影响，从而表现出了明显的人本主义特征。不过，马克思从来没有毫无保留地接受费尔巴哈的观点，随着对于哲学本身思考的深入，二人的分歧也逐渐暴露了出来。具体来说，费尔巴哈主要是以一种理论的态度对待哲学的。在他看来，不论是针对整个传统哲学的批判，还是"新哲学"的确立，仅仅在思想的领域内即可完成。用他的话来说："哲学不需要别的东西，只需要一种人的理智和人的语言"②。与此形成鲜明对照的是，马克思则始终在思想中保持着哲学与现实的张力。他相信，越是从现实的"人"出发的哲学，就越要接受来自社会历史现实的批判。也正是基于这种基本立场的差异，马克思事实上已经不自觉地超越了费尔巴哈的"新哲学观"。

（一）哲学与辩证法

在《1844 年经济学哲学手稿》中，马克思曾将费尔巴哈称为"唯一对黑格尔辩证法采取严肃的、批判的态度的人"③。当然，这一评价只是相对于青年黑格尔派的其他成员而言的。也就是说，与完全拘泥于黑格尔逻辑学的施特劳斯、鲍威尔等人比起来，费尔巴哈对于这一方法的抽象思辨性质的揭露的确算得上是"伟大功绩"。但是，此时的马克思已经意识到，"在费尔巴哈对黑格尔辩证法的批判中还缺少黑格尔辩证法的某些要素，这些要素还没有以经过批判的形式供他使用"④。可见，马克

---

① 《马克思恩格斯文集》第 1 卷，人民出版社，2009，第 187 页。
② 《费尔巴哈哲学著作选集》上卷，荣震华、李金山等译，商务印书馆，1984，第 120 页。
③ 《马克思恩格斯文集》第 1 卷，人民出版社，2009，第 199 页。
④ 《马克思恩格斯文集》第 1 卷，人民出版社，2009，第 113 页。

思对于费尔巴哈的批判并非完全满意，而他所要做的便是将被费尔巴哈所忽视的要素"引入正确的关系"。

那么，费尔巴哈究竟忽视了什么呢？马克思认为，问题的关键就在于黑格尔辩证法中"作为推动原则和创造原则的否定性"①，而这种否定性正是辩证法的核心灵魂所在。因此，可以说费尔巴哈在忽视这一要素的同时也就抛弃了整个辩证法，在他所设想的"新哲学"中并没有辩证法的位置。受此影响，费尔巴哈便只能按照对象所直接呈现出来的那样，将其直观为没有发展、没有变化的现成之物，从而在主体与对象之间建立起了一种非批判的、静态的关系。在马克思看来，费尔巴哈的这一做法无疑将使哲学丧失对于异化劳动现实的理论干预能力，而这恰恰是他所无法接受的。于是，马克思重新提出了哲学与辩证法的关系问题：哲学的确应当从现实的"人"出发，但又必须借助辩证法将这个"人"理解为能动的、自我创造的存在，把人的本质的实现描述为一个扬弃异化的过程。只有这样，哲学才能在感性、现实性的立场之上获得对于事物的否定性理解，并由此确立起干预现实和改变世界的要求。为了实现这一目的，就必须对黑格尔辩证法进行批判性的改造，而不能像费尔巴哈那样，将辩证法当作思辨的呓语直接抛弃。具体来说，马克思主要是通过以下几个环节来完成这一改造的。

第一，以现实的物质劳动取代抽象的精神劳动。马克思指出，黑格尔已经很正确地"抓住了劳动的本质，把对象性的人、现实的因而是真正的人理解为他自己的劳动的结果"②。但是，黑格尔只看到劳动的精神的、自我意识的创造性的方面，却没有看到劳动的感性的、依赖于自然界的方面，而这也就决定了他所谈论的异化仅仅是抽象思维的异化，亦即现实的人的异化的思想形式。因此，马克思强调必须将黑格尔那里的"思维的生产史"置换为人通过对象性活动而自我产生的过程，并将这一现实的历史运动作为辩证法的内容。

第二，为"虚有其表的批判主义"找到现实的感性基础。在马克思看来，黑格尔对于异化的扬弃的重视决定了他能够以批判性的眼光

---

① 《马克思恩格斯文集》第 1 卷，人民出版社，2009，第 205 页。
② 《马克思恩格斯文集》第 1 卷，人民出版社，2009，第 205 页。

审视对象事物，但是，既然异化在他那里只是抽象思维的异化，那么异化的扬弃便也仅仅意味着思维向自身的回归。显而易见，这种思想上的扬弃并不可能在现实中触动自己的对象，而这也就表明了黑格尔的批判主义实际上的落空。为了拯救辩证法的这种批判的否定性，马克思指出，必须将真正的异化的扬弃理解为"人通过消灭对象世界的异化的规定、通过在对象世界的异化存在中扬弃对象世界而现实地占有自己的对象性本质"①。

第三，区分对象化和异化。在黑格尔辩证法中，对象性本身被认为是人的异化了的、同人的本质即自我意识不相适应的关系。那么，随着异化的扬弃，人也就成为"非对象性的、唯灵论的存在物"。与此相反，马克思则认为，"人只有凭借现实的、感性的对象才能表现自己的生命"②，非对象性的存在物只能是非存在物。因此，必须将对象化和异化区分开来，其中前者是人的本质力量的活动，而后者则特指私有财产制度下劳动的现实形式。也就是说，扬弃异化的目的恰恰是为了人的对象性本质的真正实现。

这样，马克思就将黑格尔辩证法改造为了人的感性世界创造的辩证法。他相信，尽管辩证法在黑格尔哲学中只具有精神的形式，但是却"潜在地包含着批判的一切要素，而且这些要素往往已经以远远超过黑格尔观点的方式准备好和加过工了"③。只有借助于这样的辩证法，哲学才能够以批判的态度对待感性现实，从而在其中发现人的本质复归的可能。

（二）哲学与现实干预

在《改革哲学的必要性》一文中，费尔巴哈曾将自己创立新哲学的意图概括为"适应时代的要求，符合人类的利益"④。但是，哲学究竟如何服务于时代和人类，他却并未从思想以外的方面予以言明。在他的"新哲学"中，我们看到的更多的是一种沉湎于理论的倾向和对现实所采取的遁世态度。与费尔巴哈不同，马克思则着重思考了哲学与现实的干预活动之间的关系，而这一思考主要就体现在他对于鲍威尔等人的思

---

① 《马克思恩格斯文集》第1卷，人民出版社，2009，第216页。
② 《马克思恩格斯文集》第1卷，人民出版社，2009，第210页。
③ 《马克思恩格斯文集》第1卷，人民出版社，2009，第204页。
④ 《费尔巴哈哲学著作选集》上卷，荣震华、李金山等译，商务印书馆，1984，第94页。

辨哲学的批判中。

我们知道，鲍威尔的哲学观的最大问题便是对于哲学本身的绝对化，以至于把哲学的批判当作了改变现实的唯一需要。对于这种"妄自尊大的唯灵论"，马克思很早便表示过反对意见。但是，直到费尔巴哈对整个传统哲学进行过清算之后，马克思才明确意识到必须彻底地打破鲍威尔等人的思辨哲学的全部幻想。而这一行动之所以必要，就是由于他们的"绝对的批判"总是"把存在于我身外的现实的、客观的链条转变成纯观念的、纯主观的、只存在于我身内的链条，因而也就把一切外在的感性的斗争都转变成纯粹的思想斗争"①。即使他们化解了各种矛盾和对立，所实现的也不过是神学领域以内的"完善和纯粹"，而根本无关于物质的、现实的变革。由此可见，鲍威尔等人的思辨哲学已经构成了现实的共产主义运动最危险的敌人，而马克思所要做的便是消除这种徒有其表的批判活动的消极影响。

为此，马克思首先分析了思辨结构的秘密。他指出，为了使现实消融在抽象的范畴之中，思辨哲学需要把抽象的观念本身当作真正的本质或实体。例如它会在苹果、梨、扁桃中看到共同的东西即"果品"，从而将各种现实的果实都宣布为"果品"的单纯的存在形式或样态。但是，这种方法毕竟无法容纳现实内容的多种多样的外观。于是，思辨哲学又必须把实体变为活生生的、自身有区别的、能动的主体。这意味着，苹果、梨、扁桃等果实都是"果品"的自我设定，而"果品"也就因此成为包含着千差万别的各个环节的统一体。对此马克思评论道：人们虽然在思辨哲学中重新获得了各种现实的果实，"但这些果实已经是具有更高的神秘意义的果实，它们是从你的脑子的以太中，而不是从物质的土地中生长出来的"②。不言而喻，这种哲学只能使人满足于抽象形式的实践，而根本不可能与现实的干预活动对接。

诚然，埃德加·鲍威尔也承认哲学是超实践的，但他却并不认为这是哲学的一个缺陷。在他看来，超实践性是哲学固有的属性，因此哲学无须"从思辨的天国下降到人类贫困的深渊"。对于这个问题，马克思

---

① 《马克思恩格斯文集》第 1 卷，人民出版社，2009，第 288 页。
② 《马克思恩格斯文集》第 1 卷，人民出版社，2009，第 279 页。

则采取了历史的态度。他认为，哲学在过去的确只是事物现状的超验的、抽象的表现，"曾经飘浮在实践之上"。① 但是，哲学的这种超实践性并不会永远存在下去，例如法国唯物主义就改变了哲学与实践之间的关系。马克思指出，法国唯物主义作为一种哲学虽然不能直接改变世界，但它"关于人性本善和人们天资平等，关于经验、习惯、教育的万能，关于外部环境对人的影响，关于工业的重大意义，关于享乐的合理性等等学说"② 的必然结论便是：人性的提升首先在于改造社会环境、变革当下的社会。可见，与费尔巴哈哲学相比，法国唯物主义无疑更具有"行动哲学"的意味，而这也就决定了它与现实干预活动的本质的联系。

　　总之，马克思认为，"思想永远不能超出旧世界秩序的范围，在任何情况下，思想所能超出的只是旧世界秩序的思想范围。思想本身根本不能实现什么东西。思想要得到实现，就要有使用实践力量的人。"③ 通过这一论述，马克思不仅再次表明了群众特别是无产阶级对于哲学的批判的重要意义，同时也完成了对于鲍威尔等人的思辨哲学的最后一击。在这里值得注意的是，马克思关于哲学与现实干预关系的思考虽然是通过批判"神圣家族"表现出来的，但这一思考同样包含着对于费尔巴哈的哲学观的否定。也就是说，尽管费尔巴哈早已识破思辨的幻想，但他对"新哲学"的定位仍然是漂浮在实践之上的"单纯理论领域内的解放"，因而最终还是退回到了思辨哲学家的水平。当马克思为着现实的自由而提出"用真正对象性的方式改变对象性现实"的时候，他便已经超出费尔巴哈，为哲学规定了更高的使命。

（三）施蒂纳的"唯一者"对于马克思的哲学观的影响

　　上文表明，马克思从未完全停留于费尔巴哈的人本主义立场，而是延续着一贯的"哲学—现实"思路，发展了自己对于哲学本身的思考。这样说来，《1844 年经济学哲学手稿》和《神圣家族》中对于费尔巴哈的溢美之词便只能算是过高的评价了，它们表明此时的马克思对于自己在哲学观上的超越尚未察觉。也正是在这个时候，施蒂纳的"唯一者"

---

① 参见《马克思恩格斯文集》第 1 卷，人民出版社，2009，第 264~265 页。
② 《马克思恩格斯文集》第 1 卷，人民出版社，2009，第 334 页。
③ 《马克思恩格斯文集》第 1 卷，人民出版社，2009，第 320 页。

以其与一切抽象相对立的形象出现了，从而推动了马克思与人本主义哲学观的最终决裂。

严格说来，施蒂纳本人并没有明确的哲学观思想。但是，他极富成果地攻击了作为"新哲学"的代名词的"人"，因而也可以被视为费尔巴哈的哲学观的重要批判者。我们知道，费尔巴哈通过"人"这个概念所要强调的，乃是哲学应当以感性的、具体的方式思想现实的事物，即"哲学的本质特点是与人的本质特点相符合的"①。然而，在施蒂纳看来，"人"并不能真正地改变哲学的神学倾向。其之所以如此，是由于这个概念本身便是从上帝引申出来的，因而仍然具有一种抽象思辨的性质。用他的话来说："如果在此只将神驱逐到人的胸中，并以不可消除的内在性相赠"，那么，"人就登上了绝对高峰，而我们与他的关系就如同与最高本质的关系那样，亦即宗教的关系"②。

不可否认，施蒂纳对于"人"的上述批判并不直接相关于哲学本身。但是，我们仍然可以通过这些批判性的意见看到，当费尔巴哈以"人"的名义将直观性、"爱"、"人与人的统一"等要求加之于哲学时，他并没有真正还原出现实的人的本真的"在世"状态，而是任凭自己的想象虚构出了一个仅仅以理论的态度静观世界的"人"，并将其作为哲学应有的形象，殊不知这样会将哲学重新导向抽象王国。对此施蒂纳评论道：费尔巴哈"只知用唯心主义、'绝对哲学'的传统财产来穿戴他的'新哲学'的唯物主义"③，因而还是停留在了非现实性上。为了避免重蹈费尔巴哈的覆辙，施蒂纳提出了作为"唯一者"的"个人"或"我"，并特别指出这个"唯一者"不以任何的思想或观念为前提。这表明，施蒂纳所力图建立的是一种彻底抛弃了所有形而上学规定、完全立足于"个人的、利己主义的兴趣"的哲学。

不论这个"唯一者"的理论终局如何，施蒂纳终究是第一个自觉超出费尔巴哈哲学的人物。而1844年11月恩格斯致马克思的信和《德意志意识形态》中的"圣麦克斯"部分则证明，当时的马克思已经受到了来自施蒂纳的影响。这样我们也就不难理解，马克思何以会在如此短的

---

① 《费尔巴哈哲学著作选集》上卷，荣震华、李金山等译，商务印书馆，1984，第97页。
② 〔德〕施蒂纳：《唯一者及其所有物》，金海民译，商务印书馆，1989，第51、61页。
③ 〔德〕施蒂纳：《唯一者及其所有物》，金海民译，商务印书馆，1989，第378页。

时间内从人本主义的立场转向对于费尔巴哈的批判。可以说，正是借助由施蒂纳所提供的思想转变契机，马克思开始了以实践唯物主义的方式思考哲学本身。

至此，我们就完成了对于马克思的哲学观的第二个阶段的考察。本节内容表明，此时的马克思已经按照费尔巴哈的方式清算了传统哲学观在内容方面对于哲学的规定，从而把自己的哲学观的核心问题由哲学与现实世界的形式上的结合转向了哲学自身内容的现实化。不过，正像施蒂纳的批判所提示的那样，马克思立足于人本主义立场之上的哲学观思考并未充分实现他的上述意图。也就是说，当马克思将哲学理解为人的本质的外化，将哲学的现实化理解为使事物合乎人性的时候，他还没有使哲学完全摆脱非现实的先验设定。在哲学与现实的关系问题上，马克思还需要继续探索。

第三节　实践唯物主义的哲学观阶段

在经历了理性主义和人本主义的哲学观阶段之后，此时马克思对于哲学的要求已是非常明确而坚决的了：哲学必须从社会历史现实出发，通过分析物质生活的内在矛盾而从中发现人的解放的现实的可能性。为了实现这一要求，哲学就必须放弃原有的独立的存在方式，转而与那些直接面向社会历史现实的具体学科结合在一起，从它们那里获得哲学批判的对象和内容。从这个意义上说，哲学与"历史科学"或政治经济学的关系便不是此消彼长式的对立，而是以相互改造为前提的共同发展。可见，作为马克思思考哲学与现实关系的最终成果，实践唯物主义的哲学观实际上就是一种超越了纯哲学的甚至可以说是"非哲学"的立场，它表明哲学真正成为改造社会的实践活动的一个观念环节。如果说在这一阶段马克思的哲学观的理论内容变少了，那么这恰恰是由于他在对于社会历史现实的研究中特别是在政治经济学批判中践行了自己的哲学观。

一　哲学与实践

就哲学与实践的关系问题而言，马克思的思考大致经历了三个阶段：博士论文时期，他的观点与鲍威尔基本相同，即认为哲学的理论批判本身就是一种实践力量。不过，现实的政治经验使马克思很快意识到，哲学的实践意义的取得离不开"使用实践力量的人"。由此，哲学与人的实践力量的结合就成为马克思所理解的哲学的现实化的主要途径。在他看来，即使是像主观主义和客观主义、唯灵主义和唯物主义、活动和受动等理论的对立的解决，也"只有通过实践方式，只有借助于人的实践力量，才是可能的"①。需要注意的是，在马克思的这一理解中，哲学与实践还是彼此外在的，也就是说，哲学虽然关注实践，但只是将其理解为单纯的物质性活动。直到 1845 年的《关于费尔巴哈的提纲》（以下简称《提纲》），马克思才首次将实践的观点注入了哲学。当然，这不是说哲学具有了直接的实践力量，而是说哲学的思维方式发生了根本性的变革。

（一）哲学的思维方式的变革

哲学应当以何种方式进行思维？这是马克思在《提纲》中回答的首要问题。因为在他看来，不论是唯心主义还是旧唯物主义，都未能很好地将这一问题解决。具体来说，唯心主义的思维方式注重从主体的、能动的方面理解对象，这一点无疑是十分必要的。然而，这种思维方式却无法为对象的能动方面找到现实的、感性的基础，因而只能在头脑中把握到纯粹的思想客体。与之相反，包括费尔巴哈哲学在内的整个旧唯物主义则非常正确地看到了感性客体对于哲学思维的意义。但是，由于这种思维方式"只是从客体的或者直观的形式去理解"对象，从而也就把现实性、感性直接地归为单纯的自然存在。通过马克思的以上论述，我们可以看到，尽管唯心主义和旧唯物主义在具体的哲学观点上大相径庭，但它们都没有真正地把握到现实的对象事物，而只是以抽象的方式对对象进行了片面的理解。这表明，唯心主义和旧唯物主义实际上采取了同样的主客二元对立的思维方式。也就是说，这两个哲学派别都默认了理性和感性、精神和物质、思维和存在的决然分离，它们的差别只是在这两极中各取一端。

于是，马克思强调了实践的思维方式对于哲学的重要意义。所谓实践的思维方式，就是将对象、现实、感性"当做感性的人的活动，当做

---

① 参见《马克思恩格斯文集》第 1 卷，人民出版社，2009，第 192 页。

实践去理解"①，而不是当作纯粹的思想或概念去把握，也不是当作既成的、给定的东西去被动地接受和反映。马克思相信，只有凭借这种思维方式，哲学才能够将整个人类世界思想为实践活动的结果，并在每一现实事物中发现人的对象性的力量，而这也就意味着哲学真正地把握到了对象本身。可见，马克思既充分肯定了主体的能动作用，又把这种能动作用对象化为了感性的物质活动，从而扬弃了唯心主义和旧唯物主义所共同分享的二元对立的思维方式，使哲学在抽象领域之外重新发现了现实的人能动地创造自己的生命形式的过程。如果说唯心主义和旧唯物主义代表着整个传统哲学的话，那么，随着实践的思维方式的确立，马克思事实上便已经超越了整个传统哲学，而这也正是他在《提纲》中将自己的哲学称为"新唯物主义"的原因。

当然，哲学要确立实践的思维方式，就必须首先正确地理解实践。马克思指出，费尔巴哈之所以没有把感性看作实践的、人的感性的活动，就是由于他所理解的"实践"只是卑污的犹太人的表现形式："如果人仅仅立足于实践的立场，并由此出发来观察世界，而使实践的立场成为理论的立场时，那他就跟自然不睦，使自然成为他的自私自利、他的实践利己主义之最顺从的仆人"②。因此，可以说费尔巴哈根本没有认识到实践相对于人的存在论意义，在他那里，"实践"甚至算不上一个哲学的概念。与此相反，马克思则将实践理解为"革命的""实践批判的"活动，看到了人在实践中自我生成这一重大的哲学意义。不过，需要指出的是，马克思在这里所说的实践已不是一般意义上的感性活动，而是特定社会历史条件下现实的人的物质生产活动。如果进一步具体到马克思本人所处的时代，那么实践则更突出地表现为工业的生产活动。我们知道，早在《1844 年经济学哲学手稿》中，马克思便已明确发现了工业同人的本质的联系。此时的马克思虽然不再使用"人的本质"这样的概念，但他仍然相信，工业的大规模活动直观地表现了主体和客体、精神和物质的统一。也就是说，哲学只有具备了工业实践的观点，才能彻底扬弃掉二元对立的思维方式。

---

① 《马克思恩格斯文集》第 1 卷，人民出版社，2009，第 499 页。

② 《费尔巴哈哲学著作选集》下卷，荣震华、王太庆、刘磊译，商务印书馆，1984，第 145 页。

　　随着实践的思维方式的确立，哲学提出和解决问题的立足点也就转向了现实的人的活动。为了表明这种思维方式给哲学所带来的变化，马克思在《提纲》中还专门阐发了"新唯物主义"对于几个重要的哲学问题的态度。

　　关于人的思维是否具有客观的真理性这一问题，马克思指出："这不是一个理论的问题，而是一个实践的问题。人应该在实践中证明自己思维的真理性，即自己思维的现实性和力量，自己思维的此岸性。"① 对于以实践的思维方式进行思想的哲学来说，人的思维只能是处在对象性活动中的、付诸现实的对象事物的思维，其真理性就体现在这一对象性活动的现实的结果之中。如果脱离了实践而单纯地谈论思维本身，那么这个问题就会变为"一个纯粹经院哲学的问题"。

　　在人与环境的关系问题上，马克思则批判了法国唯物主义关于"人是环境的产物"的观点。因为实践的思维方式向哲学表明，任何现实的环境都是在人的实践活动中形成的，也都是由人来改变的。或者说，人在受到环境的影响之前便已经能动地施加影响于环境了。总之，正是实践活动中主体和客体相统一的关系决定了"环境的改变和人的活动或自我改变的一致，只能被看做是并合理地理解为革命的实践。"②

　　此外，马克思还探讨了宗教批判问题。在他看来，费尔巴哈正是由于不理解实践，只进行了不彻底的批判，仅仅"把宗教世界归结于它的世俗基础"就以为完成了全部的工作。只有在实践的思维方式下，哲学才能够进一步揭示出世俗基础究竟怎样在人的活动中发生自我分裂和自我矛盾，以至于从自身异化出一个宗教的独立王国。当然，即使完成了对于世俗基础自身的矛盾的这样一种理解，也还是不够的。除非在实践中消灭了宗教得以产生的世俗根源，否则宗教批判便不可能彻底地完成。

（二）哲学的立脚点的转换

　　马克思认为，实践的观点还进一步改变了哲学的立脚点，而这一变化主要就体现在新旧唯物主义的对比之中。

　　首先来看旧唯物主义。马克思指出，"旧唯物主义的立脚点是市民社

---

① 《马克思恩格斯文集》第1卷，人民出版社，2009，第500页。
② 《马克思恩格斯文集》第1卷，人民出版社，2009，第500页。

会"，即与共同体分隔开来的、原子式的个人的集合。以费尔巴哈为例，在他那里，人只是直观的对象，因而他只能把握到一个个孤立的、个体的人。当然，费尔巴哈并不满足于此，为了获得对于人的普遍性理解，他又在哲学中引入了"人的本质"概念，以期将个体的人统摄在"类"的范畴之下。那么，费尔巴哈所说的人的类本质又是什么呢？在他看来，"就是理性、意志、心"①，因为正是它们构成了人与动物之间的真正差别。不难发现，这种被理解为"类"的人的本质并不是直观的结果，而是在费尔巴哈的头脑中被设定起来的"单个人所固有的抽象物"。也正因如此，费尔巴哈的"人的本质"概念并没有真正改变其唯物主义的直观性质，它作为"一种内在的、无声的、把许多个人自然地联系起来的普遍性"②，仍然是建立在抽象孤立的人类个体之上的。

与旧唯物主义不同，新唯物主义则基于实践的观点，将自身的立脚点落实在了"人类社会或社会的人类"。在马克思看来，这种转换之所以可能，是由于实践本身具有社会性，人们在进行实践活动的过程中必然要结成各种各样的相互关系。人们之间的这种社会关系虽然不是感性直观的对象，却是真实存在的，并且像物质产品一样从实践中不断地生产出来。因此，可以说在实践的观点中，并没有鲁滨逊式的完全孤立的个人，实践的观点本身就是一种社会的观点。我们知道，早在《1844 年经济学哲学手稿》中，马克思便已经意识到"个体是社会存在物。因此，他的生命表现，即使不采取共同的、同他人一起完成的生命表现这种直接形式，也是社会生活的表现和确证。"③ 不过，当时马克思对于社会的理解还没有完全摆脱费尔巴哈的"类"的影响。只是在《提纲》中，他才首次明确地从实践出发理解社会，从而彻底地摆脱了费尔巴哈的人本主义学说，使人的本质问题获得了"一切社会关系的总和"这一重新定向。

毫无疑问，哲学的立脚点的这一转换绝不是无谓的思想游戏。对于马克思来说，如果哲学像旧唯物主义那样，仅仅直观到单独的个人，那

① 《费尔巴哈哲学著作选集》下卷，荣震华、王太庆、刘磊译，商务印书馆，1984，第 27～28 页。
② 《马克思恩格斯文集》第 1 卷，人民出版社，2009，第 501 页。
③ 《马克思恩格斯文集》第 1 卷，人民出版社，2009，第 188 页。

么就等于毫无批判地接受并认可了市民社会中那种人与人相分离、相排斥的局面。当然，这并不是说市民社会中的个人不具有社会性，而是像马克思在《论犹太人问题》中所指出的那样，市民社会代表着一种以私人利益和私人权利为基础的社会关系，其中的每一个人都以利己的个体的形式出现。也正是在这部著作中，马克思阐明了人的解放的标志就在于人从这种自私自利的精神和物质关系当中解放出来，使人的个体获得真正的社会性。因此，我们认为马克思在《提纲》中对于新唯物主义的立脚点的强调反映了他一贯以来的超越个人与共同体的分裂的思想诉求，而这也正是他以哲学服务于人的解放的题中之义。

（三）"解释世界"与"改变世界"

众所周知，《提纲》第十一条是马克思对实践唯物主义的哲学性质的经典表述："哲学家们只是用不同的方式解释世界，问题在于改变世界。"① 不过，要真正从这一命题中解读出马克思的哲学观与传统哲学观的根本区别，就必须从哲学思维方式变革的角度入手。

如前所述，包括唯心主义和旧唯物主义在内的整个传统哲学所采取的是一种二元对立的思维方式。那么，这种思维方式与"解释世界"的哲学之间又有什么样的关联呢？我们知道，主体和客体、思维和存在、精神和物质的二元对立只是现实世界中丰富关系的抽象表现，只有在纯粹思辨的领域中才可能被提出。因此，当哲学拘执于这些对立时，它本身也就远离了活生生的现实世界，而只是以一种"理论态度"进行着对于世界的认识活动。在这种情况下，不论是精神获得相对于物质的本原地位（唯心主义），还是物质获得相对于精神的本原地位（旧唯物主义），哲学所达到的也不过是关于世界的一种解释。不可否认，传统哲学家也有着"改变世界"的意图，例如黑格尔就曾经写道："现在我越来越确信理论工作比实际工作对世界的影响更大；我们的观念领域一旦革命化，现实就必然会随着前进。"② 而且，18 世纪的法国哲学也确实起到了动员广大民众同封建势力进行斗争的作用。但是，传统哲学所固有的

---

① 《马克思恩格斯文集》第 1 卷，人民出版社，2009，第 502 页。
② 转引自〔法〕科尔纽《马克思的思想起源》，王瑾译，中国人民大学出版社，1987，第 11 页。

知识论立场已经决定了其外在于世界的静观态度，也就是说，传统哲学并不可能真正突破"解释世界"的局限。

相比之下，实践的思维方式则为哲学带来了"改变世界"的可能。正如上文所指出的那样，当哲学以实践的思维方式进行思想时，整个现实世界便会呈现为感性的人的活动的产物，而这也就意味着哲学走出了抽象观念的领域，真正把握到了对象事物本身的生成过程。马克思相信，既然对象事物所原有的静态的、孤立的、非历史的形象已被打破，那么可以说，实践的思维方式赋予哲学的一个必然结论便是，人们应当进一步地改变这个不尽合理的世界，实际地投入人的解放的现实运动之中。由此可见，新唯物主义虽然也包含着"解释世界"的内容，但这种解释已不是通过无利害的静观，而是通过对于现存事物的否定性的理解得出的。当然，批判的武器终究不能代替武器的批判，要使世界发生现实的改变，仅仅依靠哲学还是不够的。但是，只要具备了实践的思维方式，哲学的批判就有可能同改变世界的现实活动有机地结合起来，而这也正是哲学在"改变世界"过程中的意义所在。

当然，也有研究者认为，马克思在《提纲》的第十一条中已经将自己排除在了"哲学家"之外，对于马克思来说，"改变世界"的任务只属于物质性的实践力量，而无须哲学参与。显然，这种观点既违背了马克思所一贯坚持的哲学与现实、理论与实践的总体性原则，也忽视了《提纲》的总体内容的哲学属性。因此，更为准确的说法应当是：马克思将自己排除在了传统哲学家之外，而"改变世界"也必然无关于"作为哲学的哲学"。当然，由于《提纲》仅仅是"匆匆写成的供以后研究用的笔记"①，因而马克思并没有机会在其中具体论述哲学如何深入人的现实的历史、如何同其他具体的学科相结合。这些内容体现在《德意志意识形态》等后续的著作之中。

二 哲学与历史

我们知道，马克思对历史一直有着浓厚的兴趣，并形成了从历史事实中寻找现实问题的答案的思路。例如在《克罗伊茨纳赫笔记》和《神

---

① 《马克思恩格斯文集》第4卷，人民出版社，2009，第266页。

圣家族》等著作中，马克思通过历史研究获得了大量的经验材料，而这也就使得他关于人类历史发展的见解具有了坚实的基础。不过就当时而言，哲学和历史在马克思那里还是彼此外在的。只是随着实践观点的确立，二者才第一次具有了结合的可能。之所以这样说，是由于实践的思维方式还原了人的生成性，而人的这种自我创生又必然要在一定的时间向度内展开，因而哲学也就具有了历史的视域。但是，这种历史的视域已经不是黑格尔在描述绝对精神的演进时所体现出来的那种历史感了，而是一种从现实的社会实践，特别是物质生产实践的历史形态出发透视一切的立场、原则和方法。因此，可以说马克思是以其特有的历史敏感拓展了哲学的视域。但从另一方面来看，哲学的实践的思维方式也使历史摆脱了其作为"僵死的事实的汇集"或"想象的主体的想象活动"的原有形象①。总之，对于此时的马克思来说，哲学在经过与历史的双向改造之后，本身也就转化为了一种历史观。

（一）与"哲学"相对立的"科学"

上文曾经提到，在《1844 年经济学哲学手稿》中，马克思对于自己学说的定位发生了从"哲学"到"科学"的迁移。而到了《德意志意识形态》时期，这种"哲学—科学"的张力则更为明确地表现了出来。"同现实的影子所作的哲学斗争""用哲学家易懂的话来说""他还是一位理论家和哲学家"等说法表明，在马克思那里，"哲学"概念的否定性意味已非常强烈，而"哲学家"也不免成为一个讽刺的称谓。与此相应，"历史科学""真正的实证科学"等表述则标示着马克思对于自己学说的合法性的确信。那么，我们应当如何理解这种与"哲学"相对立的"科学"，或者说，马克思在这部著作中所阐发的历史观是否还可以被视为哲学呢？

首先来看马克思关于"历史科学"的论述："我们仅仅知道一门唯一的科学，即历史科学。历史可以从两方面来考察，可以把它划分为自然史和人类史。但这两方面是不可分割的；只要有人存在，自然史和人类史就彼此相互制约。"②毫无疑问，这里的"历史科学"是相对于历史

---

① 参见《马克思恩格斯文集》第 1 卷，人民出版社，2009，第 525～526 页。
② 《马克思恩格斯文集》第 1 卷，人民出版社，2009，第 516 页。

哲学而言的。马克思指出，历史哲学完全忽视了作为历史的现实基础的物质生产，因而只能按照某种脱离了日常生活的因素，如纯粹的思想、观念来理解历史。而这样一来，"就把人对自然界的关系从历史中排除出去了，因而造成了自然界和历史之间的对立"①。在马克思看来，要正确地认识历史，就必须从人们现实的物质生产入手，而这种生产活动又必然意味着人与自然的相互作用。因此，"历史科学"的对象便不是那种仅仅局限于政治或宗教的狭义的社会历史领域，而是包括了人化自然界在内的整个人的世界。同样地，马克思也反对从人化自然界中抽象地割裂掉人的活动，因为不包含人的活动的纯粹自然界是自然史或自然科学研究的对象。他明确指出："自然史，即所谓自然科学，我们在这里不谈"②。可见，此处的"历史科学"并不能按照一般意义上的科学来理解，毋宁说它所反映的正是一种基于实践观点的哲学本体性规定。

其次是马克思关于"真正的实证科学"的论述。他写道："在思辨终止的地方，在现实生活面前，正是描述人们实践活动和实际发展过程的真正的实证科学开始的地方。关于意识的空话将终止，它们一定会被真正的知识所代替。对现实的描述会使独立的哲学失去生存环境，能够取而代之的充其量不过是从对人类历史发展的考察中抽象出来的最一般的结果的概括。"③ 不难发现，马克思在这里对于"真正的实证科学"的规定同上述"历史科学"具有很大的一致性，即同样要求从人们的现实生活过程和活动出发进行思想。而他之所以使用"实证"一词，只是为了表明自己的学说与德国思辨哲学的根本性区别，因而并不能据此将马克思所说的"科学"与完全立足于经验事实的、非批判的自然科学混为一谈。事实上，马克思在这段文字中所否定的只是"思辨"、"关于意识的空话"和"独立的哲学"，而不是一般意义上的哲学。也就是说，这里的"真正的实证科学"并不构成与哲学本身的对立，这些有关人类历史发展的合理抽象和最一般概括如果能够以历史观的形式出现，那么它们便无疑还是一种哲学。

通过以上考察我们可以看到，《德意志意识形态》中的"科学"概

---

① 《马克思恩格斯文集》第 1 卷，人民出版社，2009，第 545 页。
② 《马克思恩格斯文集》第 1 卷，人民出版社，2009，第 516～519 页。
③ 《马克思恩格斯文集》第 1 卷，人民出版社，2009，第 526 页。

念所包含更多的是一种非思辨的意义，而不是非哲学的意义。如果再联系黑格尔和费尔巴哈等人对于 Wissenschaft 一词的使用，那么我们便可以更为明确地认识到，"科学"乃是一个被当时的哲学家所普遍采用的、用来表明自己学说的真理性和合法性的概念。特别是对于发动了一场哲学革命的马克思来说，由于"哲学"概念承载了过多形而上学的负荷，他更需要"科学"这一过渡性和替代性的说法。如果仅仅据此便将马克思归为"哲学终结论者"或实证的科学家，那就真可谓是大谬不然了。

（二）"从人间升到天国"

1859 年 1 月，马克思在回顾自己的思想历程时，曾经将《德意志意识形态》定位为对自己从前的哲学信仰的清算①，而这种清算势必也就包含了扬弃先前哲学观信念的内容。不过，马克思并没有再像过去那样对理性主义和人本主义的哲学观进行分别的批判，而是将包括鲍威尔、费尔巴哈和施蒂纳在内的全部"德国哲学批判家们"放在一起作为了批判的对象，因为他们在哲学观上有着共同的缺陷，即片面重视哲学相对于现实的支配作用，而完全忽视了现实相对于哲学的制约作用。也就是说，不管这些哲学批判家们在具体观点上有怎样的分歧，他们却无一例外地把哲学看作是一种能够独立运动、自我发展并且居高临下地支配现实世界的思想体系：一方面，他们相信，哲学仅仅产生于思想的天国，而根本无关于现实世界中具体的社会历史环境。也正是在这个意义上，马克思将他们的学说称为"独立的哲学"。而另一方面，他们又坚信在这种"独立的哲学"面前，现实世界是那样的"不独立"。他们断言，"观念、想法、概念迄今一直支配和决定着现实的人，现实世界是观念世界的产物"②。他们同黑格尔一样，相信现实世界的任何发展都不过是思想的实现。

马克思指出，这种哲学观的直接后果便是将德国所需要的一场变革局限在了纯粹的思想领域。不可否认，鲍威尔、费尔巴哈和施蒂纳等哲学批判家们有着强烈的反抗精神和变革诉求。但是，正是由于他们颠倒了哲学和现实、思想世界和世俗世界的关系，所以才会想当然地认为，

---

① 参见《马克思恩格斯文集》第 2 卷，人民出版社，2009，第 593 页。
② 《马克思恩格斯文集》第 1 卷，人民出版社，2009，第 510 页。

德国所面临的根本问题仅仅在于人们被自己创造出来的虚假观念所统治。于是，他们把哲学的批判当作了唯一的斗争手段，以为只要消灭了宗教和"绝对精神""普遍物"等观念，现实世界就会随之改变。对此马克思评论道："既然他们仅仅反对这个世界的词句，那么他们就绝对不是反对现实的现存世界"①。这表明，这些哲学批判家们所做的不过是用另一种方式来解释现存的东西，因而也就是以另一种解释承认了现存的东西。为了消除这种看似激进实则保守的哲学批判对于德国革命的消极影响，马克思明确提出了现实对于哲学的制约问题。他相信，只有由此入手，才能从根本上揭露整个"批判"的虚妄性。

"德国哲学从天国降到人间；和它完全相反，这里我们是从人间升到天国。"② 马克思的这一宣言表明，对于哲学本身的认识必须从现实的物质生产过程特别是从事这一实际活动的现实的个人出发。因为正是在人们的物质活动和物质交往中，思想、观念、意识才得以产生，它们不过是这种物质生活过程的必然升华物。而这样一来，哲学便同道德、宗教等其他意识形态一样，彻底丧失了独立性的外观。如果说马克思曾经断言哲学"没有历史，没有发展"，那么这绝不是对于哲学史的否定，而是表明哲学没有独立于具体的社会历史环境的、完满自足的历史和发展。随着人们的生产方式和交往形式的改变，作为其思维产物的哲学也必定要发生相应的变化。当然，马克思在这里并没有否认思想的天国的存在，但他已经将天国的根基牢牢地扎进了人间的世俗生活的土壤之中。对于他来说，哲学不管怎样深刻、玄妙，无论如何激进、彻底，都不可能无条件地、不受制约地凌驾于现实世界之上。

在马克思看来，既然哲学不可能真正独立于现实，那么哲学便不应当像过去那样被动地接受社会历史条件的制约，而应该自觉主动地回复到自身的世俗基础，以自身特有的反思和批判的态度研究具体的社会历史问题。可见，这种哲学观不仅使哲学放弃了"提供可以适用于各个历史时代的药方或公式"这一虚妄的自我期许，而且更为重要的是，将哲学从支配世界的迷梦中唤醒了过来："只有在现实的世界中并使用现实的

---

① 《马克思恩格斯文集》第 1 卷，人民出版社，2009，第 516 页。
② 《马克思恩格斯文集》第 1 卷，人民出版社，2009，第 525 页。

手段才能实现真正的解放","'解放'是一种历史活动,不是思想活动"①。当然,这并不意味着哲学在那种"消灭现存状况的现实的运动"中没有了任何的意义;相反,只要哲学立足于实践的观点,从人们的物质生产活动出发来研究现实问题,就能够将现存世界理解为历史发展的一个必然而又暂时的阶段,从而在其中发现未来共产主义实现的可能。因此,可以说实践唯物主义的逻辑本身就蕴含着"使现存世界革命化,实际地反对并改变现存的事物"②的要求,它使哲学转变为现实变革的理论先导。而这样一来,马克思也就彻底颠覆了传统哲学观为哲学所设定的知识论路向。正如本书第一章所指出的那样,所谓知识论路向,就是把哲学仅仅视为一种求知活动,"只是希望确立对存在的事实的正确理解"。毫无疑问,在这一路向中,哲学所能达到的不过是逻辑上的不断完善。哲学要真正参与到变革世界的活动中,就必须使自身转向"实践的唯物主义者"的立场。

(三)作为意识形态的哲学

我们知道,马克思曾将鲍威尔、费尔巴哈和施蒂纳等人的那种颠倒了意识和存在、思想和现实的关系,并以纯思想批判代替反对现存制度的实际斗争的哲学称为"德意志意识形态"。那么,这种作为意识形态的哲学又是怎样在历史中产生,并获得关于统治世界的幻想的呢?马克思认为,这个问题的答案同样需要到人们现实的物质生活当中去寻找。

首先需要确定的一点是,意识形态作为人的意识的一种特定的表现形式,并不是从来就有的。马克思指出,意识起初只是"对自然界的一种纯粹动物式的意识"或"纯粹的畜群意识",在这种情况下,人们的意识活动与物质生产、物质交往还是直接交织在一起的。只是随着生产效率的提高以及由此所带来的分工的发展,意识形态产生的社会历史条件才得以具备。具体来说,物质劳动和精神劳动的分离使社会中出现了一批专门从事精神生产的个人,他们的生活已经远离了直接的物质生产,因而他们能够将思想和观念想象为某种世界之外的精神力量。"从这时候起意识才能现实地想象:它是和现存实践的意识不同的某种东西;它不

---

① 《马克思恩格斯文集》第 1 卷,人民出版社,2009,第 527 页。
② 《马克思恩格斯文集》第 1 卷,人民出版社,2009,第 527 页。

用想象某种现实的东西就能现实地想象某种东西。从这时候起，意识才能摆脱世界而去构造'纯粹的'理论、神学、哲学、道德等等。"① 可见，作为意识形态的哲学正是在这样一种具体的历史情境中产生的，尽管它从一开始就是社会的产物，却不可避免地抱有独立化的幻想。

进一步地，马克思还分析了作为意识形态的哲学何以会自诩为历史的主宰。他指出，意识形态是具有阶级性的，而"统治阶级的思想在每一时代都是占统治地位的思想。"② 也就是说，只要哲学符合了统治阶级的利益，即在观念上反映出占统治地位的物质关系，就能够成为这个阶级进行思想统治的工具，从而获得特殊的社会地位。当然，从另一方面来看，统治阶级也需要哲学来为自身的利益进行辩护。这是由于，作为意识形态的哲学能够将统治阶级的思想和统治阶级本身分割开来，使这些思想独立化、普遍化，把它们描绘成唯一合乎理性的、有普遍意义的思想，而这也就意味着赋予了统治阶级的特殊利益以普遍利益的外观。总之，马克思认为，作为意识形态的哲学正是在与统治阶级"共谋"的意义上获得了关于统治世界的幻想。而这一幻想的"证明"则是通过以下三个环节实现的：第一，把进行统治的个人的思想同这些进行统治的个人本身分割开来，从而承认思想或幻想在历史上的统治；第二，确立历史上相继出现的占统治地位的思想之间的联系，把这些思想看作同一概念的不同的自我规定；第三，消除这种"自我规定着的概念"的神秘外观，把它变成人的"自我意识"或在历史上代表着"概念"的某些人物，如"哲学家"③。

通过上述分析，马克思彻底揭穿了作为意识形态的哲学的神圣形象。尽管哲学的这种不恰当的自我期许只有在消灭了分工和阶级的前提下才有可能真正消亡，但马克思的批判性分析已经起到了应有的抵制和解构作用，不论何种哲学，事实上已不可能再像过去那样完全沉浸在思想的天国中了。可以说，马克思正是由于深入到了人们现实的物质生活之中，才可能作出如此深刻而又无可辩驳的分析。而这一分析本身也是实践唯物主义的历史观的一部分，它体现了马克思关于哲学的历史视域的理论

---

① 《马克思恩格斯文集》第 1 卷，人民出版社，2009，第 534 页。
② 《马克思恩格斯文集》第 1 卷，人民出版社，2009，第 550 页。
③ 参见《马克思恩格斯文集》第 1 卷，人民出版社，2009，第 553～554 页。

规划。

（四）哲学的历史视域

应当看到，马克思对于历史的哲学意义的重视是与德国哲学所特有的历史兴趣分不开的。从赫尔德、康德到黑格尔，德国哲学家们始终将历史作为证实思想的一个重要领域。特别是黑格尔，他以极具历史感的思维在一切对象中都发现了内在的发展和联系。不过，正如马克思在区分"历史科学"和"历史哲学"时所指出的那样，黑格尔及其追随者错判了历史的本质，把整个历史变成了思想的历史，他们在历史方面所考察的仅仅是概念的前进运动。对此，马克思以批判的口吻写道："德国人习惯于用'历史'和'历史的'这些字眼随心所欲地想象，但就是不涉及现实"①。

可见，对于马克思来说，问题的关键就在于使哲学具备现实的历史视域。而在《德意志意识形态》中，这一任务正是通过批判费尔巴哈的感性直观完成的。其之所以如此，是由于费尔巴哈已经为哲学奠定了唯物主义的基础，这样，只要克服了唯物主义和历史在他那里的彼此脱离，哲学的历史视域就能够落实到现实的生活过程之中。马克思指出，费尔巴哈在感性直观中假定了人与自然界之间直接的、静态的和谐统一，因而他无法理解在每一感性对象中所包含的人与自然的双向改造过程，看不到每一感性对象只是由于一定的社会在一定时期内的工商业活动才成为直观所把握到的这个样子。可以说，正是实践观点的缺失导致了费尔巴哈哲学中"历史"的空场："他没有看到，他周围的感性世界决不是某种开天辟地以来就直接存在的、始终如一的东西，而是工业和社会状况的产物，是历史的产物，是世世代代活动的结果"②。马克思相信，只要确立了这样的历史视域，像"人对自然的关系"这样深奥的哲学问题便可以"十分简单地归结为某种经验的事实"。也就是说，"人对自然的关系"并不是一个能够在思维中一劳永逸地解决的问题，这个问题的答案只能体现在每一时代的工业活动中，体现在人通过与自然的"斗争"而发展其自身的生产力的过程之中。

---

① 《马克思恩格斯文集》第 1 卷，人民出版社，2009，第 531 页。
② 《马克思恩格斯文集》第 1 卷，人民出版社，2009，第 528 页。

　　诚然，费尔巴哈也谈论历史。但是，同样是由于实践的、从而也是历史的观点的缺失，他不仅无法把握到人们的社会联系，而且也没有将人们现有的生活条件看作是历史发展的一定的、暂时的阶段的产物，而只能在人与人之间假定一种完全出于自然的、一成不变的"爱"或"友情"。这样，当他一旦要面对并不和谐的社会历史现象时，便马上束手无策了。为了排除这些反常现象，他不得不求助于"最高的直观"和观念上的"类的平等化"，从而陷入了唯心主义。对此马克思评论道："当费尔巴哈是一个唯物主义者的时候，历史在他的视野之外；当他去探讨历史的时候，他不是一个唯物主义者。"① 在这句话中，第一个"历史"指的是作为哲学原则的历史视域，而后一个"历史"则是指作为哲学研究对象的具体的历史问题。

　　通过对于费尔巴哈的批判，现实的历史视域在马克思那里的含义也就很清楚了：它要求哲学"从直接生活的物质生产出发阐述现实的生产过程，把同这种生产方式相联系的、它所产生的交往形式即各个不同阶段上的市民社会理解为整个历史的基础"②。在马克思看来，这种历史视域与黑格尔哲学所具有的历史感的最大区别就在于，"它不是在每个时代中寻找某种范畴，而是始终站在现实历史的基础上，不是从观念出发来解释实践，而是从物质实践出发来解释各种观念形态"③。也正是由于这种区别，具有历史感的哲学仍然是一种抽象思辨，是一种"纯哲学"或"作为哲学的哲学"；而具备了现实的历史视域的哲学则转变为一种历史观，而且必然是实践唯物主义的历史观。

　　对于马克思来说，哲学的存在样态的这一改变不仅不意味着哲学本身的消逝，反而恰恰是哲学真正发挥其现实作用的开始：哲学只有作为历史观才能够真正地面向现实中的具体问题，并且为现实问题的解决指明基于社会历史实践的致思方向。可以说，此时马克思赋予哲学的任务便是通过考察人的活动与其所创造的感性世界的相互作用，探寻人类历史发展的规律，并证明这种规律的现实性和客观性。显然，这一任务已超出了作为历史观的哲学本身，它的完成需要哲学批判地深入历史学、

① 《马克思恩格斯文集》第 1 卷，人民出版社，2009，第 530 页。
② 《马克思恩格斯文集》第 1 卷，人民出版社，2009，第 544 页。
③ 《马克思恩格斯文集》第 1 卷，人民出版社，2009，第 544 页。

政治经济学、人类学等其他学科的研究成果之中。又由于在马克思所处的时代，最大的现实便是资本主义的生产方式和经济关系，因此，哲学与政治经济学的关系便突出地成为这一阶段马克思的哲学观的核心问题。

三　哲学与政治经济学

我们知道，早在1844年，马克思就开始了将哲学与政治经济学结合起来的尝试。不过，正像阿尔都塞所指出的那样，在《1844年经济学哲学手稿》中哲学还享有对政治经济学的"绝对统治"。也就是说，当时的马克思还试图以哲学宰制经济材料，政治经济学本身的理论逻辑并没有得到哲学应有的尊重。只是随着马克思关于哲学本身的实践唯物主义观点的确立，特别是他对于"独立的哲学"的彻底否弃，哲学才得以作为历史观深入资本主义经济规律的研究之中。于是我们看到，马克思一方面以哲学改造了政治经济学，使之具有了区别于古典政治经济学的批判性；而另一方面，又以政治经济学改造了哲学，使之具有了区别于传统哲学的经验的和历史的内容。因此，可以说马克思关于哲学与政治经济学关系的思考最为集中地体现了他所一贯重视的哲学与现实的同构，在政治经济学批判中，他找到了使哲学服务于人类幸福的最终途径。

（一）"哲学的贫困"

"哲学的贫困"固然是马克思针对蒲鲁东《贫困的哲学》的讽刺性反语，但它同时也准确地反映了那种凌驾于政治经济学之上的哲学的意识形态属性。毫无疑问，现代社会中的贫困问题是一个直接的政治经济学问题。然而，蒲鲁东却希望用形而上学的方式予以解决，而这也就决定了他所能提供的只是一个按照思辨的神秘公式建构出来的经济范畴的体系。

具体来说，以哲学家自居的蒲鲁东并不满意经济学家把资产阶级生产关系当作固定不变的永恒范畴的做法，他想要说明这些关系的形成过程和历史运动。单就这一意图而言，马克思自然也是认同的。但是，蒲鲁东却径直走向了抽象思辨的纯哲学领域。在他看来，只要在头脑中按照"绝对方法"把经济范畴加以排列、组合，资产阶级生产关系的来历也就得到了说明。不难发现，蒲鲁东实际上是在重复着黑格尔"通过思想的运动建设世界"的幻想，而他据以思想的"绝对方法"也不过是

"自我肯定、自我否定和否定自我否定"的纯粹理性的运动①。不仅如此，蒲鲁东用来说明经济运动的范畴也颠倒了观念与现实的关系，它们作为"这些原理和范畴过去曾睡在'无人身的人类理性'的怀抱里"②的永恒的、不朽的东西，事实上宣告了资产阶级生产关系的与世长存。而这样一来，蒲鲁东也就回到了被他所否定的经济学家的立场。对此马克思评论道："他本想说明历史，但却不得不否定历史；本想说明社会关系的顺次出现，但却根本否定某种东西可以出现；本想说明生产及其一切阶段，但却否定某种东西可以生产出来。"③

应当承认，蒲鲁东的全部努力也是为了哲学与政治经济学的结合，尤其是他对于辩证法的重视（尽管远没有达到黑格尔的水准）更是值得肯定。但是，当他将思辨的哲学公式强加于政治经济学时，便已经失去了深入经济事实、进行现实的研究的可能。也正是在这个意义上，马克思将蒲鲁东的学说称为"政治经济学的逻辑学和形而上学"。同黑格尔对艺术、历史和法做过的事情一样，蒲鲁东也只是为哲学提供了一个干涉政治经济学的机会。

为了恢复哲学与政治经济学之间应有的关系，马克思对蒲鲁东的"绝对方法"进行了彻底的批判。他指出，"经济范畴只不过是生产的社会关系的理论表现，即其抽象。"而这些一定的社会关系则是在人们的物质生产活动中形成的，随着人们的生产方式的改变，社会关系也会发生相应的变化。"所以，这些观念、范畴也同它们所表现的关系一样，不是永恒的。它们是历史的、暂时的产物。"④ 我们看到，马克思的这一论述不仅否定了蒲鲁东将经济范畴独立化、永恒化的做法，而且其本身便是作为实践唯物主义历史观的哲学在政治经济学领域中的基本立场。在这一立场中，哲学并不谋求取代或超越立足于经济事实的现实研究，而只是要为政治经济学提供一种批判性和超越性的理论视野。

显然，马克思的这一批判同样也适用于政治经济学家，因为他们的

---

①　参见《马克思恩格斯文集》第 1 卷，人民出版社，2009，第 601~602 页。

②　《马克思恩格斯文集》第 1 卷，人民出版社，2009，第 608 页。

③　《马克思恩格斯文集》第 1 卷，人民出版社，2009，第 602 页。

④　《马克思恩格斯文集》第 1 卷，人民出版社，2009，第 603 页。

通病便是"把资产阶级的生产关系当做永恒范畴"①。马克思力图表明，支配政治经济学家的乃是一种实证的、非历史的经验主义观点，而这种观点又是与资产阶级的利益相吻合的。因此，哲学对于政治经济学的改造意义主要就体现在以实践的、历史的观点取代这种看似科学的唯心观点。马克思相信，只有将资产阶级的生产关系看作一定的历史发展阶段的产物，政治经济学才能够"从对历史运动的批判的认识中，即对本身就产生了解放的物质条件的运动的批判的认识中得出科学"②。或者用更明确的话来说，政治经济学批判的核心使命就在于通过研究经济事实发现现实变革的可能性，从而成为服务于无产阶级历史运动的"革命的科学"。当然，这一切都离不开作为实践唯物主义历史观的哲学在其中所发挥的作用。总之，对于马克思而言，哲学与政治经济学结合的唯一正确方式便是从客观的经济事实出发，而又不停留于这种表面的现象，也就是说，所有经济学材料都必须接受哲学的批判。只有这样，哲学才能够借助政治经济学真正地走向现实，而不是像在蒲鲁东那里一样，陷入"贫困"的处境。

（二）政治经济学批判

严格来说，在马克思那里，哲学与政治经济学结合的成果已不是一般意义上的政治经济学了，只有"政治经济学批判"这一概念才能够概括马克思对于哲学在政治经济学领域中的要求。正像上文所表明的那样，马克思之所以要对政治经济学采取批判的态度，绝不是因为他与政治经济学家在具体的理论观点上有所分歧，而是因为他作为一名经历了德国古典哲学洗礼并代表着无产阶级利益诉求的哲学家，要从根本上改变对于资本主义经济现象的考察方式，将实践唯物主义的历史观贯穿于研究之中。关于这种批判的必要性，马克思曾写道："德国社会特殊的历史发展，排除了'资产阶级'经济学在德国取得任何独创的成就的可能性，但是没有排除对它进行批判的可能性。就这种批判代表一个阶级而论，它能代表的只是这样一个阶级，这个阶级的历史使命是推翻资本主义生

---

① 《马克思恩格斯文集》第 1 卷，人民出版社，2009，第 644 页。
② 《马克思恩格斯文集》第 3 卷，人民出版社，2009，第 20 页。

产方式和最后消灭阶级。这个阶级就是无产阶级。"①

随着政治经济学批判思路的确立，马克思便很少再直接谈论与哲学本身相关的问题了。但是，这并不意味着他的哲学观在政治经济学批判中出现了"空场"。在马克思关于政治经济学批判的对象、方法等问题的论述中，我们同样可以把握到他对于哲学与政治经济学关系的深入思考。

首先，马克思阐明了抽象力在政治经济学批判中的运用。他指出："分析经济形式，既不能用显微镜，也不能用化学试剂。二者都必须用抽象力来代替。"② 例如，马克思从商品的不同使用价值中抽象出商品的交换价值，并以此为基础进一步抽象出商品的价值，从而揭示了商品经济中人与人的社会生产关系；又从资本主义社会条件下的利润、利息、地租等事物中抽象出反映它们本质的东西即剩余价值，并通过对剩余价值的分析，揭示了资本主义社会生产关系的实质及其发展规律。上述这些抽象的经济形式虽然超出了感官的范围，却最真实地反映了人们的生活现实的本质。它们与《德意志意识形态》中所提到的对人类历史发展的抽象一样，"离开了现实的历史就没有任何价值"③，因而根本不同于传统哲学中那种被实体化、独立化，甚至被当作现实事物"原型"的抽象范畴。至于某些论者认为马克思对于抽象力的重视违背了他本人的经验性、客观性原则，则更加错误，因为"如果事物的表现形式和事物的本质会直接合而为一，一切科学就都成为多余的了"④。

其次，马克思强调了政治经济学批判中的辩证方法。我们知道，马克思一直以来都非常重视辩证法对于哲学的意义，他的实践唯物主义的历史观本身就渗透着辩证法的能动原则和发展原则。而随着这种作为历史观的哲学与政治经济学的结合，辩证法自然也就成为政治经济学批判的核心方法。马克思指出，尽管黑格尔"第一个全面地有意识地叙述了辩证法的一般运动形式"，但是在他那里，辩证法还只是一种主宰着现实的思维过程的规律，被包裹在神秘的形式之中。因此，"必须把它倒过

① 《马克思恩格斯文集》第 5 卷，人民出版社，2009，第 18 页。
② 《马克思恩格斯文集》第 5 卷，人民出版社，2009，第 8 页。
③ 《马克思恩格斯文集》第 1 卷，人民出版社，2009，第 526 页。
④ 《马克思恩格斯文集》第 7 卷，人民出版社，2009，第 925 页。

来，以便发现神秘外壳中的合理内核。"① 这种颠倒固然要借助于政治经济学提供的材料，但这种颠倒本身也是辩证法对于政治经济学的改造。在马克思看来，政治经济学的根本缺陷就在于把资本主义制度天然化、永恒化，看作是社会生产的绝对的最后的形式。显然，这一观点完全违背了辩证法的原则，"因为辩证法在对现存事物的肯定的理解中同时包含对现存事物的否定的理解，即对现存事物的必然灭亡的理解；辩证法对每一种既成的形式都是从不断的运动中，因而也是从它的暂时性方面去理解；辩证法不崇拜任何东西，按其本质来说，它是批判的和革命的"②。由此观之，资本主义制度便不过是人类历史上的一个过渡性的发展阶段，而经济危机和阶级矛盾便是其自身的否定性的集中体现。马克思认为，只有确立了这一辩证的观点，政治经济学批判才可能深入历史的本质规律的层次，把握到资本主义制度必然被扬弃的命运。

最后，马克思还论述了政治经济学批判的研究方法与叙述方法的关系。针对某些评论家关于《资本论》的"研究方法是严格的实在论的，而叙述方法不幸是德国辩证法的"的质疑，马克思回应道："在形式上，叙述方法必须与研究方法不同。研究必须充分地占有材料，分析它的各种发展形式，探寻这些形式的内在联系。只有这项工作完成以后，现实的运动才能适当地叙述出来。这点一旦做到，材料的生命一旦在观念上反映出来，呈现在我们面前的就好像是一个先验的结构了。"③ 由此可见，马克思所要求的是逻辑与历史的统一：真正的逻辑绝不是思辨的概念演进，而是对现实的材料进行研究和抽象的结果；真正的历史也不是仅仅按照时间顺序堆积的经验材料，而是被叙述为具有逻辑规律的发展史。诚然，不是任何研究材料的整理和编排都需要哲学的参与。但是，在政治经济学材料的整理和编排中，哲学特别是辩证法又的确发挥着不可替代的重要作用，它能够为研究者提供一种着眼于社会有机体进化的超越性的理论视野，而这也正是马克思对于政治经济学批判理论性质的本质要求。

---

① 《马克思恩格斯文集》第 5 卷，人民出版社，2009，第 22 页。
② 《马克思恩格斯文集》第 5 卷，人民出版社，2009，第 22 页。
③ 《马克思恩格斯文集》第 5 卷，人民出版社，2009，第 21～22 页。

（三）抽象与具体

在《〈政治经济学批判〉导言》中，马克思还专门以抽象与具体的思维形式为切入点，揭示了政治经济学批判在方法上的哲学意蕴。他指出，政治经济学在其产生时期所走的是一条"从具体到抽象"的道路。也就是说，这一时期的经济学家总是从关于整体的混沌的表象（如人口、民族、国家等）开始，通过分析找出一些有决定意义的抽象的一般的关系（如分工、货币、价值等）。这是一个"完整的表象蒸发为抽象的规定"的过程，它决定了政治经济学能够成为一门独立的学科。然而，思维的行程并没有就此结束。马克思进一步指出，劳动、分工、需要、交换价值等简单范畴一旦确定下来和抽象出来，政治经济学便要回过头，从这些抽象的规定重新回到人口、国家、国际交换和世界市场等具体的整体。当然，这回它们已不是关于整体的混沌的表象，而是"具有许多规定和关系的丰富的总体"了。可见，这是一个"从抽象到具体"的过程，即"抽象的规定在思维行程中导致具体的再现"。①

如果从逻辑与历史相统一的角度来看，那么，上述两个逻辑行程也可以被分别理解为研究方法和叙述方法。其中，"从具体到抽象"作为一种研究方法，所强调的是通过分析，从现实的具体上升到理论的抽象；而"从抽象到具体"作为一种叙述方法，所强调的则是通过综合，从理论的抽象再上升到思维的具体。这个不断上升的过程虽然自"具体"始，至"具体"终，但作为终点的"思维的具体"已不同于作为起点的"现实的具体"，"它是许多规定的综合，因而是多样性的统一"②。也只有达到了这种思维的具体，政治经济学才算是真正地再现了资本主义生产方式的总体。不可否认，马克思之前的政治经济学家已经分别按照上述两个逻辑行程进行了经济学体系的构建。但是，他们缺乏对于政治经济学方法的明确自觉，因而只能被动地接受事实材料的支配。直到马克思才首次以哲学的辩证原则揭示了抽象与具体的思维形式在政治经济学研究中的确切内涵，明确了二者之间不可分割的统一关系。

进一步地，马克思还以历史的态度分析了上述两个逻辑行程（或曰

---

① 参见《马克思恩格斯文集》第8卷，人民出版社，2009，第24~25页。
② 《马克思恩格斯文集》第8卷，人民出版社，2009，第25页。

两种方法）的合理性。他指出，"从具体到抽象"的方法是与资产阶级生产的形成时期相适应的，因为正是在这一时期中，劳动、货币、资本等最一般性的因素逐渐掌握了整个社会领域。以"劳动"为例，这一范畴尽管在历史上早已存在，但"只有作为最现代的社会的范畴，才在这种抽象中表现为实际上真实的东西"①。因此，可以说"从具体到抽象"的方法的合理性只历史地存在于这一时期。而到了马克思所处的时代，这些最一般性的因素已然在生产关系中占据了支配地位。在这种情况下，政治经济学便不能再固守于简单范畴，而必须在思维中把握到资本主义经济的复杂有机体的多方面的联系。也正是在这个意义上，马克思将"从抽象到具体"的方法称为"科学上正确的方法"。显然，这一判断是基于具体的历史情境而给出的，它并不意味着马克思对于前一种方法的否定。

马克思在肯定"从抽象到具体"的方法的历史合理性时，还不忘强调，不能按照思辨哲学的方式来理解这一过程，把具体的实在看作抽象的思维自我综合、自我深化和自我运动的结果，否则就会像黑格尔一样陷入幻觉。马克思指出："从抽象上升到具体的方法，只是思维用来掌握具体、把它当做一个精神上的具体再现出来的方式。但决不是具体本身的产生过程。"② 可见，政治经济学批判在方法上的哲学意蕴是有限度的，任何理论上的抽象都必须服从于社会生产的历史与现实，而不是相反。

（四）主体向度

在马克思看来，除方法问题外，哲学与政治经济学的关系还包括另一个重要的方面，即哲学需要将对于人的生存境遇的深切关注融入政治经济学的研究之中。与政治经济学家仅仅把人当作生产的要素或一般价值物来看待、全然不关心人的历史命运不同，马克思则是以人的发展为线索，批判性地分析了资本主义生产方式的积极意义和消极意义。而这也就使得他的政治经济学批判具有了鲜明的主体向度。

从积极的方面看，资本主义造就了"现实的个人"。马克思指出，

---

① 《马克思恩格斯文集》第 8 卷，人民出版社，2009，第 29 页。
② 《马克思恩格斯文集》第 8 卷，人民出版社，2009，第 25 页。

在前资本主义时代，单个的人被束缚于"只是以自然血缘关系和统治从属关系为基础的地方性联系"① 之中，因而只能作为一定的狭隘人群的附属物而存在。与这种自然发生的"人的依赖关系"相比，资本主义把人的独立性建立在"物的依赖性"的基础上，无疑是一个巨大的历史进步。因为在这里，摆脱了自然联系的单个的人只要通过交换价值这种物的联系，就能够形成全面的社会关系，而这种社会关系又恰恰表现为个人之间的相互独立。可见，"个人"并非天然存在，而是历史发展的结果，只是在资本主义时代才成为现实。与此相关的是，资本主义也产生了个人能力的普遍性和全面性。马克思认为，"在发展的早期阶段，单个人显得比较全面，那正是因为他还没有造成自己丰富的关系"②，要使人的能力的发展达到一定的程度和全面性，并进而为"全面发展的个人"创造历史条件，就必须以建立在交换价值基础上的生产为前提。

不过，从总体上看，资本主义终究是人的发展的否定性环节。其消极意义体现在，经济运行颠倒了人的生存本质，使人役使于自己创造出来的物质力量。这意味着，现实的个人虽然摆脱了以往的自然联系，获得了一定的自由，"但这不过是在有局限性的基础上，即在资本统治的基础上的自由发展。因此，这种个人自由同时也是最彻底地取消任何个人自由，而使个性完全屈从于这样的社会条件，这些社会条件采取物的权力的形式，而且是极其强大的物，离开彼此发生关系的个人本身而独立的物。"③ 同样地，与个人能力的普遍性和全面性相伴随的，则是个人同自己和同别人相异化的普遍性，个人尚不能把物的联系置于自己的支配之下。当然，资本主义的历史性决定了它终将被新的社会关系所取代，而这便是马克思所说的"建立在个人全面发展和他们共同的、社会的生产能力成为从属于他们的社会财富这一基础上的自由个性"④。马克思相信，随着资本主义制度的终结，以交换价值为基础的生产便会崩溃。到那时，社会必要劳动被缩减到最低限度，因而"给所有的人腾出了时间

---

① 《马克思恩格斯文集》第 8 卷，人民出版社，2009，第 56 页。
② 《马克思恩格斯文集》第 8 卷，人民出版社，2009，第 56 页。
③ 《马克思恩格斯文集》第 8 卷，人民出版社，2009，第 180～181 页。
④ 《马克思恩格斯文集》第 8 卷，人民出版社，2009，第 52 页。

和创造了手段，个人会在艺术、科学等等方面得到发展"①。

我们知道，早在投身政治经济学研究之初，马克思便已经在思想中确立了这样一种明确的主体向度。不过，由于当时的研究尚未深入，他在《1844年经济学哲学手稿》中只能从外在于现实生活的价值预设出发，来关注人的生存境遇。直到政治经济学批判时期，马克思才真正将人的生存和发展问题放在了对于社会历史的现实运动的考察之中。以《资本论》中关于商品的拜物教性质的论述为例，事实上，它与异化劳动的第一重规定即工人同自己的劳动产品相异化是一致的。所不同的是，马克思没有再以哲学的思辨方式，而是以对商品生产进行经验考察的方式批判了这一事实。这一切都表明，马克思以哲学服务于人类的幸福的宏愿在政治经济学批判中找到了更加坚实的理论基础，哲学与政治经济学走向了真正的统一。

通过本节的考察我们可以看到，在马克思那里，哲学已经以理论前提的形式渗透到对于社会历史现实的研究之中，成为改造世界的实践活动的一个观念环节。如果说哲学的现实化一直以来都是马克思的哲学观中的核心关切，那么这种现实化恰恰是以哲学的"隐退"完成的。也就是说，尽管在马克思后期的著作中，"哲学"再也没有作为一个显性的主题被加以探讨，但这并不意味着哲学在他的学说中失去了重要性。相反，马克思正是在政治经济学批判中践行了自己的新哲学观，将哲学导向了真正发挥其革命性作用的现实道路。

---

① 《马克思恩格斯文集》第8卷，人民出版社，2009，第197页。

第三章 马克思的哲学观的时代属性、基本内容和关键特征

随着第二章的结束，我们也就完成了对于马克思的哲学观的整个逻辑进程的考察。此时呈现在我们面前的，是马克思的哲学观在各个发展阶段上的不同规定性，因此，本书接下来所要回答的一个问题便是，马克思究竟有着怎样的哲学观？或者说，我们能否在马克思对于哲学本身的思考中发现某些一以贯之而又独具个性的本质内容？要回答这个问题，就必须在过程论的视角之外引入一种整体性的视野，以求通过新一轮的考察，达到对于马克思的哲学观的全面认识和总体评价。

第一节 马克思的哲学观的时代属性

如前所述，特殊的时代境遇和卓越的个人天才共同决定了马克思既受到传统哲学观的深刻影响，但又从未局限于其中，而是最终实现了哲学观上的伟大变革。当然，这只是一个概括性的说法。要充分把握马克思的哲学观因超越传统哲学观而具有的现代属性，就必须结合本书第一章对于传统哲学观的主要内容所作的四点概括，分别考察马克思在这些元哲学问题上的具体态度。

一 否弃绝对真理

根据本书的观点，传统哲学观为哲学所设定的目标在于绝对真理，即一种关于万物本原或最高存在的终极知识，它能够为现象世界中的一切事物提供根本性的依据。如果严格按照这个界定，那么似乎可以说马克思并没有受到传统哲学观的太大影响，仅有的唯一例证，便是他在大学时期建构法哲学体系的尝试。也就是说，当马克思试图按照康德和费希特的理路来为法奠定哲学的基础的时候，他本身也就默认了哲学之作为绝对真理的拥有者的形象。不过，也正是在这一法哲学体系的虚假性

暴露之后，马克思便再也没有继续过探求绝对真理的努力。当然，这并不是说仅仅一次思想危机便足以使他走出传统哲学观的影响，促使马克思放弃探求绝对真理的真正原因在于，黑格尔在当时已经以其恢宏的哲学体系达到了绝对真理的最完善的形式。于是，马克思在对黑格尔著作的阅读和学习中逐渐认同了青年黑格尔派的观点，即哲学已无须执着于绝对真理本身，其当务之急乃是转变为现实批判的理论武器。

需要指出的是，尽管马克思乃至整个青年黑格尔派没有再将绝对真理作为自身哲学活动的主要目的，但这并不意味着他们已经超出了传统哲学观的水平。相反，"自我意识""类""唯一者"等作为绝对真理的范畴仍然主宰着他们的哲学，在他们看来，哲学只能是一种绝对真理统摄下的批判活动。由此可见，传统哲学观实际上是以一种隐性的方式持续着对于青年黑格尔派的影响。对此，马克思曾在《德意志意识形态》中评论道："德国的批判……虽然没有研究过自己的一般哲学前提，但是它谈到的全部问题终究是在一定的哲学体系即黑格尔体系的基地上产生的"①。这一论断既是对青年黑格尔派固守于神秘的绝对真理的批判，但同时也是对于他本人所曾经服膺的理性主义的和人本主义的哲学观的清算。它表明，马克思也只是在具备了实践唯物主义的观点之后，才真正使哲学摆脱了绝对真理的影响，走向了活生生的现实世界。

对于此时的马克思来说，哲学既没有必要也没有可能获致那种作为整个世界的最终奥秘的绝对真理，并据此为人们的现实活动设定法则和道路。之所以说没有必要，是由于马克思已经通过澄清哲学与现实的关系，将哲学的思想旨趣转向了真正意义上的"改变世界"，而不像绝对真理统摄下的思想革命，终究只是改变了"解释世界"的方式。之所以说没有可能，则是由于在马克思看来，任何具体的对象事物都是在一定的历史情境中生成的，"极为相似的事变发生在不同的历史环境中就引起了完全不同的结果"②，因而并不存在那种普遍适用而又永恒"在场"的"万能钥匙"。可见，在此时马克思的哲学观中，已没有了传统意义上的绝对真理的一席之地，他对此采取的是坚决的否弃态度。那么，失去了

①《马克思恩格斯文集》第 1 卷，人民出版社，2009，第 514 页。
②《马克思恩格斯文集》第 3 卷，人民出版社，2009，第 466 页。

绝对真理的哲学又将如何实现自身的超越性呢？马克思认为，哲学的超越性只能来自对于现实生活的批判性反思，在具体的对象事物本身中发现现实变革的可能。或者换句话说，哲学能够而且应当立足于现存事物发展的历史趋势，为改变世界提供具体的有限真理。

不过，马克思在否定绝对真理的同时并没有放弃对于世界统一性的信念，哲学家的身份决定了他仍然要确立一种具有唯一性的理论原则。也就是说，在马克思对于哲学本身的规划中，仍然包含着本体论的维度。只不过在他那里，"本体"的意义已全然无关于绝对真理了。具体来说，传统哲学观在为哲学设定绝对真理这一目标的同时，也就赋予了哲学一种"把本质与现象分离开来、把主观与客观割裂开来、把相对与绝对对立起来的本体论的思维方式"①，并最终使关于"本体"的绝对真理获得了解释一切的至高地位。与此不同，马克思眼中的"本体"则并不具有世界本原或最高存在的意义，而只是用来理解一切事物和问题的根本性的思维方式。

显然，"实践"就是马克思为哲学所确立的新本体，它表明了哲学既从现实出发而又区别于一般意义上的实证研究的本质特征。但是，正像上文所指出的那样，我们并不能用"实践本体论"来概括马克思哲学的特征，因为这一概念本身还没有跳出传统哲学的本体论的思维方式，它对于"实践"仍然是从绝对真理的角度来理解的。也就是说，在"实践本体论"这一概念中，"实践"只不过是与"物质"或"精神"等量齐观的新的世界本原，而这也就极大地限制了"实践"对于哲学的意义。只有从哲学思维方式变革的角度来理解"实践"，才能够真正将绝对真理排除于马克思的哲学观之外，而同时又保证哲学超越现实的本质性思维的实现。

二　反对抽象思辨

本书第一章已经表明，抽象思辨作为传统哲学观为哲学所设定的方法，是与获取绝对真理这一目的直接相关的：正是为了发现真正的、本质的存在，哲学才必须超越现象世界以达至思想的天国；正是为了证明

---

① 孙正聿：《哲学观研究》，吉林人民出版社，2007，第208页。

本质、实体的神圣性和至上性，哲学才必须确立起抽象观念对于现实世界的统治。因此，随着马克思在哲学观中对于绝对真理的否弃，抽象思辨的方法也就失去了其合法性。当然，这一过程绝不是一蹴而就的。以《〈科隆日报〉第 179 号的社论》为例，在这一文本中，马克思虽然突出了哲学与现实的内在联系，却并没有质疑哲学的思辨内容凌驾于现实之上的权利。"哲学在用双脚立地以前，先是用头脑立于世界的"①。这句话表明，马克思在这里只解决了哲学是否在世界之外的问题，至于哲学如何在世界中则并未过多思考，以至于把"用头立地"这一颠倒的状态也当作正常现象肯定了下来。也正因如此，马克思在这一时期所强调的哲学的现实化具有一种居高临下的干预现实世界的意味（尽管他已意识到哲学自身的缺陷），抽象思辨的方法仍然是他看待哲学的一个维度。

只是借助于费尔巴哈的人本主义批判，马克思才真正意识到：恰恰是哲学自身中抽象的思维形式对于感性的现实内容的取代和压制，阻碍着哲学的批判意图的实现。于是，在《1844 年经济学哲学手稿》中，马克思便直接转向了与抽象思辨正相对立的"完全经验的分析"和"实证的批判"，以期使哲学立足于感性的具体存在。然而，这一意图又注定无法在费尔巴哈的"感性—对象性"的框架内实现，因为费尔巴哈赋予哲学的直观方法只能把握到单纯的自然性存在，从而造成了新的抽象。这提示马克思，哲学要彻底跳出抽象思辨的窠臼，就必须按照实践的思维方式将对象事物理解为人的感性活动的结果。只有当哲学发现了现实的人能动地创造自己的生命形式的过程，整个世界才算是以其最本真的面貌呈现在了人们面前。用他的话来说："全部社会生活在本质上是实践的。凡是把理论引向神秘主义的神秘东西，都能在人的实践中以及对这种实践的理解中得到合理的解决。"②

在随后的著作中，马克思更是明确地将对于抽象思辨方法的批判作为自己哲学观的一个核心主题。以《德意志意识形态》为例，马克思主要从三个方面批判了抽象思辨的方法给哲学造成的意识形态属性：其一，否定了思想、观念、意识的独立性外观，恢复了它们作为物质生活过程

---

①　《马克思恩格斯全集》第 1 卷，人民出版社，1995，第 220 页。

②　《马克思恩格斯文集》第 1 卷，人民出版社，2009，第 501 页。

的思维产物的本质，"不是意识决定生活，而是生活决定意识"①；其二，揭露了抽象思辨的方法在物质劳动与精神劳动的分工中的产生，以及它与统治阶级利益的"合谋"；其三，从语言的角度分析了思想世界的虚妄性，指出哲学语言的秘密就在于思想和观念的独立化。而在《哲学的贫困》中，马克思则着重从方法的角度批判了蒲鲁东的"政治经济学的形而上学"。他指出，蒲鲁东的"绝对方法"不过是抽去经济运动的一切特征而得到纯粹理性的运动，因而仍然是一种抽象思辨。

　　当然，马克思并没有简单地否定抽象力在哲学中的运用，因为反对抽象思辨的方法并不意味着将哲学降低到经验描述的水平。事实上，"实践"作为一个渗透着辩证原则的哲学观点，本身也只有在抽象思维中才能获得理解。不过，马克思同时强调，哲学对于抽象力的运用必须建立在深入研究社会历史现实的基础上。也就是说，任何抽象思维的产物都不具有独立的价值，它们需要历史的例证，需要不断接触现实。在这里，参考一下恩格斯对马克思政治经济学批判方法的述评是有好处的。他指出，与跟随着现实的发展进程而展开研究的"历史的方式"相比，"逻辑的方式是唯一适用的方式。但是，实际上这种方式无非是历史的方式，不过摆脱了历史的形式以及起扰乱作用的偶然性而已。历史从哪里开始，思想进程也应当从哪里开始，而思想进程的进一步发展不过是历史过程在抽象的、理论上前后一贯的形式上的反映；这种反映是经过修正的，然而是按照现实的历史过程本身的规律修正的"②。尽管这里讨论的并不是哲学本身的方法，但政治经济学批判只是由于哲学的参与才具有了着眼于社会有机体进化的逻辑。因此，可以说恩格斯在这里所表明的"逻辑与历史的统一"正是马克思为抽象力在哲学中的运用所设定的目标。

三　破除知识体系

　　对于传统哲学观而言，哲学在形式方面应当表现为一个完善的知识体系，否则便不具有客观的科学性。也正因如此，传统哲学的研究大多是围绕着体系的建构展开的，哲学家们希望以此证明绝对真理的解释一

---

① 《马克思恩格斯文集》第 1 卷，人民出版社，2009，第 525 页。
② 《马克思恩格斯文集》第 2 卷，人民出版社，2009，第 603 页。

切的根本性地位。这样看来，马克思在大学时期所建构的法哲学体系便正是在传统哲学观影响下的一种理论尝试。但是，如果仅仅依据马克思在其后再未有意识地进行哲学体系的建构，便断言他已经在这方面超越了传统哲学观，则无疑是低估了马克思的哲学观变革的意义。因为正如本书第一章所指出的那样，哲学的体系化虽然看起来只是一个形式上的要求，但它在本质上却是与哲学的知识论立场和理论态度直接相关的。可见，只有深入哲学的体系化问题的本质层面，我们才能够真正理解马克思在哲学观中破除知识体系规定的全部用意所在。

所谓哲学观上的知识论立场，就是将哲学定位为一种从根本上理解事物的求知活动；而与此相关的理论态度，则预设了哲学中作为"观者"的主体与作为"被观之对象"的客体的二元结构。不难发现，上述这种立场和态度都产生自对于哲学的科学化理解，而哲学为了达到与自然科学一样的客观性、确定性和普遍性，就必然要通过思辨概念去建构那种无所不包的体系。这一情形正如恩格斯所言："'体系'产生于人类精神的永恒的需要，即克服一切矛盾的需要"①。也就是说，只有在体系中克服了一切矛盾，哲学才能够成为真正再现世界的客观知识和系统化、逻辑化了的理论典范。那么，马克思又是如何在反体系的过程中超越这种哲学的知识论立场和理论态度的呢？要回答这个问题，就必须从黑格尔哲学本身所蕴含的反体系的因素说起。

我们知道，黑格尔之所以能够建立起哲学史上最为完善的绝对真理体系，在很大程度上是由于他充分运用了辩证法和历史主义的原则，将作为实体的绝对精神表述为了一个不断地否定自身、实现自身的主体。这样，整个体系的逻辑规律性便不再是强加于事物之上的外在规定，而是事物本身所蕴含的生命轨迹了。但是，随之而来的却是哲学体系内部更为深刻的矛盾：尽管"方法为了迎合体系就不得不背叛自己"②，但辩证法的革命本性决定了它必然要挑战黑格尔为整个能动的发展过程所设定的终点。不仅如此，现实世界中主体的能动创造和历史的无限发展也构成了对于黑格尔体系的绝对性和封闭性的否定，而这就给后人指出了

① 《马克思恩格斯文集》第 4 卷，人民出版社，2009，第 272 页。
② 《马克思恩格斯文集》第 4 卷，人民出版社，2009，第 283 页。

一条走出"体系的迷宫"的道路。诚然，青年黑格尔派也反对固守于黑格尔哲学的保守体系，主张发挥辩证法的批判作用。但是，这一派别从未认真清理过自身的哲学前提，因而他们所能做的不过是"抓住黑格尔体系的某一方面，用它来反对整个体系，也反对别人所抓住的那些方面"①。这表明，他们的哲学观还没有从根本上摆脱知识体系的迷梦。

与此不同，马克思则准确地把握到了黑格尔哲学中革命的方法与保守的体系之间的矛盾。在他看来，要使哲学真正突破体系的束缚，就必须紧紧抓住辩证法这一具有批判性和能动性的否定原则。也正是通过对黑格尔辩证法的唯物主义改造，马克思在感性、现实性的基础上重新确证了人的自我创造的存在，而这也就意味着"实践"成为哲学理解世界的全新观点。在实践的视野中，整个感性世界不再是有待哲学去观察和认识的客体对象，而是与人的生存不可分割的历史环境。于是，哲学所要做的便是在人们的感性活动中发现进一步变革现实的可能。也正是在这个意义上，我们认为马克思超越了传统哲学静观的知识论立场和主客二元对立的理论态度，从而彻底否定了任何建构哲学体系的必要性。如果说传统哲学观只能使哲学满足于静态的逻辑架构，而把其后的全部实践发展的成果当作已有结论的注解，那么与之相反，马克思的哲学观则具有鲜明的非体系化的特征，它在形式方面对于哲学的唯一要求便是不断地面向每一时代和每一民族的历史和现实中的具体问题。即使马克思并没有完全否定哲学可以通过一定的体系阐发出来，但这种体系已必然是面向实践开放的"有限体系"了②。

四　不再谋求为整个文化奠基

我们知道，为整个文化奠基是传统哲学观赋予哲学的使命。而这种奠基之所以可能，就是由于传统哲学观相信，哲学掌握着证明或批判其他所有文化形式的最高原则。不可否认，少年马克思也正是在哲学的这种神圣形象的感召下，才一步步走向了哲学的怀抱。直到《莱茵报》时期，马克思仍然保持着按照哲学的理性原则来改造整个世界的信念。于

---

① 《马克思恩格斯文集》第 1 卷，人民出版社，2009，第 514 页。
② 参见谢永康《反体系还是有限体系》，《天津社会科学》2004 年第 2 期。

是我们看到，不论是他关于"哲学已进入沙龙、教士的书房、报纸的编辑室和朝廷的候见厅"① 的描述，还是"多向人民宣传哲学的内容"② 的要求，都包含着一种以哲学为现实生活立法的意味。

不过，现实的政治经验使马克思很快意识到，哲学的奠基者身份不过是哲学家一厢情愿的幻想。于是，与其他青年黑格尔派成员固执地将哲学的"批判"凌驾于群众之上的做法不同，马克思则重新思考了哲学在整个社会生活中的角色和作用问题。作为这一反思的结果，他在1843年9月致卢格的信中写道："以前，哲学家们把一切谜底都放在自己的书桌里，愚昧的凡俗世界只需张开嘴等着绝对科学这只烤乳鸽掉进来就得了。而现在哲学已经世俗化了，最令人信服的证明就是：哲学意识本身，不但从外部，而且从内部来说都卷入了斗争的漩涡。"③ 不难发现，这段话中最为关键的概念便是"世俗化"，它表明在马克思那里，哲学的形象已经由置身于斗争之外的发号施令者转变为实际参与到斗争之中的批判者。既然哲学不再试图向世界提供"适合于任何时候"的先验教条，那么它所能做的便是"通过批判旧世界发现新世界"。因此，可以说直到此时马克思才逐渐克服了传统哲学观为哲学所设定的神圣地位。

而在《德意志意识形态》中，马克思则着重从社会意识形态与物质生活过程的关系入手，进一步瓦解了哲学的奠基者形象。他指出，如果从物质实践出发解释观念的形成，那么"道德、宗教、形而上学和其他意识形态，以及与它们相适应的意识形式便不再保留独立性的外观了。它们没有历史，没有发展，而发展着自己的物质生产和物质交往的人们，在改变自己的这个现实的同时也改变着自己的思维和思维的产物。"④ 由此可见，哲学与其他所有文化形式一样，都必须接受物质生活过程的奠基作用。在这些精神生产的产物中，哲学只是一种普通的文化形式，它与政治、法律、道德、宗教和艺术等一样，各自具有特殊的活动领域和提问方式，并不存在相互替代或彼此还原的可能。

那么，马克思又是如何看待哲学的使命的呢？"通过批判旧世界发现

---

① 《马克思恩格斯全集》第1卷，人民出版社，1995，第220页。
② 《马克思恩格斯文集》第10卷，人民出版社，2009，第4页。
③ 《马克思恩格斯文集》第10卷，人民出版社，2009，第7页。
④ 《马克思恩格斯文集》第1卷，人民出版社，2009，第525页。

新世界"这一命题表明，哲学虽然不再谋求为整个文化奠基，但是必须保持相对于其他文化形式的超越性。也就是说，哲学作为一种普通而又特殊的文化形式，其特有的使命便是对于一切现存事物的批判性反思。或者用马克思的话来说：哲学需要通过批判"使世界认清本身的意识，使它从对于自身的迷梦中惊醒过来，向它说明它自己的行动"①。尽管在写下这句话的时候，马克思还没有彻底摆脱"意识决定生活"的幻想，但是，这句话至少在很正确地提示我们，如果缺少了来自哲学的批判性反思，那么整个世界就可能陷入一种意识形态的障蔽，例如关于资本主义经济关系将永恒存在的观点便是如此。从这个意义上说，哲学所要做的便是激励人们超越现存世界的限制，使人们保持一种对于未来"新世界"的向往和追求，从而不断地变革当下的存在方式。这一使命虽远不及"奠基者"般神圣和至上，却体现了哲学对于现实生活世界的最为真切的观照。

第二节　马克思的哲学观的基本内容

以上我们只是从解构和否定性的意义上考察了马克思的哲学观对于传统哲学观的超越。那么，在建构和肯定性的意义上，马克思又是如何正面阐发自己对于哲学本身的思考的呢？要回答这个问题，就必须重新深入马克思的哲学观的逻辑进程，以发现其中某些始终一贯的基本思想。事实上，也正是这些"变中之不变"的观点，构成了马克思的哲学观的基本内容。

一　哲学的基础：社会历史现实

如前所述，哲学与现实的关系问题贯穿了马克思的哲学观的整个发展，即使在思想历程早期，他也从未在完全脱离现实的意义上思考哲学。我们知道，马克思所遭遇的第一次思想危机来自"现有之物和应有之物的对立"，这反映了他对于"喜欢在太空遨游"的康德和费希特的哲学原则的自觉抵制。而随着马克思"转而向现实本身去寻求观念"，黑格

---

① 《马克思恩格斯文集》第10卷，人民出版社，2009，第9页。

尔统摄主体和实体的客观唯心主义就成为他思考哲学与现实关系的主要方式。不过，随着思考的深入，马克思逐渐意识到：在黑格尔那里，"虽然哲学被封闭在一个完善的、整体的世界里面，但这个整体的规定性是由哲学的一般发展所制约的"①。也就是说，哲学的理性之火并没有烧向现实中那个"支离破碎的世界"。而由此得出的结论便是，哲学需要突破黑格尔的体系，直接参与到现实的宗教、政治批判之中。于是，他在《〈科隆日报〉第 179 号的社论》一文中专门论述了哲学与现实之间的内在联系和相互作用，证明了哲学的批判的现实意义。

当然，上述这些观点都还是在黑格尔主义特别是青年黑格尔派的思想氛围内取得的。把哲学从理论转移到实践中去，并按照哲学的原则来改造整个世界，这是黑格尔和几乎所有青年黑格尔派哲学家的共同诉求。而他们所精心论证过的思维与存在的同一性原则，也已经为哲学居高临下地支配现实世界提供了理论上的证明。不过，马克思终究不是黑格尔，更不是鲍威尔，哲学观中不断酝酿成熟的现实主义因素促使他很快便接受了费尔巴哈对于整个传统哲学的批判，并从费尔巴哈那里获得了哲学的出发点必须是感性、现实性这一重要观点。而这一观点在经过实践的思维方式改造之后，便形成了马克思从现实的物质生活过程出发思考哲学的基础的思路。由此反观青年黑格尔派，他们在哲学与现实关系问题上的局限性也就非常明显了：他们虽然在表面上非常强调哲学与现实的本质关联，但事实上却从未现实地考察过哲学与物质环境之间的联系，因而本质上是把哲学当作了能够独立于现实并自我发展的精神活动。看清了这一点，马克思也就真正超越了传统哲学观对于哲学与现实关系的全部认识。

马克思指出："意识在任何时候都只能是被意识到了的存在，而人们的存在就是他们的现实生活过程。"② 那么，哲学作为一种社会意识形态，便不可能有独立于社会历史现实的存在形式，历史上哲学形态的演变都可以在人类社会实践中得到解释。例如，哲学之所以曾经获得特殊的社会地位，一方面是由于精神劳动者的地位凌驾于物质劳动者之上，

---

① 《马克思恩格斯全集》第 40 卷，人民出版社，1982，第 136 页。
② 《马克思恩格斯文集》第 1 卷，人民出版社，2009，第 525 页。

另一方面则与统治阶级的现实需要有关。又如，作为近代哲学中重要概念的"自由"和"平等"只有在商品经济中才能获得充分的理解，因为它们"是交换价值过程的各种要素的一种理想化的表现；……不过是另一次方上的再生产物而已"①。由此可见，马克思与传统哲学家在处理哲学与现实关系问题时的最大区别就在于，后者只能使哲学被动地接受社会历史条件的制约，而前者却使哲学自觉主动地投入了对于社会历史条件的批判性研究。尽管传统哲学所思考的问题也都有其现实的社会历史根源，但是这种思考是以高度抽象思辨的形式进行的，且片面固守于思想自身的发展脉络，因而难以直接作用于现实，甚至还会因其"独立化"的幻想而构成对于现实革命运动的阻碍。与此相反，马克思则按照"从人间升到天国"的思路，将现实的物质生活过程作为哲学反思的内容。也正因如此，马克思在揭示了哲学的现实基础之后便再也没有专门地探讨过哲学问题，这固然与他和恩格斯的分工以及时间的缺乏有关②，但不可否认的是，在他那里，那种具有独立性外观的哲学已然从根本上失去了重要性。

在这里需要注意的是，将社会历史现实确认为哲学的基础可能会导致哲学观上的另一种极端，即对于哲学的能动性的彻底否定。例如，第二国际的理论家就普遍认为，既然哲学仅仅是一种思想的形式，那么它便必然无关于作为现实的革命实践的无产阶级运动；无产阶级运动只能是一种经济领域内的革命性改造，而根本无须哲学的参与。针对这种排斥和贬低哲学作用的观点，柯尔施进行了坚决的回击。他指出，第二国际的理论家实际上还没有摆脱哲学与现实、理论与实践二元分立的观点，他们看不到哲学本身就是社会历史现实的一个有机的组成部分，而社会历史现实也必然包含着哲学在其中发挥的塑造作用。也就是说，哲学虽然受制于现实的社会历史条件，但它对于社会生活和人们的实践所施加的影响却是实实在在的，那种完全取消了哲学等意识形态作用的社会发展史只能是头脑中抽象的产物。

---

① 《马克思恩格斯全集》第31卷，人民出版社，1998，第362页。

② 例如马克思曾在1868年5月致狄慈根的信中写道："一旦我卸下经济负担，我就要写《辩证法》。"（《马克思恩格斯文集》第10卷，人民出版社，2009，第288页）但他的这一愿望并未实现。

柯尔施认为，在黑格尔的时代，哲学与现实、理论与实践的总体性曾构成全部哲学的生存原则，而这一原则又在马克思那里得到了保留和继承。因此，马克思得以延续德国古典哲学对于哲学与现实关系的辩证理解，从而创造出"一种关于包括整个社会一切领域的社会革命的理论"①。毫无疑问，这里所说的作为整体的社会革命就包括了哲学在意识形态领域内进行的斗争。对于马克思而言，理论上的批判本身就是现实的革命行动的一个组成部分，如果完全忽视了意识形态的这种实践功能，那么也将不利于"实践上的推翻"。柯尔施相信，正是基于这样的认识，马克思才能够"以一个特殊的领域——哲学——里的战斗来参加在社会的一切领域里进行的反对整个现存秩序的革命斗争"②。

事实上，即使不通过柯尔施的解读，我们也同样可以在马克思本人那里找到关于哲学的能动性的论述。例如在《〈黑格尔法哲学批判〉导言》中，马克思就曾经指出：由于"德国人民现实的生活胚芽一向都只是在他们的脑壳里萌生的"③，因而完全有必要首先在观念的领域中展开对于德国现存制度的哲学批判。从这个意义上说，青年黑格尔派的批判意图也是合理的，他们错就错在将这种哲学的批判当作了现实的斗争的唯一形式。而他们之所以会犯这样的错误，就是由于过分发挥了哲学与现实的总体性原则，把现实理解为哲学的外化之物，而忽视了哲学真正的物质基础。可见，马克思的哲学观一再提示我们：只有在正确地理解现实并尊重现实的权威的前提下，才有可能进一步涉及哲学与现实的总体性关系，否则一切都将沦为空谈。

二 哲学的主题：人的解放和自由全面发展

就其本性而言，哲学乃是对人的生存意义和价值的表达。然而，受传统哲学观的影响，哲学又往往醉心于彼岸世界的真理，很少将人的历史命运特别是被压迫被奴役的人的历史命运作为自身的理论主题。与此

---

① 〔德〕柯尔施：《马克思主义和哲学》，王南湜、荣新海译，张峰校，重庆出版社，1989，第33页。
② 〔德〕柯尔施：《马克思主义和哲学》，王南湜、荣新海译，张峰校，重庆出版社，1989，第38页。
③ 《马克思恩格斯文集》第1卷，人民出版社，2009，第10页。

不同，马克思则以强烈的人文情怀重建起了哲学与人的现实生存之间的直接联系。对于他来说，后黑格尔时代哲学存在的必要性只能来自对于人的解放和发展问题的直接关注。我们知道，早在中学时期马克思就已经确立了为人类幸福而工作的目标，相对于这一目标，"任何职业都只不过是一种手段"①。尽管这一思想是在理性主义道德神学的精神氛围中形成的，但它足以表明，此时马克思的心中已经产生了对于苦难民众的深切同情和对于丑恶现实的自发批判；而哲学作为一种手段，自然要服务于人的发展和完善这一崇高的价值目标。

在博士论文中，马克思首次以哲学参与了人类解放事业。其之所以如此，是由于作为论文主旨的自我意识研究在当时的德国是一个具有实践意义的课题。也就是说，只要证明了自我意识的自由本性，那么这种研究本身也就构成了对于宗教权威的批判。在随后的《莱茵报》时期，哲学更是成为马克思进行政治批判的有力武器。他相信，哲学的批判能够使国家的"自由理性"得到实现，而这也就意味着将现实世界从专制势力的统治下解放出来。但是，仅就此时而言，马克思对于哲学的自由解放使命的理解并没有超出青年黑格尔派的限度。以鲍威尔为例，他的哲学同样具有强烈的自由精神，他为哲学所确立的主体性原则甚至包含着更为激进的变革意识。那么，马克思的哲学观又是如何在哲学的自由关切的问题上实现超越的呢？

要回答这个问题，就必须首先明确青年黑格尔派究竟是在何种意义上谈论自由和解放的。应当看到，他们对于"自由"的理解是在商品经济的时代语境中形成的，表现为一种立足于私有财产的经济自由和交换自由。也正因如此，"解放"在他们那里只是一个针对过去的否定性概念，表现为"资本主义精神"战胜"封建传统精神"的过程。就这种意义上的自由和解放而言，马克思无疑也是认可的。因为按照他在政治经济学批判中的观点，正是资本主义造就了现实的个人，使人摆脱了宗教和政治国家的束缚。特别是对于当时的德国而言，这样的"政治解放"更是显得尤为必要，以至于"在迄今为止的世界制度内，它是人的解放

---

① 《马克思恩格斯全集》第1卷，人民出版社，1995，第458页。

的最后形式"①。但是，马克思并没有停留于这种现代意义上的自由，而是进一步看到了每个人的不受限制的自我实现才是自由的完成形态。由此观之，资本主义所赋予人的自由的限度也就暴露了出来，因为私有财产恰恰构成了对于人的发展的否定性力量。总之，马克思认为必须由"政治解放"上升到"人的解放"，而这种解放作为一种面向未来的行动，将表现为对于现代社会中所有异化现象的扬弃。

可以说，正是由于缺乏像马克思那样深切的人文关怀，青年黑格尔派只能将哲学的自由关切局限在现代资本主义的限度之内。而这样一来，我们也就不难理解，他们何以会将群众当作"历史上的消极的、精神空虚的、非历史的、物质的因素"②，并且丝毫不同情无产者的悲惨境遇：例如，费尔巴哈由于预设了人的本质和存在的和谐，将任何例外都"肯定地看做是不幸的偶然事件，是不能改变的反常现象"，并认为无产者"应当平心静气地忍受这种不幸"；施蒂纳将无产者的"本质"和"存在"的矛盾视为他们自己的矛盾，在他看来，无产者至多只能"以幻想的方式去反抗这种环境"；而鲍威尔则认为无产者不幸的原因在于"他们没有达到'绝对自我意识'，也没有认清这些恶劣关系是源于自己精神的精神"③。于是，随着资产阶级自由诉求的实现，他们的哲学也就被毫不客气地撇在一旁了。

与此不同，马克思则将人的解放的目标注入了哲学，从而使自己的哲学成为为无产阶级谋求现实的自由解放的理论武器。我们看到，从《〈黑格尔法哲学批判〉导言》中"必须推翻使人成为被侮辱、被奴役、被遗弃和被蔑视的东西的一切关系"，即实现一场"人的高度的革命"④；到《1844 年经济学哲学手稿》中"共产主义是对私有财产即人的自我异化的积极的扬弃，因而是通过人并且为了人而对人的本质的真正占有"⑤；再到《德意志意识形态》对于共产主义社会的描述："在真正的共同体的条件下，各个人在自己的联合中并通过这种联合获得自己的自

---

① 《马克思恩格斯文集》第 1 卷，人民出版社，2009，第 32 页。
② 《马克思恩格斯文集》第 1 卷，人民出版社，2009，第 293 页。
③ 参见《马克思恩格斯文集》第 1 卷，人民出版社，2009，第 549~550 页。
④ 《马克思恩格斯文集》第 1 卷，人民出版社，2009，第 11 页。
⑤ 《马克思恩格斯文集》第 1 卷，人民出版社，2009，第 185 页。

由"①，变化的只是马克思对于哲学主题的具体表述，不变的则是他对于人的解放的热忱向往。或者用《共产党宣言》中的话来说，以"每个人的自由发展是一切人的自由发展的条件"② 为特征的联合体既是马克思为人类社会所揭示的未来图景，也是他进行所有哲学创造的最终指向。

同样地，马克思之所以将自己哲学研究的重心转向政治经济学批判，也是为了把人的生存和发展问题置于社会历史的现实运动中来加以考察。正因如此，他才没有在"科学"研究中陷入实证的态度，而是为经济事实建立起了批判性的概念。以马克思在《资本论》中对于商品的拜物教性质的分析为例，他指出，资本主义商品生产无疑是一种具有社会性质的劳动，作为其劳动产品的商品也必然要反映出资本主义生产中人与人之间的社会关系。但是，由于商品的价值的实现必须通过物与物之间的交换关系，商品本身所具有的社会属性也就往往被错误地理解为其自然属性。这样，商品就变成了独立于人并且支配人的活动的主宰物，像宗教中作为人脑的产物的神一样成为人们崇拜的对象。由此可见，马克思在"商品"章中全部考察的落脚点乃是对于资本主义商品生产中人的异化现象的揭露，而这些内容恰恰是不会出现在政治经济学家的著作中的。因此，可以说正是哲学的超越性赋予了马克思的政治经济学批判以鲜明的人文主义情怀，而在他那里，哲学的这种超越性所指向的，就是"一个更高级的、以每一个个人的全面而自由的发展为基本原则的社会形式"③。只有理解了这一点，我们才能真正把握到马克思对于哲学本身的全部思考的价值归属。

三　哲学的功能：改造社会的实践活动的先导

马克思的哲学观的发展历程表明，他从来没有想要成为一个纯粹意义上的哲学家，他所有的哲学创造都是为了使哲学成为改造社会的革命性实践的一部分。因此，我们在马克思那里几乎找不到传统哲学所热衷讨论的问题，他所关心的只是建立一种哲学与实践的总体性关系。正如前文所指出的那样，马克思直接继承了德国古典哲学对于哲学与现实关

---

① 《马克思恩格斯文集》第 1 卷，人民出版社，2009，第 571 页。
② 《马克思恩格斯文集》第 2 卷，人民出版社，2009，第 53 页。
③ 《马克思恩格斯文集》第 5 卷，人民出版社，2009，第 683 页。

系的辩证理解，而这也就使得他对于哲学的实践意义的思考有了一个很高的起点。尽管在早年时，马克思也曾不恰当地高估过哲学本身的实践意义，但最终，他还是确立起了这样的观点：哲学必须成为内在于实践活动之中的一个观念环节，与物质的、现实的变革紧密结合在一起。

在《关于伊壁鸠鲁哲学的笔记》中，马克思曾经写道："哲学研究的首要基础是勇敢的自由的精神"，而这种自由精神的表现便是"用自己的力量去建设整个世界，做世界的缔造者"①。可见，马克思对于哲学的自由精神的理解从一开始便包含着干预现实世界的意味。在随后的博士论文中，马克思则更为明确地认识到，哲学的自由精神不可能在思想内部得到实现，而这也就决定了哲学必须走向尘世的现实，去改变那非理性的世界。当然，从哲学与现实的辩证关系看，"世界的哲学化同时也就是哲学的世界化"，即哲学在现实中消除自身缺陷的过程。也正是基于这样的哲学观思路，马克思将作为"实践力量"的哲学投入到了现实的舆论斗争之中。在围绕着法的本质、普遍理性与特殊利益之间的矛盾、国家与特殊等级的关系等问题展开的一系列政论文章中，马克思充分发挥了哲学的批判作用，希望通过哲学与政治的联盟，促使普鲁士国家转变为普遍利益和自由理性的体现者。即使这一意图遭遇到了来自现实的无情打击，并促使马克思放弃了以哲学的先验教条面向世界的尝试，但他仍然相信：必须"把政治的批判，把明确的政治立场，因而把实际斗争作为我们的批判的出发点，并把批判和实际斗争看做同一件事情"②。

毫无疑问，此时的马克思已经超越了那些"只是希望确立对存在的事实的正确理解"的传统哲学家，在干预和改造世界的意义上规定了哲学的功能。然而，他的这一认识又恰恰是在黑格尔主义的理路中形成的。我们知道，黑格尔作为一名传统哲学家，自然也试图从"解释世界"的角度来为宇宙万物确立绝对真理。但是，正如前文所提到的那样，黑格尔之所以能够"完成"传统哲学并为现代哲学指出可能的发展方向，就是由于他恢复了被康德所破坏的理性与现实的同一性，证明了"凡在人们头脑中是合乎理性的，都注定要成为现实的"③。从这个意义上说，黑

---

① 参见《马克思恩格斯全集》第40卷，人民出版社，1982，第112页。
② 《马克思恩格斯文集》第10卷，人民出版社，2009，第9页。
③ 《马克思恩格斯文集》第4卷，人民出版社，2009，第269页。

格尔也是具有"改变世界"的意图的哲学家，他相信随着观念领域的革命化，现实也必然会随着前进。否则，他又怎会那般热情地谈论法国大革命的精神自由的原则呢？或者用柯尔施的话来说：黑格尔认为，"'思想形式的革命'是整个社会现实革命过程的一个客观的组成部分"①。同样地，作为黑格尔哲学原则的继承者，青年黑格尔派也分享了理性与现实同一的原则。尽管他们的哲学的批判只是在"反抗思想世界"，但在他们自己看来，哲学的"颠覆世界的危险性和不怕被治罪的坚决性"②所指向的，正是现实的变革。可见，青年黑格尔派的错误并不在于为哲学规定了"使现存的东西灭亡"这一目标，而在于把哲学的批判当作了实现这一目标的唯一手段。

　　总之，在对哲学的实践意义的理解上，马克思与黑格尔乃至青年黑格尔派之间并没有根本性的差别。所不同的是，只有马克思实现了哲学干预现实和改变世界的意图。也就是说，尽管黑格尔等人已经很正确地提出了把哲学"从理论转移到实践中去"的要求，但由于他们的哲学本身只是在思想和意识内部思辨地建构起来的概念体系，因而最终难免将哲学的"实践的任务"局限于"借助概念和理解力，使作为自我意识的精神之理性与作为实际现实之理性得到和解"③。既然在他们那里，哲学只是徒有其表地超出于理论领域之外，那么它又如何可能现实地改变世界呢？因此，超越黑格尔等人的空想，使哲学真正成为改造现实社会的实践活动的先导，就成为摆在马克思面前的重要任务。具体来说，这一任务是通过以下两个阶段完成的。

　　第一，马克思充分意识到了处于哲学之外的现实的实践力量。"光是思想力求成为现实是不够的，现实本身应当力求趋向思想。"④ 马克思的这一命题表明，革命离不开人的力量，只有当哲学与群众特别是无产阶级的革命实践相结合的时候，它才能够成为预示着人的解放的"高卢雄鸡的高鸣"。当然，还必须进一步看到，这里所说的"人"绝不是被动

---

① 〔德〕柯尔施：《马克思主义和哲学》，王南湜、荣新海译，张峰校，重庆出版社，1989，第10页。
② 《马克思恩格斯文集》第1卷，人民出版社，2009，第509页。
③ 〔德〕柯尔施：《马克思主义和哲学》，王南湜、荣新海译，张峰校，重庆出版社，1989，第37页。
④ 《马克思恩格斯文集》第1卷，人民出版社，2009，第13页。

接受"精神"摆布的消极力量，不是"精神"实现自身意图的工具，而是"使用实践力量的人"，是"用真正对象性的方式改变对象性现实"①的人。按照马克思在《神圣家族》中的观点，法国唯物主义正是由于其对于广大民众的动员作用和与共产主义的必然联系，成为体现哲学的实践意义的典范。

第二，更为重要的是，马克思以实践的观点改造了哲学本身。我们知道，实践的观点在将现实理解为人的感性活动产物的同时，也就表明了现实既不是既成给定的，也不是完满自足的。因此，一方面，哲学无须再以思想、观念取代事物现实的形成过程，从而真正走出了抽象的理论领域；另一方面，随着哲学对于社会历史现实中的内在矛盾和客观规律的揭示，"使现存世界革命化，实际地反对并改变现存的事物"②的必要性和途径也就显露了出来。正是在这个意义上，我们认为马克思彻底打破了哲学"解释世界"的知识论立场，为哲学开辟了通向现实的革命性实践的道路。至于他后来放弃哲学的独立化的存在样式，转向政治经济学批判，则更是这种哲学观的内在要求。如果说在马克思看来，共产主义是"那种消灭现存状况的现实的运动"，那么哲学事实上已经以其特有的批判功能开启了、并将继续推动着这一运动的前进。

四　哲学家的形象：现实变革运动的参与者和反思者

在传统哲学观中，哲学家就是绝对真理的言说者，掌握着宇宙万物的终极奥秘。这一定位决定了哲学家长期以来所具有的传统形象。

首先，哲学家被赋予了超凡脱俗的神圣地位。作为与愚昧的凡俗世界正相对立的精神力量的代表，哲学家就是那高喊着"真理在这里，下跪吧！"的救赎者和立法者。例如，马克思曾经指出，思辨哲学在将思想凌驾于现实世界之上的同时，也得出了这样的结论："哲学家、思维着的人本身自古以来就是在历史上占统治地位的"③。他们不论是作为君王的顾问，还是作为民众的导师，都享有着崇高的社会威望。

其次，哲学家被切断了与其哲学之间的本质关联。马克思在考察古

---

① 《马克思恩格斯文集》第 1 卷，人民出版社，2009，第 320、358 页。
② 《马克思恩格斯文集》第 1 卷，人民出版社，2009，第 527 页。
③ 《马克思恩格斯文集》第 1 卷，人民出版社，2009，第 553 页。

希腊哲学中的"哲人"概念时曾写道："最早的哲人只是容器，只是皮蒂娅（古希腊神话中传达神谕的女祭司——引者注）们；实体通过他们的口说出一般的、简单的戒律"①。事实上，不单是古希腊哲学，即使是整个传统哲学也都不会将哲学视为哲学家个人的现实生活的产物。因为在传统哲学看来，现实生活是有限的、易变的，与绝对真理存在根本性的差别。这样说来，哲学家之所以曾经获得神圣的地位，便绝不是由于他们作为现实的人的存在，而是他们基于某种神秘的原因，恰好说出了想要表达自身的现成的真理。同样地，也正是由于哲学家的哲学创造似乎与他们的现实生活无关，传统哲学家也往往具有一种远离世俗世界、只会凿空蹈虚的学究形象。

再次，哲学家还被规定为"事后上场"的反思者。众所周知，黑格尔曾用"密纳发的猫头鹰"来比喻哲学，意在说明"哲学作为有关世界的思想，要直到现实结束其形成过程并完成其自身之后，才会出现。"②而作为哲学的言说者，哲学家自然也不可能是积极热心的活动家，而只能是冷静沉着的旁观者，等待着现实过程的本质的显露。或者用马克思的话来说，在黑格尔那里，"哲学家仅仅是创造历史的绝对精神在运动完成之后用来回顾既往以求意识到自身的一种工具。哲学家参与历史只限于他这种回顾既往的意识，因为现实的运动是由绝对精神无意识地完成的。所以，哲学家是事后才上场的。"③

不难发现，传统哲学观对于哲学家形象的全部理解有一个共同的前提，即哲学家必然无关于世俗的生活世界。作为对这一观点的反拨，马克思很早便意识到"哲学家并不像蘑菇那样是从地里冒出来的，他们是自己的时代、自己的人民的产物"④。如同哲学是社会历史现实的一个有机的组成部分那样，哲学家也不是尘世之外的异类，而是这个并非神圣的现实世界中的一分子。马克思相信，只有恢复了哲学家的这一本真形象，才能够对其社会角色进行重新定位。

而要做到这一点，就需要将哲学家从哲学体系的束缚中解放出来。

①　《马克思恩格斯全集》第40卷，人民出版社，1982，第64页。
②　〔德〕黑格尔：《法哲学原理》，范扬、张企泰译，商务印书馆，1961，序言第13～14页。
③　《马克思恩格斯文集》第1卷，人民出版社，2009，第292页。
④　《马克思恩格斯全集》第1卷，人民出版社，1995，第219页。

按照马克思在博士论文中的观点，哲学家虽然是哲学体系的精神承担者，但他们首先必然是作为个别的自我意识而存在的。因此，当黑格尔将哲学史上不同哲学家的哲学看作是绝对真理的一个个环节，并据此将整个哲学史表述为一个合乎逻辑的体系的时候，事实上也就剥夺了这些个别的自我意识的自由。即使哲学家们可以在理论上"转而反对这个体系"，却仍然超不出这个体系的范围，因为他们所做的"只是实现了这个体系的个别环节"①。马克思指出，哲学家获得"自我意识的绝对性和自由"的唯一出路就在于将哲学转向外部，通过世界的哲学化和哲学的世界化的"实践"来证明自身享有哲学创造的主体性地位，而这种主体性所体现的正是不受任何体系的必然性所束缚的自由。

从这个意义上说，哲学便不再是绝对真理的神秘表达，而是哲学家个人的一种生命活动，体现着他们的独特个性。可见，马克思在否认哲学家之作为脱离世俗生活世界的"神人"的同时，也就确立起了一种从哲学活动的主体（即作为现实的人的哲学家）的方面来理解哲学的思路。在这一思路中，哲学原先所具有的纯客观的"无我"形象不复存在了，取而代之的则是包含着哲学家"自我"的选择和追求、体现着哲学家"自我"的情感和欲望的"在世"形象。而既然哲学活动是"有我"的，那么它便不可避免地要被历史文化传统、意识形态观念和个人的偏见所包围和渗透，从而也就具有了各种各样的局限性和接受批判的必要性。当然，这并不是说哲学需要走出或能够走出这种"有我"的状态，而是说只要哲学家在自我批判中澄清其思维方式、理论原则和价值理念中所包含的"偏见"，并由此获得关于自身有限性的清醒认识，就能够在最大程度上避免各种独断和教条的产生。

当然，仅仅将哲学家还原为现实的个人还不够。因为在马克思看来，哲学家终究不是社会中的普通一分子，立足于社会生活的反思才是哲学家的职责所在。尽管在《关于费尔巴哈的提纲》第十一条中，马克思似乎将自己排除在了"哲学家们"之外，但就其真实用意而言，乃是要通过这种彻底决裂的方式，将"改变世界"确立为哲学家进行理论创造的最终旨归。显然，这就要求哲学家放弃冷静的旁观者的姿态，转而

---

①   参见《马克思恩格斯全集》第 1 卷，人民出版社，1995，第 76 页。

投身于现实的变革运动之中，使自己的哲学活动与人类的历史命运和发展前途直接联系在一起。也只有从这一点出发，我们才能明白马克思为什么把为人间盗取火种的普罗米修斯称为"哲学历书上最高尚的圣者和殉道者"①。

最后需要指出的是，尽管马克思将哲学家的形象定位为现实变革运动的参与者，但这并不意味着哲学家需要始终处于实际斗争的一线，因为哲学本身的反思性已经决定了"对人类生活形式的思索，从而对这些形式的科学分析，总是采取同实际发展相反的道路。这种思索是从事后开始的，就是说，是从发展过程的完成的结果开始的。"② 由此可见，在书斋中进行的批判性反思同样可以成为哲学家参与现实变革运动的一种方式，只不过这种反思已不再是思辨的玄想，而是渗透着丰富的社会实践经验、体现着大众的呼声，并且以人的解放和发展为目的的深刻思考了。或者用形象一点的话来说，马克思心目中哲学家的理想形象就是通过激发人们的生成意识来推动现实变革的"牛虻"。

第三节　马克思的哲学观的关键特征

通过以上两节的考察，我们可以看到，马克思已经从根本上突破了传统哲学观对于哲学的种种设定，使哲学在抛弃掉超出自身能力的妄想的同时，主动地承担起了对于人的现实生活世界的责任。因此，马克思的哲学观具有现代属性，是一种现代意义上的哲学观。不过，我们也应该看到，随着西方哲学由近代形态向现代形态的过渡，不少现代西方哲学家和哲学流派也都对传统哲学观进行了深刻的反思和批判。只有通过与他们的哲学观的比较，我们才能更好地把握到马克思的哲学观的关键特征。

一　现代西方哲学的哲学观

现代西方哲学流派众多、观点各异，在哲学观问题上也同样呈现出

---

① 《马克思恩格斯全集》第1卷，人民出版社，1995，第12页。
② 《马克思恩格斯文集》第5卷，人民出版社，2009，第93页。

高度分化的特点。例如，施太格缪勒就曾经指出，现代哲学的一个重要特征便是"不同流派的哲学家之间相互疏远和越来越失去思想联系"，各派哲学对于哲学的对象、任务和性质等问题不再有统一的见解，以至于使"'哲学'这个词变成了一个多义的用语"①。尽管如此，在现代西方哲学中却没有任何一个流派完全固守于传统哲学观，它们都在某些方面或环节上实现了对于传统哲学观的超越。

（一）限制哲学的职能和范围

对于大部分现代西方哲学家而言，"科学的科学"不仅不再是哲学所追求的理想形象，甚至成为哲学在发展中必须避免的迷梦。与此相应，他们大都放弃了建立无所不包的哲学体系的努力，不再谋求将哲学当作全部知识的基础。尽管这一变化意味着哲学的职能和范围的极大收缩，但它却无疑是时代发展的一个必然结果：一方面，黑格尔在完成有史以来最宏大的哲学体系的同时暴露了"绝对真理"的虚妄性，从而使整个传统形而上学走到了尽头。另一方面，随着19世纪以来各门具体科学的迅速发展，人类知识领域已无须哲学"用观念的、幻想的联系来代替尚未知道的现实的联系，用想象来补充缺少的事实，用纯粹的臆想来填补现实的空白"②。随着这些具体科学的相继独立，哲学关于世界统一性的全部确信也就最终被打破了。

正是在这样的时代背景下，现代西方哲学家展开了对于传统形而上学的批判，以期使哲学认清自身理论合法性的真实边界。早在19世纪30年代，孔德便已经明确提出了"拒斥形而上学"的口号，将形而上学归为人类精神发展的不成熟阶段。他强调，除了观察到的以事实为依据的知识以外，没有任何真实的知识，因此，"探索那些所谓始因或目的因，对于我们来说，乃是绝对办不到的，也是毫无意义的"③。狄尔泰则着重分析了传统形而上学所探寻的绝对真理何以是不可能的。在他看来，这一方面是由于心灵结构中包含着不同的活动，单一的认知形式并不足以涵盖整个生命体验；另一方面则是由于作为生命体验之反思的世界观本

---

① 参见〔德〕施太格缪勒：《当代哲学主流》上卷，王炳文、燕宏远、张金言等译，商务印书馆，1986，第28页。

② 《马克思恩格斯文集》第4卷，人民出版社，2009，第300～301页。

③ 洪谦主编《现代西方哲学论著选辑》上册，商务印书馆，1993，第25页。

身是历史的、多样的，难以被统摄进绝对的、普遍有效的体系之中。相比之下，尼采的反形而上学态度则更为激进。按照他的观点，形而上学对于确定性的渴望表现了弱者对现实生活中的苦难和矛盾的畏惧，因而"弥漫着悲观主义的阴郁气氛"①。也就是说，形而上学的体系只能使庸人们心安理得，使弱者得到安慰，却窒息了权力意志的冲动本能。

当然，这种哲学观的转变并不是即刻完成的。在从19世纪中期到20世纪初这一漫长的转型过程中，同样出现了维系哲学传统样态的种种努力。仍然以孔德为例，尽管他否定了经验之外的哲学内容，却仍然执着于体系的建构，希望将自然科学的实证方法贯彻于人类社会生活的各个领域。与此相似，新康德主义的马堡学派也保留了一种奠基性的传统哲学观。他们认为，哲学的根本任务是阐明一切知识部门的可能性，揭示它们的逻辑前提，发现各门科学的一般的逻辑结构。不过，随着20世纪上半叶分析哲学和现象学运动的盛行，西方哲学的哲学观最终从总体上完成了向现代形态的转变。此后，那种以追求世界统一性为特征的体系就基本上再也没有出现过了。

基于对哲学的职能和范围的限制，现代西方哲学家重新思考了哲学存在的意义和价值。在文德尔班等弗莱堡学派的哲学家看来，"哲学永远不会与价值的观念相分离，它总是自觉地受到它们强有力的影响"②，因而哲学应当将历史和文化问题作为自身所特有的领域。他们相信，哲学的任务就是从价值的角度出发对知识进行评价，从而建立起"事实世界"与"价值世界"之间的联系。分析哲学家则认为，一切哲学问题都可以归结为语言问题。因此，哲学的主要任务便是以逻辑分析为手段，澄清语言表达式的意义，以求彻底消除那些毫无认识意义的形而上学命题。与上述两个哲学流派在理论内部谈论哲学的意义不同，杜威则更为重视哲学对于具体的社会问题的解决作用，他指出："未来哲学的任务将在于澄清人们关于自己时代里社会和道德上的各种纷争，其目的是成为尽人力所能及地处理这些冲突的一个工具"③。总之，尽管现代西方哲学

① 〔德〕尼采：《快乐的科学》，黄明嘉译，华东师范大学出版社，2007，第332～333页。
② 〔德〕文德尔班：《文德尔班哲学导论》，施璇译，北京联合出版公司，2016，第9页。
③ 《杜威全集》第12卷，刘华初、马荣、郑国玉译，马荣校，华东师范大学出版社，2012，第75页。

家从未在哲学向何处去的问题上达成一致的意见，但他们却都以各自不同的方式探索了哲学在现代条件下的全新定位，抛弃了传统哲学关于自身能力的不切实际的幻想。

（二）反对哲学中二元分立的思维方式

我们知道，近代西方哲学中二元分立的思维方式是与认识论这一研究主题密切相关的。也就是说，主客、心物的区分是认识论研究得以进行的必要条件，它使哲学克服了古代以来的素朴性和直观性。但是，随着这种思维方式的固化，主体和客体、精神和物质、思维和存在也就被绝对地对立了起来，以至于使近代哲学家完全忽视了上述双方先于理论的统一关系。正因如此，近代西方哲学不可避免地走向了否定知识的客观性和普遍必然性的怀疑论，或把知识看作天赋观念的产物的独断论。当然，以上只是就哲学内部的危机而言的。在哲学外部，自然科学已经从静态的、局部的研究进展到了动态的、系统的研究，使人们"对自然过程的相互联系的认识大踏步地前进了"①。正是在内外两方面因素的共同作用下，思维方式的转变也构成了西方哲学的现代转型的重要内容，许多现代西方哲学家都明确反对哲学的二元分立倾向，力图将主体与客体、物质与精神、思维与存在看作一个不可分割的统一体的不同方面。

在现代西方哲学家中，叔本华较早地意识到了主客的二元分立只具有认识论的意义。因此，他反对将这种认识论的范畴本体化，把主体和客体当作独立存在的实体，而主张它们只能在表象中彼此相对地存在。在他看来，既然认识所能达到的只是一种表象，那么，世界的内在本质便只能到主体和客体的二元结构之外去寻找了。"我们生活存在于其中的世界，按其全部本质说，彻头彻尾是意志……意志就是真正的自在之物"②。叔本华的这一命题表明，他已经为哲学找到了"意志"这一超越主客的全新本体。

又如马赫，他所提出的"要素一元论"同样是为了克服传统哲学中的心物对立。按照他的观点，所谓要素就是排除了主观片面性的感觉经

① 《马克思恩格斯文集》第 4 卷，人民出版社，2009，第 300 页。
② 〔德〕叔本华：《作为意志和表象的世界》，石冲白译，杨一之校，商务印书馆，1982，第 233 页。

验，即一种超乎心物对立之上的中性的东西，像"物质"和"自我"这样一些传统哲学中的实体概念，都可以还原为要素的复合。马赫相信，"照这样看，我们就见不到物体和感觉之间，内部和外部之间，物质世界和精神世界之间有以前所指的那种鸿沟了"①，而这也就意味着哲学建立起了"一种统一的、一元论的宇宙结构"。尽管事实上马赫并没有超出主观唯心主义的范围，但他的上述意图无疑还是值得肯定的。

与马赫相似，詹姆士也为主客二元找到了更为基本的原始素材或质料，即"纯粹经验"。为了克服先前的经验主义的不彻底性，他把事物之间的连接或分割的关系也当作了经验的内容，从而在哲学中呈现出了一个统一的、连续的经验世界。詹姆士认为，只有这样才能彻底清除哲学中的二元论，把认知活动解释成"纯粹经验"的各个组成部分之间的相互关系："思维和事物，就它们的质料来说，绝对是同质的，它们的对立仅仅是关系上和功能上的对立"②。

综上所述，现代西方哲学家已经在哲学观上普遍确立起了要求哲学超越二元分立的思维方式的明确意识。作为这一转变的结果，现代西方哲学在很大程度上已不再适用原有的"唯物—唯心"的评价模式。以胡塞尔的现象学为例，尽管其中的"本质还原"作为一种非经验的、先天的认识方法，要求把有关认识对象存在的信念悬置起来，但这一学说已根本不同于那种认为世界的本原是实体性的精神、物质由精神派生的唯心主义了。相反，现象学中"面向事物本身"的基本原则还包含着反对唯心主义的意味。这种在近代观念看来既"唯心"又"唯物"的立场之所以可能，是由于胡塞尔进行现象学研究的目的并不是探究世界万物的本原，而是将哲学改造为一门没有任何前提（包括主客对立）的"严格的科学"。至于他后期提出的转向生活世界的理论，则更加明确地体现出了超越哲学中二元论倾向的诉求。

（三）消除哲学中理性的独断

众所周知，近代西方哲学的一个重要特征便是对于理性精神的倡导。也正是借助于理性的力量，哲学才得以从宗教信仰的禁锢下解放出来。

---

① 〔奥〕马赫：《感觉的分析》，洪谦、唐钺、梁志学译，商务印书馆，1986，第13页。

② 〔美〕詹姆士：《彻底的经验主义》，庞景仁译，上海人民出版社，1965，第74页。

然而，随着理性在哲学中的片面化发展，它逐渐由一种广义的人性或人文精神变为与人的现实存在相分离的思辨理性、工具理性。与此相伴随的，则是理性的绝对化。也就是说，理性取代上帝成为哲学中新的"神"，而这也就使得哲学走向了理性的独断，即相信全能的、绝对可靠的理性能力是通向宇宙真理的唯一途径。尽管这一倾向曾遭到康德的质疑和批判，但由它所引发的哲学危机直到19世纪中期才明确地凸显。其之所以如此，是由于在这一时期，曾经被理想化的理性的社会和国家已越来越多地暴露出它们的种种欺骗性和虚幻性，人们对于理性的信念开始动摇，甚至趋于破灭。这样一来，以理性万能为主题的近代西方哲学也就不可避免地遭遇了终结的命运，许多现代西方哲学家特别是归属于人本主义思潮的现代西方哲学家对哲学中理性的独断发起了公开的挑战，他们所要求的是打破理性对于哲学的统治。

在克尔凯郭尔看来，传统哲学的最大缺陷就在于用理性说明和论证与人相关的一切，将人归结为纯粹的理性存在物。而事实上，人并不是依赖理性和逻辑进行抽象思辨的认识主体，而是处在永远无法消除的矛盾和冲突之中的孤独的、非理性的个体。因此，他认为以黑格尔主义为代表的传统哲学完全无法解决个人生存的根本问题，人的个性与自由只存在于意志的选择和决断之中："只有当理性的反思终止的时候，思想的开端才能出现，而理性的反思只能为某种别的东西所终止，这种东西与逻辑的东西全然不同，它就是意志的决断。"① 克尔凯郭尔主张哲学应当把立足点转移到个人的独特体验上来，以恐惧、忧郁、厌烦、绝望等非理性的情绪来作为哲学的主要内容。这种哲学尽管带有悲观主义的色彩，却意味着对于人的存在的真正领悟。

同样地，柏格森也力图为理性认识和非理性的生命体验划定各自的地盘。他指出，理智虽然有益于人的行动，可以满足人们的实际需要，但它总是倾向于固定和分割，因而根本不适用于认识运动的、绵延的生命。或者用他的话来说：理智"在生命周围活动，从生命外部采取尽可能多的视点，将生命拉向自己，而不是进入生命内部。然而，直觉却将

---

① Søren Kierkegaard, *Concluding Unscientific Postscript* (Princeton, N. J. : Princeton University Press, 1941), p. 103.

我们引向了生命的最深处。"① 因此，哲学必须抛弃概念、判断、推理等逻辑思维形式，成为一种关于实在的内在知识，以达到直觉的把握。而所谓直觉，就是一种与生命相同一的特殊本能，能够在当下的内心体验中直接注视心灵。

不难发现，哲学中理性与非理性争论的实质乃是哲学究竟应当如何理解人的存在。那么，随着理性的独断的消除，现代西方哲学对于人的存在也就有了更为全面的认识和领悟，从而实现了"生存论的转向"。单就这一点而言，存在主义哲学无疑取得了最为突出的成就：例如，海德格尔认为，哲学需要由对存在者的研究返回到对"存在"本身的追问，而"存在"的意义又只有通过人对于自身生存的领悟才能揭示。于是在他那里，哲学具有了探究人的本真存在的生存论意义。雅斯贝尔斯则主张通过哲学与科学的区别来表明哲学与存在本身的关联。在他看来，科学的产生需要各种确定的认识条件，而哲学则不依赖这些外在的条件，无论在什么地方，只要思想使人们领悟到他们的存在，就有哲学。可见，哲学并不是世所公认的理论，而是朝向人本身的存在的活动，寻求新哲学的道路就是揭示人的存在的道路。最后是萨特，他更为明确地指出，"存在主义是一种人道主义"。他相信，哲学应当从人的超越性和主观性出发，成为一种探索人的存在的意义和价值的伦理学说。

（四）"哲学的终结"

如前所述，许多现代西方哲学家都是在批判传统形而上学的过程中阐发自己的新哲学观的。在这其中，自然也不乏有人会由此走向极端，以至主张根本取消哲学。尽管这一倾向并不十分普遍，但不可否认的是，"哲学的终结"已成为现代西方哲学中一个引人注目的现象。

首先来看维特根斯坦。在其思想前期，维特根斯坦只是批判了传统哲学的无意义性，认为"哲学家们的大多数命题和问题，都是因为我们不懂得我们语言的逻辑而产生的。"因此，在他看来，"哲学的目的是从逻辑上澄清思想。……哲学的成果不是一些'哲学命题'，而是命题的澄清。"② 不过，随着他后期对于语言与世界共有的逻辑形式的否定，先

① 〔法〕柏格森：《创造进化论》，肖聿译，华夏出版社，2000，第150页。
② 〔奥〕维特根斯坦：《逻辑哲学论》，贺绍甲译，商务印书馆，2009，第41、48页。

前那种视逻辑分析为哲学主要任务的哲学观也就遭到了他的否定。在后期维特根斯坦看来，哲学的问题实际上来自语言使用的错误。因此，解决哲学问题的方法并不是按照问题的要求予以回答，而是通过"语言的批判"来最终地消解它们，由此表明它们的出现乃是语言的误用所导致的结果。维特根斯坦将这种误用称为"理智的蛊惑"，并指出：哲学家"在到达健全的人类理解的概念之前必须治愈自己在理解上的许多疾病"①。由此可见，在他那里，哲学的终结成为一种针对理智上的疾病的治疗活动。一旦这个疾病得到了治愈，哲学也就消失了。

其次是海德格尔。与维特根斯坦一样，海德格尔在哲学观问题上也经历了一个转变的过程。按照他前期的观点，对存在和存在者的混淆是传统形而上学陷入困境和危机的根本原因。因此，哲学应当成为一种存在论，通过对于存在本身的澄清和阐释，来给出事物何以存在的最终根据。这表明，此时的海德格尔至少还认可哲学继续存在的必要性。然而，他在思想后期却越来越多地认为"将来的思不再是哲学了"。以《哲学的终结和思的任务》一文为例，海德格尔在其中明确指出，哲学即形而上学，它所思考的是存在者整体——世界、人类和上帝。也正因如此，哲学才会在当代发展为独立的诸科学，从而走向了自身的终结："哲学之终结显示为一个科学技术世界以及相应于这个世界的社会秩序的可控制的设置的胜利。"② 当然，人们并不需要为哲学的终结而感到惋惜，因为"哲学从未能胜任思想之任务"。换句话说，只是随着哲学的终结，思想才可能真正担负起自身的任务。在海德格尔看来，这一任务便是思考使显现者得以借助光亮显示自身的"澄明"之境。其之所以如此，是由于只有在"澄明"中，一切在时空中的在场者和不在场者才具有了位置。显然，这样的思想已不再是哲学了，因为即使"哲学谈论理性之光，却并没有关注存在之澄明"，"在哲学中，这种在存在或在场性中起着支配作用的澄明本身依然是未曾思的"③。

最后是罗蒂。作为实用主义者，罗蒂始终致力于"用非哲学的语言来提出反哲学的观点"，而他为反哲学行动所找到的切入点，便是对于哲

---

① 《维特根斯坦全集》第 7 卷，徐友渔、涂纪亮译，河北教育出版社，2003，第 226 页。
② 孙周兴选编《海德格尔选集》下卷，上海三联书店，1996，第 1246 页。
③ 孙周兴选编《海德格尔选集》下卷，上海三联书店，1996，第 1254 页。

学中表象主义的批判。所谓表象主义，就是把心灵当作一面反映实在的镜子，把知识当作这种反映的客观结果，并认为只有通过哲学"审视、修理和磨光这面镜子以获得更准确的表象"①，人们才能得到一个完善的知识系统。但是，在罗蒂看来，哲学并不具有这种为文化奠基的核心地位，因为随着表象主义的消除，任何以知识论来统摄人类精神活动的企图都不再可能了。为了区分这一变化前后哲学的不同形象，罗蒂将那种追求精确反映事物本质的哲学称为"大写的哲学"，同时用"小写的哲学"来表示与其他文化部门处于同等地位的哲学，而这种各类文化平等相处的理想状况便是"后哲学文化"。对此罗蒂描述道：在这里，"没有哪个文化的特定部分可以挑出来，作为样板来说明（或特别不能作为样板来说明）文化的其他部分所期望的条件。"② 这就是说，哲学家的声音只是众多人类谈话声音中的一种，他们的语言并不是具有公度性的元语言，哲学所能从事的仅仅是一种类似于文化批评的教化活动。我们看到，尽管罗蒂并没有完全否认哲学继续存在的必要性，但由于他已经消解掉了哲学与文学、艺术之间的界限，所以他的后哲学文化观也可以被视为是对哲学的终结命运的一种宣判。

二　马克思的哲学观与现代西方哲学的哲学观的差别

上述考察表明，作为对传统哲学观的反叛和超越，现代西方哲学的哲学观与马克思的哲学观一样，也具有鲜明的现代属性。但同时我们也要看到，现代西方哲学的各个流派从各自角度对传统哲学观进行的种种超越，马克思早在19世纪中期便已经从整体上实现了，而且是以更加明确和彻底的形式实现了。因此，我们不应停留于马克思的哲学观与现代西方哲学的哲学观之间的这种同质关系，而是要进一步揭示二者之间的差别，并由此得出马克思的哲学观的关键特征。

（一）从根本上抛弃哲学的独立性外观

通过与现代西方哲学的哲学观的比较，我们可以看到，马克思的哲学观首要的特征便是主张从根本上抛弃哲学的独立性外观，以便使哲

---

① 〔美〕罗蒂：《哲学和自然之镜》，李幼蒸译，生活·读书·新知三联书店，1987，第9页。
② 〔美〕罗蒂：《后哲学文化》，黄勇译，上海译文出版社，2009，第13～14页。

充分地面向现实问题开放。而现代西方哲学家正是由于未能自觉在哲学与现实的关系中审视哲学本身，所以使自己的理论保留了纯哲学式的独立性外观。

在形式方面，现代西方哲学中的任何一个流派（甚至包括那些宣称"哲学终结"的哲学家）都没有否认哲学作为一门独立学科的存在，哲学对于他们来说仍然只是一种纯粹的理论活动。例如实证主义就主张把哲学的研究对象限制在科学知识的范围以内，仅仅以科学的统一作为哲学的目标；分析哲学则固守于语言和逻辑分析，丝毫不为哲学谋求命题澄清以外的使命；而非理性主义流派更是将哲学局限在了人的内心世界和生命体验之中，完全排除了对于世界的科学认识。由此可见，现代西方哲学家从未想到要使哲学面向社会、经济、政治领域中的重大现实问题敞开自身。即使他们的哲学（如存在主义对于现代社会中人的异化现象的揭露）也具有一定的现实批判意义，但他们所给出的解决之道不过是"向内转"以达到更深层次的生存领悟。

与此相反，马克思则明确地意识到了"语言是思想的直接现实"[1]，要真正超越传统哲学，就必须首先在形式上克服传统哲学的言说方式和话语表达。也正因如此，我们在他成熟时期的著作中几乎找不到哲学的独立的存在样式，他已经将哲学转化为"意识形态批判"和"政治经济学批判"这两种全新的理论话语，使哲学融入了经济分析、社会批判和历史研究之中。诚然，海德格尔和德里达等现代西方哲学家也曾洞悉到哲学与其语言形式之间的本质关联，并认为哲学只有恢复了诗性的语言，借助于抒发性的隐喻方式，才能够真正表述出存在本身的意义。但是，他们所说的"诗化本体论"在取消哲学的原有存在样式的同时，并没有将哲学导向改造现存社会秩序的革命实践，而是把哲学局限在了一个更加小众的文化领域之中。可以说，他们的这一哲学观思路恰恰从反面再次证明了：当马克思将哲学变成一种"随着现实生活和实践活动特点的变化而表现出不同内容和形式的'不定性'的存在"[2]的时候，他的全部目的都在于以"哲学实践"推动现实生活的变革。

---

① 《马克思恩格斯全集》第3卷，人民出版社，1960，第525页。
② 贺来：《马克思理论的哲学维度与理论存在样式的转换》，《学术研究》2007年第1期。

在内容方面，现代西方哲学也依旧保持着对于纯粹理论问题的兴趣，而这也就决定了它的各个流派在超越传统哲学的过程中都具有某种程度的不彻底性。且不论那些维系哲学传统样态的种种努力，即使是对传统形而上学作出全面批判的分析哲学，也没有完全摆脱传统哲学观的影响。例如，蒯因所揭示的"经验论的两个教条"和罗蒂对"基础主义"的批判就共同表明，分析哲学的根本失误就在于保留了形而上学关于绝对确定性的信念，并由此走向了对于逻辑和科学的盲目崇拜。这样看来，我们又怎能认为分析哲学超越了传统哲学的视野呢？与此同时，现代西方哲学在理论中抽象地解决哲学问题的思路也往往使它陷入极端的片面性。举例来说，马赫主义就因过分强调经验现象而否定物质世界的客观实在性，倒向了主观唯心主义；唯意志主义则由于盲目排斥理性的作用，重蹈了相对主义和主观主义的覆辙；至于存在主义，这一流派尽管深入探讨了人的个体存在问题，却完全忽视了人的社会存在。

相比之下，马克思对待哲学的理论问题的态度则要深刻得多："理论的对立本身的解决，只有通过实践方式，只有借助于人的实践力量，才是可能的；因此，这种对立的解决绝对不只是认识的任务，而是现实生活的任务，而哲学未能解决这个任务，正是因为哲学把这仅仅看做理论的任务"①。也就是说，在面对"理性与非理性""存在者与存在本身""结构与解构"等理论问题时，马克思并不一定会有比现代西方哲学家更为高明的见解。但他的深刻之处就在于从社会历史现实出发，消解掉了这些问题独立存在的意义，并否定了以抽象的理智活动参与其中的必要性。也正是由于马克思弃置了关于这些"纯粹的经院哲学问题"的无谓论争，他才能够将哲学投入对于重大现实问题的批判性研究之中，从而表现出了比现代西方哲学家更大的理论担当。

（二）将哲学的改造与现实世界的改造结合起来

在同现代西方哲学的哲学观的比较中，马克思的哲学观还需要澄清与"哲学终结论"之间的关系。这不仅是由于"哲学的终结"已经成为现代西方哲学中的一个热门话题，更是由于马克思本人也曾说过诸如"哲学的丧失""消灭哲学""哲学同样应当受到谴责"之类的话。当然，

---

① 《马克思恩格斯文集》第1卷，人民出版社，2009，第192页。

正如本书第二章所指出的那样，这些表述各有其具体的语境，它们并不意味着马克思对于哲学本身的否弃。但是，我们仍然有必要将马克思有关哲学"终结"的思想拿来同现代西方哲学进行对话与交锋，以期进一步揭示马克思的哲学观的特征。

在这里需要首先明确的是，现代西方哲学中的"哲学终结论"作为一个由哲学家提出的"自拆台脚的"命题，事实上并没有超越哲学本身。不仅如此，这一命题的提出也只是由于哲学的自我反思的特性才成为可能。就这一点而言，即使罗蒂自己也承认，"一个人恰恰可以通过反对（大写的）哲学而成为一个哲学家"①。这样看来，"哲学终结论"所表达的便不过是对于传统哲学的强烈的否定态度，而马克思自然也可以在这个意义上被视为"哲学终结论者"。但是，具体到如何消灭哲学的传统形态的问题上，马克思和现代西方哲学家之间仍然存在重大的分歧。我们知道，现代西方哲学家在全盘否定传统哲学的同时，仅仅把哲学的现代转型当作了一个理论上的任务，而他们所能做的也不过是用一种新的形而上学来取代旧的形而上学。不可否认，后期维特根斯坦也曾意识到哲学家理智上的疾病归根结底是时代的疾病，需要"由改变人类生活方式来治愈"，因此，"哲学问题的疾病只能通过改变思想方式和生活方式，而不能靠任何个人发明的药物来治愈"②。但是，维特根斯坦的哲学充其量只能影响个别人的思想方式，他终究没能找到改变人们的生活方式的道路。

由此反观马克思的哲学观，我们就会看到，他关于消灭传统哲学的全部主张都是基于这样一种认识，即"迄今为止的哲学本身就属于这个世界，而且是这个世界的补充，虽然只是观念的补充"③。可见，"哲学的终结"在马克思那里首先不是一个理论的问题，而是一个现实的实践问题。他相信，只有消灭了传统哲学所赖以产生的现实世界，对于体系建构的执着、对于终极确定性的渴求以及二元分立的思维方式等一切传统哲学在后黑格尔时代的残留物才会彻底消失。而要实现这一目的，就

---

① Richard Rorty, *Consequences of Pragmatism* (Minneapolis, M. N.: University of Minnesota Press, 1982), p. xvii.

② 《维特根斯坦全集》第 7 卷，徐友渔、涂纪亮译，河北教育出版社，2003，第 86 页。

③ 《马克思恩格斯文集》第 1 卷，人民出版社，2009，第 10 页。

必须把理论上的批判和实践上的推翻作为不可分离的活动①。这一革命过程尽管漫长而艰苦，却是使哲学真正走出危机的唯一正确途径。例如在《共产党宣言》中，马克思就曾对"共产主义废除哲学的要求同至今的全部历史发展相矛盾"这一责难作出回应。他写道："这种责难归结为什么呢？至今的一切社会的历史都是在阶级对立中运动的，而这种对立在不同的时代具有不同的形式。"② 也就是说，只有突破了狭隘的历史观点，我们才能预见到传统意义上的哲学随着阶级对立的消失而走向彻底终结的情形。

也正是由于马克思将哲学的改造与现实世界的改造结合了起来，把解决哲学危机的任务交给了革命的实践、交给了无产阶级，他并没有像某些现代西方哲学家那样对传统哲学采取全盘否定的态度，而是把对于传统哲学中合理内容的吸收与继承作为了哲学的现代转型的重要内容。众所周知，马克思曾在经济学材料加工的方法上深入借鉴黑格尔的逻辑学。因此，当德国知识界把黑格尔当作"死狗"来嘲弄的时候，他反而坚定地维护了黑格尔的思想史地位："我公开承认我是这位大思想家的学生，并且在关于价值理论的一章中，有些地方我甚至卖弄起黑格尔特有的表达方式"③。

不难发现，上文对于马克思的哲学观的关键特征的两点概括，即"从根本上抛弃哲学的独立性外观"和"将哲学的改造与现实世界的改造结合起来"，其实是同一个问题的两个不同方面。它们共同表明，马克思的哲学观之所以会展现出比现代西方哲学的哲学观更为明确和彻底的现代属性，就是由于马克思对于哲学本身的思考从来都是以哲学与现实的关系为主线的，他反对脱离社会历史现实而抽象地回答任何元哲学问题。也正是在这个意义上，我们可以说现代西方哲学的哲学观即使从整体上来看也并未越出马克思的哲学观的范围，反倒是后者在超越传统哲学观的同时也超越了前者。

---

①　参见〔德〕柯尔施《马克思主义和哲学》，王南湜、荣新海译，张峰校，重庆出版社，1989，第 52～53 页。
②　《马克思恩格斯文集》第 2 卷，人民出版社，2009，第 51 页。
③　《马克思恩格斯文集》第 5 卷，人民出版社，2009，第 22 页。

第四章　马克思的哲学观与马克思哲学

如前所述，马克思的哲学观研究应当成为我们反思马克思哲学的一个切入点。也就是说，我们需要以马克思对于哲学本身的思考为指引，重新审视其哲学思想的发展历程，并试图揭示出理解其哲学革命的若干线索。因此，在完成对于马克思的哲学观的逻辑进程、时代属性、基本内容和关键特征的考察之后，本书将把马克思的哲学观纳入马克思哲学这一总体性的思想背景中，通过探讨二者之间的相互关系以达成上述理论目标。需要注意的是，在这里我们将不可避免地遭遇到来自哲学观与哲学之间的"解释学循环"。也正因如此，本章的考察有必要从一个具有一般性意义的方法论探讨开始。

第一节　哲学观与哲学的一般关系

在哲学观与哲学的关系问题上，有一种广为流传的观点："每个真正的哲学家，都把'哲学观'作为自己的哲学思考的首要问题，并以自己的哲学观去创建自己的哲学理论"，因此，哲学观问题"不是哲学中的'一个问题'，而是全部哲学的根本问题，是决定如何理解和解释其他所有哲学问题的根本问题"[①]。上述观点固然很正确地揭示了哲学观与哲学的基本关系，但也很容易给人造成这样一种误解，即哲学观的形成不论在时间上还是在逻辑上都先于具体的哲学观点的形成，在进行哲学创造时，哲学家只需将作为规划或蓝图的哲学观实现出来就好了。而事实上，许多哲学家在从事哲学创造时并没有明确的哲学观自觉，他们对于哲学的对象、性质和任务的理解在很大程度上都是暗含于具体的哲学思考中的，甚至有一些哲学观的觉解也只是在具体的研究过程中才得以生发。因此，我们主张将解释学中的"循环论"引入哲学观与哲学的关系问题

---

① 孙正聿：《哲学通论》，复旦大学出版社，2005，第17、18页。

中，以期揭示二者之间彼此内在而又互为前提的缠绕关系。

一　哲学观以哲学为前提

毫无疑问，哲学观绝不是先天地存在于哲学家头脑中的神秘观念，而是哲学家在实际的哲学学习与哲学研究的过程中所获得的一种自觉或不自觉的意识，反映了哲学家本人对于"如何做哲学"这一问题的思考。离开了这种实际的学习与研究过程，便不可能有真正意义上的哲学观的产生，有的只能是缺乏真实内容的抽象和空洞的教条。这样看来，哲学观便不是先于哲学存在并支配着具体哲学问题的外在权威，而是随着哲学思想的发展而不断生成的内在产物。或者用更简明的话来说，哲学观需要以哲学为前提。

首先，从哲学史的方面来看，对于哲学本身的反思势必产生于具体的哲学研究之后。当泰勒斯、毕达哥拉斯和赫拉克利特等古希腊"智者"追问万物本原的时候，他们心中并没有关于哲学的概念，他们只是出于对世界终极原因的好奇才投身于这样一种研究。但是，随着此类研究的不断积累和丰富，人们日益感觉到需要以一个专有的名词来概括这门学问，于是"哲学"也就应运而生了。我们知道，首先完成这项工作的便是亚里士多德，当他对前人的研究成果进行分门别类的整理，并将其中一部分归入"第一哲学（即形而上学）"名下的时候，在他头脑中必然已经有了区分哲学与非哲学的标准，而这便是一种明确的哲学观自觉。也正因如此，我们在他那里找到了许多关于哲学本身的论述，如哲学起源于惊异和闲暇、哲学是"唯一的自由学术"①、哲学以"作为存在的存在"为研究对象，等等。显然，这些哲学观命题的取得都离不开前人在具体研究中所积累的思想素材。

其次，从哲学观的生成来看，这一过程恰恰蕴含在哲学家对于具体的哲学问题的思考之中。也就是说，哲学观并不是无源之水、无本之木，而是具体的哲学研究所酝酿和升华出的一个自然的结果。在哲学家们提出、论证和解决各自所面对的哲学问题的同时，他们对于哲学本身的理解、反思便与这些具体的哲学观点一并生成了。举例来说，柏拉图的

---

① 〔古希腊〕亚里士多德：《形而上学》，吴寿彭译，商务印书馆，1959，第5页。

"理念论"的提出是为了追问世界的依据，并描绘出一个合乎理性的世界秩序，但与此同时，一种把哲学的任务规定为"到具体事物背后去寻求普遍本质"的哲学观也就随之形成了；同样地，当笛卡尔提出"我思故我在"，以期为全部知识奠定无可移易的基础的时候，一种将哲学局限在概念世界和思辨天国中的知识论哲学观也就开始了对于整个近代哲学的影响；再如康德，尽管他的"纯粹理性批判"主要是为了应对来自休谟的挑战，但他在对人的认识能力进行考察的同时，也就树立起了一种将哲学视为"理性的自由而公开的检验活动"的哲学观。这样看来，哲学观便不能被简单地说成是引导哲学的先行观念。

最后，从哲学观的内容和性质来看，它们在很大程度上取决于具体的哲学理论。其之所以如此，是由于虽然哲学观的对象是哲学本身，而哲学理论的对象是具体的哲学问题，但它们却是同一哲学家以同样的"做哲学"的方式进行思考的结果，体现在具体的哲学理论中的基本倾向、思想旨趣和理论特征也都同时存在于哲学观之中。例如，我们要了解亚里士多德的哲学观，就必须从他的存在论学说入手，通过他对于存在的分类来了解何谓作为哲学研究对象的"存在本身"。又如维特根斯坦曾经提出"哲学不是一门学说，而是一项活动"① 的哲学观，但如果追根溯源，我们就会看到这一思想其实早已在他的"图像论"和"真值函项理论"中被规定好了。可以说，哲学史上之所以会存在各不相同的哲学观，就是由于不同的哲学派别在一系列重大的理论问题上有着根本性的分歧。如果不是基于对"存在"问题的截然不同的理解，海德格尔又怎会自诩终结了两千多年以来的柏拉图主义的哲学观呢？总之，具体的哲学理论为哲学观提供了一条重要的阐释路径，离开了前者，后者也将无法被充分把握。

以上便是哲学观与哲学内在循环关系的第一个方面，它表明哲学观的奥秘要到哲学之中去寻找。认识到这一点，对于马克思的哲学观研究有着尤为重要的意义。这是因为，以"改变世界"为己任的马克思从来没有把哲学本身当作一个十分有价值的研究对象，他直接论及哲学本身的理论内容也非常有限。即使是广为人们所熟知的"任何真正的哲学都

---

① 〔奥〕维特根斯坦：《逻辑哲学论》，贺绍甲译，商务印书馆，2009，第48页。

是自己时代的精神上的精华"① 这一命题，从严格的意义上来说，也不是马克思对哲学进行的确切定义。然而，这并不意味着马克思缺乏哲学观思想，如果我们能够深入他具体的哲学创造，特别是他对于论敌的哲学的深刻批判中，那么就能够把握到他有关哲学本身的一系列前提性观点。而事实上，本书的第二章也正是遵循着这样的思路，从马克思具体的哲学观点出发来挖掘其哲学观思想的。

二 哲学以哲学观为前提

从另一个方面来看，哲学也同样离不开哲学观。也就是说，任何一个具体的哲学问题的提出、论证和解决都需要一定的哲学观的引导和规范作用，这种关于哲学本身的观念不论是否为哲学家所自觉，却总是内在地决定了"为什么这一问题值得研究""为什么要如此这般地进行研究""为什么采取此种思维方式和理论态度"等哲学研究中的前提性问题。就此而论，可以将哲学观类比为科学理论系统中的"硬核"（拉卡托斯语），它居于整个哲学理论的核心，否定和变革一种哲学观，就是否定和变革这种哲学理论。或者用更简明的话来说，哲学也需要以哲学观为前提。

其一，哲学需要哲学观为自身提供合法性的说明。我们知道，在哲学史上，不同时代所热衷讨论的"基本问题"并不相同，而同一个哲学问题在不同的哲学家那里又有着不同的解决思路，即使是同一哲学家，在其思想的不同时期也会有不同的理论旨趣。而每当这些差异或变化发生时，人们便尤为希望从哲学家那里获得相关的说明和辩解，以证明他们的哲学所体现出的异于他人、异于过去的特征是正当的、必要的。显然，这样的证明是不可能在具体的哲学理论中找到的。因为哲学在面对具体问题时，往往专注于细致的逻辑推演和概念构建，并不会对自身研究的合法性进行自我澄清。那么，这就需要哲学观以一种前提反思的方式将哲学家如此"做哲学"的意图和依据揭示出来。也正是在这个意义上，我们认为不应当将哲学观狭义地理解为对于"什么是哲学"的解

---

① 《马克思恩格斯全集》第 1 卷，人民出版社，1995，第 220 页。

答，因为这一问题本身"正是沿着知识论哲学的思路来设定的"①，它容易使人产生这样一种误解，即哲学观只是关于哲学的某种定义。而事实上，为具体的哲学研究提供合法性的说明才是哲学观更为重要的意义所在。

其二，哲学也需要哲学观概括地表达出自身的理论旨趣。对于哲学家而言，这一概括之所以是必要的，就是由于只有通过哲学观上的反思和领会，才能使自己的哲学获得一种前后融贯的统一性，从而成为逻辑上彻底的理论。即使在那些没有明确的哲学观自觉的哲学家那里，也同样少不了这种理论精神的凝聚环节。对于研究者而言，哲学观所概括的哲学的理论旨趣则意味着理解哲学的一把钥匙。这就是说，当人们面对一个庞杂的哲学理论系统时，往往需要一种提纲挈领式的导引，而哲学观恰恰就充当了这样的理论角色。例如，康德为哲学所设定的三个根本问题，即"我能知道什么"、"我应当做什么"和"我可以希望什么"，便构成了我们走进他"三大批判"的一条便捷路径。同样地，要把握现代分析哲学的思想，则需要从"抛弃形而上学"和"哲学的任务是澄清语言表达式的意义"等哲学观宣言入手，而不是直接切入关于意义、真理、指称等具体哲学问题的研究。总之，哲学观向我们揭示了哲学最深层次的思想意蕴和最真实的理论信念，只有遵循它的向导，我们才能领悟到哲学家的精神境界。

其三，哲学还需要哲学观为自身的进一步拓展和深化指明方向。如前所述，哲学观的内容是植根于具体的哲学研究的，也正因如此，哲学观一旦被升华和提炼出来，便能够反作用于接下来的哲学理论活动，从而作为一种理论纲领规范和影响着具体的哲学问题。当然，这并不是说哲学观一旦形成，就将固化为僵死的教条。相反，随着哲学研究的不断拓展和深化，哲学观也将在与哲学的内在循环关系中获得新的形态，而维特根斯坦和海德格尔的哲学观转变便是对此最好的例证。除了对于哲学家个人的影响外，一定的哲学观还可能成为一个哲学派别或一种哲学思潮的纲领。例如，胡塞尔曾将现象学运动的基本信念概括为："只有通过向直观的原本源泉以及在此源泉中汲取的本质洞察的回复，……概念

---

① 俞吾金：《再谈哲学的元问题》，《学术月刊》1995 年第 10 期。

才能得到直观的澄清，问题才能在直观的基础上得到新的提出，尔后也才能得到原则上的解决"①。他相信，尽管不同的哲学家的具体观点充满差异，但他们只要在"做哲学"的方式上认同上述哲学观信念，就能够凝聚在一起，从而形成声势浩大的现象学运动。而这也就再次证明了，哲学的奥秘要到哲学观之中去寻找。

至此，我们就完成了对于哲学观与哲学内在循环关系的考察，揭示了二者之间的相互作用。就此而论，那种简单地把哲学观比作"序言"，把哲学比作"正文"的做法是不妥的，因为脱离了哲学的哲学观必然是空洞的，而脱离了哲学观的哲学也必然是盲目的。这就要求研究者在阐发哲学观时，必须以对具体哲学理论的考察为根基；而在研究具体的哲学问题时，又应当时刻保持一种对哲学观的自觉。② 唯有如此，才能使哲学观研究更好地走向深入。

第二节 马克思的哲学观与马克思哲学的发展

概括地说，哲学观与哲学的一般关系在马克思那里也是成立的：马克思哲学在发展历程中的每一次飞跃都以其哲学观的更新为导引，而马克思的哲学观的更新又必然以其哲学的不断发展为前提。因此，研究马克思的哲学观与马克思哲学的关系，就是要将二者在互动中共同发展的过程揭示出来，从而使我们对于马克思哲学的反思获得一个新的视角。又由于本书第二章曾将马克思的哲学观的逻辑进程划分为理性主义、人本主义和实践唯物主义三个阶段，故而本节的考察也会参照这一划分依次进行，并在最后对马克思的哲学观"是否实现"的问题作出回应。

一 理性主义的哲学观与宗教、政治批判

马克思的哲学观最初是在他对于前人哲学的学习过程中逐渐形成的，因而不可避免地要受到来自传统哲学观的影响。但严格说来，真正对马克思造成影响的并不是一般意义上的传统哲学观，而是经过黑格尔改造

---

① 转引自倪梁康《现象学运动的基本意义》，《中国社会科学》2000 年第 4 期。
② 参见贺来《略论哲学观与哲学的内在循环关系》，《求是学刊》2002 年第 6 期。

的传统哲学观的最高形态。这种哲学观虽然也把对于世界的终极解释视为哲学的主要使命，但是已经内在地包含了一种哲学与现实的同一性原则。也正是基于对这一原则的确信，马克思才会将哲学视为现实斗争的有力武器，他相信，哲学的批判能够使理性的力量在现实世界中得到实现。因此，这一时期马克思的哲学主要表现为一种针对宗教权威和专制制度的批判。

　　围绕着宗教批判这一主题，马克思在博士论文中解决了人的个性自由何以可能的问题。因为在他看来，只有在本体论上证明了人的自由存在，才能够得出"不应该有任何神同人的自我意识相并列"① 的结论。马克思认为，伊壁鸠鲁的原子学说中的三个概念，即直线、偏斜和排斥，都是用来说明人的自由及其实现的。其中，直线是自我意识的定在，代表了必然性或命运的束缚；偏斜则是抽象的自我意识，即自由本身；而排斥作为一种否定性的力量，是偏斜借以脱离直线的中间环节。以上三个概念共同表明，人的自由的实现是一个自我否定的过程，只有当人的个体的、精神的存在通过否定自身自然，从他最初的直接定在中抽象出来的时候，才可能实现其个性自由。从这一自我否定的过程来看，人的自我意识内在地包含着本质和定在、形式和质料的矛盾。因此，正像"表现在直线下落中的原子的物质性和表现在偏斜中的原子的形式规定"需要"综合地结合起来"② 一样，人的自由的实现也不可能脱离自身的感性存在。尽管从表面上看，上述研究似乎无关于哲学本身，但它却直接启发了马克思在哲学观上对于青年黑格尔派的超越。具体来说，青年黑格尔派将自我意识视为无矛盾的精神主体，因而在他们看来，哲学作为自我意识的集中表达，只需毫无顾忌地展开对现实世界的批判即可。与之不同，马克思则通过对自我意识中本质和定在、形式和质料的矛盾的揭示，使哲学本身也成为被批判的对象。而哲学消除自身缺陷的唯一方式，便是"走出阿门塞斯冥国，面向那存在于理论精神之外的尘世的现实"③。

　　于是，基于对哲学的世界化和世界的哲学化的必要性的认识，马克

---

① 《马克思恩格斯全集》第 1 卷，人民出版社，1995，第 12 页。
② 《马克思恩格斯全集》第 1 卷，人民出版社，1995，第 37 页。
③ 《马克思恩格斯全集》第 1 卷，人民出版社，1995，第 75 页。

思开始了以哲学直面现实问题的尝试。因此，《莱茵报》时期的一系列政论文章可以被视为马克思哲学在这一阶段的表现，而他在其中所关注的核心问题便是普遍理性与特殊利益的关系。这表明，此时马克思哲学的出发点仍然是抽象的理性原则，他相信只要通过政治批判使国家变革为"合乎理性的公共的存在"，就能够克服特殊利益之间的矛盾。例如在探讨新闻出版自由问题时，马克思就曾明确指出："新闻出版是个人表达其精神存在的最普遍的方式。它不知道尊重个人，它只知道尊重理性。"①因此，那些反对新闻出版自由的特殊等级，实际上是在反对理性，反对人民所应当享有的普遍利益，而试图使国家、议会和法律沦为满足私人利益的工具。不过，随着哲学的政治批判在现实面前的不断受挫，马克思也逐渐意识到，本应体现理性原则的国家和法只具有一种观念的和形式的普遍性，这种普遍性早已因特殊利益的分裂和对立而湮没殆尽。面对这一情形，马克思并没有像青年黑格尔派那样继续坚持哲学的批判的绝对性，把失败的原因归结于愚昧的群众。相反，此时的马克思已经确立了使哲学"同自己时代的现实世界接触并相互作用"②的观念，因而他最终选择服从现实的权威，而不惜抛弃哲学所固有的某些原则。这一点在马克思哲学中的反映，便是他"在初看起来似乎只有人在起作用的地方"看到了决定人们行动的"各种关系的客观本性"③。

　　为了进一步澄清物质利益同国家和法的关系，马克思对黑格尔的法哲学进行了深入的批判性分析。而在相关手稿中，我们同样可以看到马克思的哲学观与其哲学之间的相互作用。一方面，马克思针对现实问题的哲学思考激发了他对于黑格尔"做哲学"的方式的强烈质疑。借助于费尔巴哈的"主宾倒置"方法，马克思在哲学观上揭破了黑格尔把观念当作哲学的出发点、颠倒哲学与逻辑学的关系、消解哲学的现实批判性等思辨唯心主义的做法。而另一方面，马克思所获得的这些哲学观见解又马上转化为了一种从现实出发进行哲学思考的信念，而这也就使得他在国家与市民社会的关系问题上得出了与黑格尔截然相反的结论："家庭

①　《马克思恩格斯全集》第1卷，人民出版社，1995，第196页。

②　《马克思恩格斯全集》第1卷，人民出版社，1995，第220页。

③　参见《马克思恩格斯全集》第1卷，人民出版社，1995，第363页。

和市民社会都是国家的前提，它们才是真正活动着的"①；"国家只有通过各个人才能发生作用"，"而国家的职能等等只不过是人的社会特质的存在方式和活动方式"②。此外，马克思还考察了国家与市民社会关系的历史演变，证明二者的分裂正是近代以来市民社会发展的结果。可见，马克思希望尽可能地从现实中找到"市民社会决定国家"的论据，而这也就表明他已经初步放弃了以普遍理性作为衡量国家的标准。不过，马克思在具体哲学观点上的这一变化并没有彻底扭转其哲学观的理性主义性质。具体表现为，他仍然对哲学的政治批判的现实化抱有一定的过高估计。而这也就是为什么马克思在《黑格尔法哲学批判》中着重论述了民主制相对于君主制的合理性，却并未阐明实现民主制的具体途径的原因所在。

　　显然，马克思对于哲学的现实化的乐观态度还延续到了《德法年鉴》时期。例如在《〈黑格尔法哲学批判〉导言》一文中，尽管马克思否定了青年黑格尔派"认为目前的斗争只是哲学同德国世界的批判性斗争"③的观点，强调哲学的批判离不开群众的物质力量，但是，他关于哲学掌握群众特别是哲学与无产阶级相结合的设想无论如何都还是太过简单了。在此时的马克思看来，似乎哲学只要立足于"人的本质"展开批判，就能够马上唤起现实世界的响应。受这种哲学观的影响，这一时期的马克思哲学在宗教批判和政治批判中更多地表现出了一种"既不怕自己所作的结论，也不怕同现有各种势力发生冲突"④的彻底性：一方面，马克思解决了宗教批判与政治批判的关系问题。他指出，宗教并不是政治压迫的原因，而是它的表现，因此，只有先消灭政治压迫，才能克服宗教桎梏。另一方面，马克思还论述了无产阶级所具有的彻底的革命精神。他相信，无产阶级由于遭受普遍苦难而"不要求享有任何特殊的权利"，能够为消灭一切奴役而斗争。当然，这一时期马克思的哲学思考也同样影响了其哲学观的形成，而最为典型的例证便是，《论犹太人问题》一文所阐发的"人的解放"思想直接构成了他对于哲学的主题的规

---

①　《马克思恩格斯全集》第 3 卷，人民出版社，2002，第 10 页。
②　《马克思恩格斯全集》第 3 卷，人民出版社，2002，第 29 页。
③　《马克思恩格斯文集》第 1 卷，人民出版社，2009，第 10 页。
④　《马克思恩格斯文集》第 10 卷，人民出版社，2009，第 7 页。

定，这标志着他对于哲学的自由关切的理解首次超出了青年黑格尔派的水平。不过，只是在费尔巴哈的"新哲学观"的影响下，马克思的哲学观的性质才真正完成了向人本主义的转变。

二　人本主义的哲学观与异化劳动理论

在马克思的哲学观的发展进程中，费尔巴哈要求哲学从"人"出发的观点的最大意义，就在于使马克思看清了基于理性主义原则的哲学在内容上的虚幻性。也正因如此，在《1844 年经济学哲学手稿》中，哲学首次成为被"谴责"的对象。在如何看待这一变化的问题上，我们既不能根据马克思"谴责"哲学的话而将其思想立场判定为非哲学，但同时又要充分重视这些否定性表述所反映出的哲学观上的变化：如果说先前马克思一直在关注"哲学如何现实化"的问题，那么对于此时的他来说，"哲学何以有资格现实化"才是一个更为根本的前提性问题。费尔巴哈的批判使马克思意识到，哲学对于现实世界的干预特别是哲学与无产阶级的结合并不是一个自然而然的过程，如果哲学自身还固守于抽象的思维形式，那么又怎么可能真正走向现实世界呢？于是，马克思决定以一种"完全经验的"态度重新审视哲学与现实之间的关系，并按照"市民社会决定国家"的思路深入资本主义的经济生活之中，以期为哲学找到一条与现实的变革需要特别是与无产阶级的解放需要有效对接的道路。

正是在这样的哲学观思路的指引下，马克思第一次从哲学出发对政治经济学进行了批判性的研究，并由此提出了异化劳动理论。尽管此时的马克思并没有再将自己的学说视为一种"哲学"，但是，他对政治经济学的研究才刚刚起步，因而就《1844 年经济学哲学手稿》和《神圣家族》等著作来说，其中最为突出的仍然是哲学方面的成就。也正是在这个意义上，我们认为异化劳动理论就是马克思哲学在这一时期的集中体现，它反映了马克思试图以一种更为贴近现实的哲学来观照人的生存境遇的努力。

当然，这里所说的"更为贴近现实"只是相对于黑格尔主义而言的。受费尔巴哈的影响，此时的马克思在探讨异化劳动现象时仍然离不开一种关于人的本质的预设。他明确指出，人的本质规定性就在于"自由的有意识的活动"，即生产活动。这种活动之所以构成了人与动物的本质差别，一方面是人在生产活动中能够"使自己的生命活动本身变成自己意志的和自己意识的对象"①，因而获得关于自身的类意识；另一方面则是人在生产活动中摆脱了肉体需要的支配，因而能够自由地面对自己的产品，进行全面的生产。不难发现，马克思有关人的本质的上述规定在很大程度上还是一种非现实的人本主义抽象。然而，它却充当了异化劳动理论的出发点。也就是说，马克思正是借助于资本主义社会形态下生产活动的特有形式与"自由的有意识的活动"的对立，才得以阐发了异化劳动的四个基本形式：第一，工人同自己的劳动产品相异化，他在劳动中耗费的力量越多，得到的就越少，以至于不能维持自己的生活；第二，工人同自己的生命活动相异化，劳动对工人来说变成了一种外在的东西，变成了自我牺牲和自我折磨；第三，人同自己的类本质相异化，个体的劳动不仅不再具有类的普遍性，甚至降低为维持肉体生存的活动；第四，人同人相异化，既然每个人都异化于人的类本质，那么工人同资本家也就处在普遍的异化关系之中②。此外，马克思还将"异化"改造为一个批判性的哲学观概念，因为在他看来，黑格尔哲学乃至整个近代哲学同资本主义社会形态下的生产劳动一样，不仅没有确证人的本质，反而造成了与人相对立的异己力量。

不可否认，异化劳动理论所预设的"人的本质"表明，此时的马克思并没有真正实现其从现实出发进行研究的哲学观意图。但是，如果从哲学反作用于哲学观的角度来看，那么则可以说，恰恰是这样一种非现实的人本主义设定，为马克思超越费尔巴哈的哲学观提供了契机。其之所以如此，是由于马克思在以"人的本质"为出发点探讨异化劳动现象的同时，已经设定了异化的克服和人的本质的复归："共产主义是对私有财产即人的自我异化的积极的扬弃，因而是通过人并且为了人而对人的本质的真正占有"③。他相信，只要共产主义运动包含了经济形态的变革，而非仅限于宗教和意识领域的批判，就能够以一种全新的社会形态取代资本主义的私有制。我们看到，马克思的这种按照"异化—异化的

---

① 《马克思恩格斯文集》第1卷，人民出版社，2009，第162页。
② 参见《马克思恩格斯文集》第1卷，人民出版社，2009，第156~166页。
③ 《马克思恩格斯文集》第1卷，人民出版社，2009，第185页。

扬弃"的逻辑来说明共产主义的必然性的做法由于缺乏充分的事实材料根据和经济学上的必要论证，因而还带有某种抽象的和空想的性质。但是，也正是这种对于异化的扬弃的信念使马克思没有局限于当下人的生存境遇，而是以一种渗透着辩证法精神的否定性原则把人的本质的实现看作了一个过程，从而克服了费尔巴哈对于人的静态直观。显然，这一点在哲学观上的表现便是马克思重新提出了被费尔巴哈所忽视的哲学与辩证法的关系问题。例如，马克思曾含蓄地表明了自己与费尔巴哈的分歧："费尔巴哈的关于哲学的本质的发现，究竟在什么程度上仍然——至少为了证明这些发现——使得对哲学辩证法的批判分析成为必要，读者从我的论述本身就可以看清楚。"①。

在其后的《神圣家族》中，马克思依然延续着从现实出发思考哲学与现实关系的思路，对青年黑格尔派的思辨哲学进行了彻底的批判。尽管这一批判还具有人本主义的性质，但它已经在很大程度上区别于先前的异化劳动理论，强化了从社会历史现实出发的客观逻辑。具体来说，此时的马克思已经意识到，只有从"某一历史时期的工业，即生活本身的直接的生产方式"入手，才能真正地认清这个历史时期②。毫无疑问，上述观点不仅直接反驳了青年黑格尔派将自我意识当作历史的决定性因素的做法，而且也构成了对于抽象的"人的本质"思路的否定。按照此时马克思的观点，既然现实的变革最终离不开物质生产领域的改造，那么哲学就必须致力于推动"用真正对象性的方式改变对象性现实"③——这既是马克思在具备了一定的政治经济学素养之后对于哲学的现实干预的重申，也是他对于费尔巴哈沉湎于理论兴趣的哲学观倾向的超越。

三　实践唯物主义的哲学观与唯物史观、政治经济学批判

随着马克思彻底认清费尔巴哈哲学中"人"的抽象属性，他对于自己哲学的要求也就非常明确和坚决了：哲学必须从社会历史现实出发，通过分析物质生活的内在矛盾而从中发现人的解放的现实可能性。为了实现这一要求，哲学便不再可能按照纯粹的样式存在了。尽管我们也可

---

① 《马克思恩格斯全集》第42卷，人民出版社，1979，第48页。
② 参见《马克思恩格斯文集》第1卷，人民出版社，2009，第350页。
③ 《马克思恩格斯文集》第1卷，人民出版社，2009，第358页。

以用现实斗争的迫切需要来解释这一变化的产生，但是，本书更倾向于将这一变化视为实践唯物主义的哲学观的内在的、必然的要求。也就是说，当马克思主张以实践的思维方式进行哲学思考，在对象中发现人的能动创造的时候，他只是确立起了一种现实的批判方法论。我们知道，这种方法论的意义就在于反对从先验的思维预设出发来说明社会历史现实，但就其本身来说，却并不包含任何具体的理论内容。因此，它势必要走向历史学、政治学和经济学，以一种"非哲学"的方式来发展哲学。而这也就再次证明了，实践唯物主义的哲学观所要求的，正是将哲学变革世界的超越性理想奠基于对现实物质生活的分析与批判之上。

　　在上述一系列学科中，马克思最为重视的便是历史。这固然与他长期以来的理论兴趣有关，但从根本上说，乃是由于实践与历史的本质相关性。马克思认为，既然人的任何实践活动都是在历史中进行的，都具有历史性，那么，以实践的思维方式进行思想的哲学就必须从现实的、历史的、具体的视角来分析社会生活，而不是使历史和现实服从于逻辑。也正是基于这样的哲学观思路，当马克思将哲学与历史结合起来的时候，他所要做的便是赋予哲学以历史的视域和历史的总体性内容，使哲学成为正确理解历史的理论原则。由此可见，唯物史观构成了马克思哲学真正走向现实的第一个环节。而具体来看，在这一环节中，马克思主要解决了以下几个具有前提性的历史观问题。

　　首先，针对人类历史的前提这一问题，马克思指出："这是一些现实的个人，是他们的活动和他们的物质生活条件。"① 显然，对于这一命题的理解必须从实践唯物主义的观点出发，因为这里所说的"现实的个人"并不是生物学意义上的肉体的个人，而是历史中的个人；与此相应，人们的"活动"以及"物质生活条件"也不是单纯的生理活动和纯粹的自然界，而是人的历史创造活动以及由这一活动所创造出来的人的感性世界。马克思相信，只有作出这样的规定，才能克服那些"意识决定生活"的幻想，使人们对历史的考察从一开始就集中到现实的物质生产上来。不难发现，马克思的上述观点正是实践唯物主义的哲学观在作为哲学的唯物史观中的体现。而在各种具体的实践形式中，他

①　《马克思恩格斯文集》第 1 卷，人民出版社，2009，第 517 页。

又尤为重视工业和商业的实践对于历史创造的意义。因为在他看来，正是这两种活动真正造就了人的能动的存在，并且使自然界大规模地进入了人类历史之中。马克思指出，即使是纯粹的自然科学，"也只是由于商业和工业，由于人们的感性活动才达到自己的目的和获得自己的材料的"①。

其次，马克思揭示了人类历史的一般规律。他指出："人们所达到的生产力的总和决定着社会状况，因而，始终必须把'人类的历史'同工业和交换的历史联系起来研究和探讨"②。生产力作为人们改造自然界的物质力量，决定着人们在物质生产过程中形成的相互关系，并进而影响和制约着整个社会关系的走向。而生产力的这种基础性地位，首先便是通过分工表现出来的："一个民族的生产力发展的水平，最明显地表现于该民族分工的发展程度"，而"分工的各个不同发展阶段，同时也就是所有制的各种不同形式"③。这样看来，历史上的四种所有制形式，即部落所有制、古典古代的公社所有制、封建的或等级的所有制和资本主义所有制，便都可以在生产力的历史运动中找到其根源。显然，以上这些唯物史观的内容都印证了马克思从物质生活的内在矛盾出发理解现实的人的发展的"做哲学"思路。

最后，在意识的起源问题上，马克思彻底否定了那种罔顾现实的物质环境的思辨观点。他写道："思想、观念、意识的生产最初是直接与人们的物质活动，与人们的物质交往，与现实生活的语言交织在一起的。"④尽管在《德意志意识形态》等著作中，马克思往往是将哲学与宗教、道德、法的观念等放在一起，来考察它们对于社会存在的依附和反映，很少专门论及哲学。但在他的一系列论述中，我们仍然能够明确地把握到作为意识形态的哲学在物质生活中获得关于自身独立化的幻想并自诩为历史主宰的过程，而这也就进一步丰富了他的实践唯物主义的哲学观思想。

不过，我们也要看到，马克思哲学在其唯物史观的形态中仍然具有

---

① 《马克思恩格斯文集》第 1 卷，人民出版社，2009，第 529 页。
② 《马克思恩格斯文集》第 1 卷，人民出版社，2009，第 533 页。
③ 《马克思恩格斯文集》第 1 卷，人民出版社，2009，第 520～521 页。
④ 《马克思恩格斯文集》第 1 卷，人民出版社，2009，第 524 页。

一定的宏观性和抽象性，还未能完全实现他使哲学走向现实、走向实践的意图。因此，马克思在确立了唯物史观的基本原则后，便马上转向了哲学的"非哲学化"的第二个环节，即政治经济学批判。当然，马克思的政治经济学批判始终贯穿着他的历史唯物主义原则，因而也可以被视为广义的唯物史观的一个有机的组成部分。那么，现在的问题便是，马克思为何会选择哲学与政治经济学的结合来作为唯物史观的新的存在方式和发展道路呢？笔者认为，主要有以下三点原因：第一，作为政治经济学研究对象的资产阶级社会是"最发达的和最多样性的历史的生产组织"①，它对于揭示人类历史的规律具有典型性；第二，政治经济学本身也是 19 世纪中期最发达、最成熟的社会科学，它对社会生产活动的本质和发展规律的认识达到了那个时代的最高水平；第三，此时的马克思已经积累了一定的政治经济学研究经验，并且明确意识到政治经济学不可逾越的界限就在于"把资本主义制度不是看做历史上过渡的发展阶段，而是看做社会生产的绝对的最后的形式"②。因此，马克思相信，哲学只有以自身的批判性形式通过并超越政治经济学，才能真正把握到"自己时代的精神上的精华"。

我们知道，19 世纪 50 年代以来，马克思将大部分精力都投入到了政治经济学批判的事业之中。而与之相伴随的，则是唯物史观的极大丰富和发展：不仅形成了一套适用于现代资产阶级生产的结构分析和历史分析的研究方法和叙述方法，还建立起了一个关于资本主义的经济结构和社会发展的批判的理论体系。当然，我们也不应当忽视，保证马克思哲学以政治经济学批判的形式不断发展并为这种发展的合法性提供说明的，正是其实践唯物主义的哲学观。也就是说，尽管马克思在这一时期已经很少论及哲学本身，以至于把这方面的理论工作几乎完全交给了恩格斯，但是，他却始终保持着对于哲学与政治经济学关系问题的高度自觉。在他看来，这一问题本身就是哲学与现实之间的张力在唯物史观语境中的具体呈现。也正因如此，马克思才没有陷入实证的"科学"态度，而是为经济事实建立起了批判性的"哲学"话语。

① 《马克思恩格斯文集》第 8 卷，人民出版社，2009，第 29 页。
② 《马克思恩格斯文集》第 5 卷，人民出版社，2009，第 16 页。

四　马克思是否实现了自己的哲学观

同样值得我们注意的是，在对马克思的哲学观与马克思哲学的相互关系的考察中，某些研究者则否认了二者之间的本质关联。在他们看来，马克思的哲学观或马克思关于"如何做哲学"的论述，充其量只是一种理论宣言或表态；在实际的、具体的哲学创造过程中，马克思不仅没能兑现自己在元哲学层面上的承诺，反而还在一定程度上重新坠入了传统哲学的理论套路。当然，持这种观点的研究者并非笼统地质疑马克思的哲学观的实现，而是将批判的矛头专门指向了实践唯物主义的哲学观与政治经济学批判二者的脱节，他们认为，马克思的哲学观中的最大悖论就体现在这里。

我们看到，上述研究者也是从"实践"的哲学观意义出发来展开论述的。他们指出，马克思借助这一概念所要强调的，乃是哲学必须走进现实的、历史的、具体的社会情境，而不是抽象的、一般的谈论对象。应当承认，这种对于实践唯物主义的哲学观的理解基本上还是符合马克思的原意的。然而，他们却由此断言：以现实的历史性和具体性来反对抽象的一般性的哲学观意图绝不是说一说就能做到的，随之而来的将是更为难解的问题。其之所以如此，是由于"具体的生活、经验在理论上无法自己言说和表达，其言说和表达势必经过理论的抽象。在经过理论抽象时，经验具体要转换成思维具体。可这并不容易做，倒是具体经验、生活的言说常常滞留于抽象的一般概括"①。他们相信，即使是马克思的政治经济学批判，也不可避免地分享了这样的命运，因为它同样保留了一个"一般、永恒和抽象的维度"。例如，萨林斯就曾评论道："在马克思那里，真正的中介因素是有效生产的理性的、物质的逻辑，理性为了实现它自身的意图而运用着这种逻辑，不管这些意图究竟具有什么样的历史特征。"②尽管萨林斯是站在文化人类学的立场上作出上述判断的，但这一判断也从一个侧面指证了马克思哲学中现实化诉求和抽象化内容之间的张力。他甚至认为，马克思的有效生产的逻辑"会再次化身为起

---

① 刘森林：《实践的逻辑与哲学终结论的困境》，《现代哲学》2002 年第 3 期。

② 〔美〕萨林斯：《文化与实践理性》，赵丙祥译，张宏明校，上海人民出版社，2002，第 174 页。

具体作用的意识形态，以便维护既定类型的阶级统治"①。

无独有偶，后马克思主义者也把马克思的唯物史观描绘为一种不具有经验现实性的抽象本质论，并认为这种历史观违背了他关于具体性和特殊性的承诺。他们指出："社会的多样性不可能通过中介体系被理解，'社会秩序'也不能被理解为根本原则。社会没有被缝合的特别空间，因为社会本身没有本质。"② 如果上述说法成立的话，那么，当马克思把"经济""理性""生产""发展"等都视为天经地义的东西，并赋予它们以一般性和永恒性的时候，他实际上是抽象出了一种并不存在的社会本质。又由于"经济""理性""生产""发展"等事实上只是资本主义时代所特有的信念，所以马克思对于它们的扩大化运用无疑将削弱他的政治经济学批判的理论力度。

最后，否认马克思实现了自己的哲学观的研究者还分析了这一"悖论"产生的根源。仍然以刘森林为例，在他看来，马克思之所以会在社会历史领域反对传统哲学意义上的绝对真理，就是因为他发现了"实践的自悖性与自否性"，意识到世界不可能按照理性和逻辑规则运转。但是，马克思却并没有将这种偶然的、随机的经验论贯彻到底，而是把人类实践放置在启蒙理性主义的框架内进行了一种必然论式的处理。刘森林强调，马克思所说的"现实"终究是要由理性来保障的，而这也就使得他"最终肯定了实践的自否性和自悖性会被完善的现代性所消解，从而设定了历史的圆满结局"③。

那么，我们又应当如何看待这种否定马克思的哲学观的实现的观点呢？笔者认为，持这一观点的研究者的最大失误就在于仅仅从字面上理解马克思所说的"真正的实证科学"，并据此将他的理论意图判定为对具体的经验现实的无条件的开放。他们没有看到，马克思不论如何强调现实性、历史性和具体性，这些要求却始终都具有哲学的批判性和超越性的底色。也就是说，只有首先明确了马克思的政治经济学批判所具有

① 〔美〕萨林斯：《文化与实践理性》，赵丙祥译，张宏明校，上海人民出版社，2002，第 178 页。

② 〔英〕拉克劳、墨菲尚塔尔·墨菲：《领导权与社会主义的策略》，尹树广、鉴传今译，黑龙江人民出版社，2003，第 103 页。

③ 刘森林：《实践的逻辑与哲学终结论的困境》，《现代哲学》2002 年第 3 期。

的哲学属性，才能够理解他所要求的绝不是无条件、无中介地直接面对经济材料，而是从关于事物本质的合理抽象出发，批判地面对历史现实。从这个意义上说，马克思哲学完全不必讳言"本质"和"抽象"，因为正是它们的存在保证了理论对于现实的能动反映和超越维度，而不是停留于事物的表面形式。当然，政治经济学批判所由以出发的"本质"和"抽象"又根本不同于黑格尔随意剪裁现实的思辨逻辑，逻辑与历史相统一的原则表明，它们都只是现实的"历史过程在抽象的、理论上前后一贯的形式上的反映"[①]。例如在《资本论》中，马克思便是从劳动价值论这一本质性观点出发，以生产价格理论为中介，对资本主义经济现象展开分析的。

除此之外，马克思哲学的超越维度的另一个来源则是他对于人的生存与发展的深切关注。尽管这一点看起来似乎也与现实性、具体性的要求不完全一致，但事实上，哲学的人本向度绝非仅限于外在的价值干预这一种形式；1845 年之后，马克思已经将对于人的解放和自由全面发展道路的探索置入了现实的社会历史研究之中。以广受萨林斯、鲍德里亚和阿伦特等人诟病的物质生产概念为例，如果对其只是从经验实证的角度来理解，并且进而把社会发展的全部内涵都沉降到生产力发展这一物质层面上，那么确实可以将马克思宣布为资产阶级意识形态的共谋者。但是，萨林斯等人却忽视了物质生产概念的哲学内涵，忽视了它所承载的人的发展的内容。借助于这一概念，马克思所要做的乃是从本体论层面上考察当下人的生存状况，从而揭示出人类由以物质生产为核心的"必然王国"迈向以自由个性为核心的"自由王国"的现实道路。

其实，有关马克思政治经济学批判的抽象性的质疑一点都不新鲜。早在《资本论》第一卷出版不久，便有实证主义者责备他"形而上学地研究经济学"，认为从叙述形式来看，"马克思是最大的唯心主义哲学家"[②]。针对这些质疑，马克思已经从研究方法和叙述方法的区别与统一的角度予以了回应。但是，每当他所主张的客观历史逻辑在新的历史境遇中遭遇挫折，上述质疑便会以改头换面的形式重新登场。而质疑者们

---

① 《马克思恩格斯文集》第 2 卷，人民出版社，2009，第 603 页。
② 参见《马克思恩格斯文集》第 5 卷，人民出版社，2009，第 19、20 页。

所要求的，则不过是在所谓"尊重历史的具体性和随机性"或"建构偶然性的话语逻辑"的名义下，将经验现实碎片化为毫无意义的事实材料的堆砌。例如，刘森林就主张把历史具体分析中的"复杂的逻辑全部成功地上升到哲学层面上"，以及"把自悖性自否性作为实践的重要维度纳入实践的逻辑之中"①。这些设想当然有可能实现，但是，经过这般"改造"的理论却无论如何都不再可能是哲学，更不可能是以人的自由解放为旨归的哲学了。

第三节　马克思的哲学观与马克思哲学革命

必须承认，从马克思的哲学观出发解读其哲学革命将是一项充满挑战性的工作。这不仅是由于一般意义上的哲学观与哲学的内在循环关系，更是因为人们对于"马克思实现了怎样的哲学革命"这一问题的回答作为一种马克思哲学观②的建构，本身就包含着元哲学层面的内容。也就是说，迄今为止的关于马克思哲学革命的众多探讨不论采取何种视角，都已经或多或少地涉及了本节的论题。因此，要想在这些已有的研究成果的基础上进一步凸显哲学观思路的意义，就必须将马克思哲学革命与马克思的哲学观的时代属性、基本内容和关键特征（见本书第三章）结合起来进行考察，从而突出他在"做哲学"方式上实现的变革。本节的研究或许不会有什么实质上的"新意"，但无疑将为我们从整体上反思马克思哲学提供一点有益的思路。

一　以历史生成论取代本体还原论

所谓本体还原论，就是将纷繁复杂的经验现象还原为某种具有统一性的原因或根据，直至找到那作为万物本原的终极本体。当然，这只是就本体还原论的研究过程或思考过程来说的，它在具体叙述时，则往往表现为一个从预设的本质之点出发展开理论体系，并由此推导出整个世界的过程。应当看到，传统哲学的本体还原论特征是与传统哲学观为哲

---

① 刘森林：《实践的逻辑与哲学终结论的困境》，《现代哲学》2002 年第 3 期。

② 关于"马克思的哲学观"与"马克思哲学观"的区别，本书已在导论部分中进行了说明。

学所设定的目标即绝对真理相适应的，也正是出于对绝对真理的执着，绝大部分传统哲学家都是按照本体还原论的方式来进行哲学思考的，唯一变化的是"终极本体"在他们那里经历了从单纯自然物到抽象观念，再到能动的绝对精神的递进。

　　然而，随着传统哲学的发展，本体还原论的缺陷也就逐渐暴露了出来：一方面，本体还原论所设定的终极本体具有一种逻辑上的预先完成性，它规定了宇宙万物只能有一种不可移易的本质；另一方面，本体还原论视野中的对象事物则被排除了任何实质性发展的可能，否则便无法与终极本体建立起内在的关联。总之，本体还原论代表了传统哲学中的既成论思维，即使黑格尔曾将发展和历史的观念引入哲学，却仍然无法改变传统哲学的既成论性质。其之所以如此，是由于黑格尔哲学中的宇宙秩序是预先筹划的，运动规律也是确定不移的，这样，整个世界就等于是在按照固定的范畴体系来发展演化。那么，又怎能说黑格尔摆脱了"本质先于存在"的思维呢？不过，他的哲学终究使本体还原论达到了它不可逾越的界限，从而为马克思哲学革命准备了条件。

　　如前所述，马克思对于哲学本身的思考从一开始便是与改造世界的意图密切相关的，而这也就决定了他的哲学不可避免地要同既成论思维、同本体还原论发生冲突。例如，马克思在博士论文中对于人的自由存在的论证本身就是为了打破"本质先于存在"的必然性束缚，在非决定论的意义上确立起世界的哲学化的可能。只不过在相当长的一段时间内，马克思并没有找到正确理解"存在先于本质"的方式，直到实践观点的确立，他才明确地将对象事物理解为现实的人的感性活动的产物。通过这一变革，马克思彻底消解了传统哲学视域中自然界和人类社会所具有的既定的、非历史的形象，突出了它们在现实的物质生产活动中的生成和发展。也正是在这个意义上，我们认为马克思哲学具有历史生成论的特征，而历史生成论在哲学中所达到的一个必然结论便是，任何事物的存在都是暂时的，人们应当为改变不合理的现实而斗争。具体来说，马克思对于本体还原论的批判和超越主要体现在以下两个方面。

　　其一，马克思否定了抽象的自然界，而主张在实践的语境中谈论人与自然界的相互作用。这意味着，自然界并没有既成的本质，只要人的感性的、对象性的活动不停止，自然界就将在其中连续不断地生成和改变着自身具体的、历史的形态。因此，针对费尔巴哈哲学所假定的人与自然界的无条件的和谐，马克思指出："感性世界决不是某种开天辟地以来就直接存在的、始终如一的东西，而是工业和社会状况的产物，是历史的产物，是世世代代活动的结果，其中每一代都立足于前一代所奠定的基础上，继续发展前一代的工业和交往，并随着需要的改变而改变他们的社会制度。"① 这就是说，人与自然界和谐与否只取决于当时具体的历史情境，而且，反倒是二者之间的"斗争"更能促进生产力在相应基础上的发展。总之，人与自然界并不是两种互不相干的事物，"先于人类历史而存在的那个自然界，不是费尔巴哈生活于其中的自然界；这是除去在澳洲新出现的一些珊瑚岛以外今天在任何地方都不再存在的、因而对于费尔巴哈来说也是不存在的自然界。"②

　　其二，马克思还破除了传统哲学对于人的本质的抽象的、固定化的理解，因为这种理解成立的前提便是将人降低为一种已完成的存在。我们看到，不论是鲍威尔的"自我意识"，还是费尔巴哈的"类意识"，从根本上来说都属于这种"内在的、无声的、把许多个人自然地联系起来的普遍性"。与此相反，马克思则否认存在一成不变的人的本质，并据此提出了基于"一切社会关系的总和"历史地考察人的本质的思路。在他看来，一切社会关系都是在人们的物质生产活动中结成的，因而人的本质归根结底要取决于当时物质生产的具体的、历史的性质。马克思写道："个人怎样表现自己的生命，他们自己就是怎样。因此，他们是什么样的，这同他们的生产是一致的——既和他们生产什么一致，又和他们怎样生产一致。"③ 他相信，只有这样才能把人的不断生成着的本质和存在方式揭示出来。与此同时，马克思还将这种历史生成论的哲学视野应用于对具体社会形态的考察。"手推磨产生的是封建主的社会，蒸汽磨产生的是工业资本家的社会。"④ 这一生动的例证表明，正是生产力的不断发展决定了人类社会面向未来的无限开放性，这当然不是政治经济学家将资本主义生产方式永恒化、自然化的做法所能阻挡的。

---

① 《马克思恩格斯文集》第 1 卷，人民出版社，2009，第 528 页。
② 《马克思恩格斯文集》第 1 卷，人民出版社，2009，第 530 页。
③ 《马克思恩格斯文集》第 1 卷，人民出版社，2009，第 520 页。
④ 《马克思恩格斯文集》第 1 卷，人民出版社，2009，第 602 页。

事实上，不论是本体还原论还是历史生成论，都有其哲学观上的根源。试想，传统哲学家如果不是把哲学仅仅当作一种求知活动，把绝对真理视为"一经发现就只要熟读死记的教条"，又怎会满足于对世界的一劳永逸的解释？同理，马克思之所以要求哲学把整个人类世界理解为生生不息的创造过程，从而在本体论上确立起超越现实的可能性，则是因为在他看来，哲学本身就是改造社会的实践活动的一部分。诚然，马克思哲学也在与事物的表现形式相对的意义上强调事物的本质，但这种"本质"是在现实的社会历史研究中确定的、反映事物阶段性特征的合理抽象，丝毫不具有本体还原论意义上的先定性和绝对性。也正因如此，在马克思那里，哲学必须随着现实生活和实践活动特点的变化而更新自身的形式与内容，以一种同样具有生成性的存在方式不断保持与时代精神的契合。

二　以开放的理论视野取代封闭的话语体系

随着马克思哲学革命中历史生成论对于本体还原论的取代，哲学在形式方面也必然要发生相应的变化。我们知道，传统哲学观对哲学的形式有着明确的体系化要求，而这一要求无疑又是与本体还原论的思维联系在一起的。也就是说，正是由于预设了一成不变而又至高无上的本体，哲学才有可能从这一本质之点出发展开推论，从而建构起囊括宇宙万物的理论体系。这些体系或许层次分明、逻辑严密，却有着一个根本的缺陷，即理论上的静态性和封闭性。因此，传统哲学往往既不承认对象事物处在充满偶然性的变动和生成之中，也无法容纳现实世界中出现实质意义上的新变化，而只是将随后的历史发展当作对已有结论的再次确证。即便是像黑格尔这样的辩证法大师，最终也难免为了保全体系而背叛了自己的方法。

与传统哲学封闭的话语体系不同，历史生成论的思维则赋予了马克思哲学以一种开放的理论视野。可以说，当马克思第一次试图使哲学与现实世界的变革发生关联的时候，他便已经明确意识到：体系的封闭性必然会使哲学对现存世界的解释转化为对现存世界的辩护。例如，在黑格尔那里，从一开始就被设定好了的精神异化的扬弃由于丝毫不涉及现实的改变，反倒成了最露骨的保守主义。因此，马克思主张哲学摒弃那种来自绝对真理和确定秩序的诱惑，转而倾听实践的呼声，并随着实践的发展而不断更新自身的形式和内容。事实上，马克思哲学也正是这样做的，它以不断深入而又与时俱进的社会历史研究向无产阶级表明，人的解放和自由全面发展的可能性就掌握在他们自己手中。

现在的问题是，我们又应当如何理解马克思哲学在开放的理论视野中所具有的形态呢？不少研究者认为，正是在与体系完全相对的意义上，马克思将哲学变为一种"科学的革命的方法论"。他们援引恩格斯的话指出："马克思的整个世界观不是教义，而是方法。它提供的不是现成的教条，而是进一步研究的出发点和供这种研究使用的方法。"① 应当承认，这一观点有助于避免马克思哲学的公式化；甚至可以说，由于时代境遇的转换，马克思哲学在我们今天最有意义的内容便是研究方法这一块。但是，上述观点无论如何都忽视了马克思哲学在面向现实开放的过程中所取得的具体成果，忽视了政治经济学批判作为哲学关注现实、干预现实的理论典范所具有的重要意义。也就是说，我们应当看到，历史唯物主义的方法本身只表明了一种哲学面向现实开放的可能性，而马克思并没有停留于这种抽象的可能性。

具体来说，马克思哲学的开放的理论视野既具有共时性，又具有历时性。所谓共时性，就是指马克思哲学向同时期的各门人文学科和社会科学开放。我们知道，马克思的社会历史研究在大多数情况下并不是通过直接的经验考察，而是以其他学科的研究成果为中介来完成的。因为在他看来，像政治经济学、历史学、人类学这样的学科在获取事实材料、进行初步理论概括等方面都是可取的，哲学向它们开放也就等于间接地向社会历史现实开放。当然，马克思哲学并没有停留于这些学科的水平，而是以自身所特有的批判性眼光和辩证法思维揭示出了隐藏于事实材料背后的更为深刻的东西。相比之下，以"科学的科学"自居的传统哲学则只能外在地谈论其他学科，或将它们一劳永逸地纳入自身的封闭体系之中。诚然，马克思哲学也有自己的范畴体系，例如在政治经济学批判中，它就表现为一个关于资本主义经济结构和社会发展的理论体系。但是，这种范畴体系作为合理抽象的结果，是在对现实问题特别是在对具

---

① 《马克思恩格斯文集》第10卷，人民出版社，2009，第691页。

体的社会形态的分析中形成的，因而与传统哲学的绝对体系有着本质的区别。

所谓历时性，则是指马克思哲学向现实世界中的新情况和新问题开放。19 世纪 70～80 年代，西方资本主义的全球化扩张已经摧毁了东方传统的社会结构，从而把整个世界都卷入了现代化的运动之中。在这样的时代背景下，东方民族的历史命运及其对无产阶级世界革命的意义，便成为马克思哲学所要回答的重大问题。毫无疑问，马克思反对把他关于西欧资本主义的研究变成"一般发展道路的历史哲学理论"强加于东方国家，因为在他看来，只有深入于具体的历史现象之中加以研究，才能真正找到理解这种现象的钥匙。于是，晚年马克思全面转向了东方社会研究，不论是他所作的人类学笔记、历史学笔记，还是他对于俄国、印度等落后国家发展的特殊道路的思考，从根本上来说都是为了揭示世界历史发展的规律，并据此回答人的解放在资本主义全球化时代何以可能的问题。尽管在逝世之前，马克思终究没能来得及系统地阐发其东方社会理论，但是，他在哲学研究中所体现出的这种自我更新、自我超越的理论精神和开放态度已经鲜明地区别于了一般意义上的历史哲学——"这种历史哲学理论的最大长处就在于它是超历史的"①。

此外，马克思哲学的开放的理论视野还表现为一种不同于传统哲学的言说方式。以 1846 年 12 月 28 日致安年科夫的信为例，马克思在其中写道："在人们的生产力发展的一定状况下，就会有一定的交换〔commerce〕和消费形式。在生产、交换和消费发展的一定阶段上，就会有相应的社会制度形式、相应的家庭、等级或阶级组织，一句话，就会有相应的市民社会。有一定的市民社会，就会有不过是市民社会的正式表现的相应的政治国家。"② 不难发现，在这段话中马克思反复使用了"一定的"这一修饰语来规定具体的历史情境，因为他相信，"人们借以进行生产、消费和交换的经济形式是暂时的和历史性的形式"③。当然，这样的例子在《德意志意识形态》等著作中也比比皆是。它们共同表明，恰恰是"一定的"这种看似不经意的言说方式，凸显了马克思哲学主动地

①　《马克思恩格斯文集》第 3 卷，人民出版社，2009，第 467 页。
②　《马克思恩格斯文集》第 10 卷，人民出版社，2009，第 42～43 页。
③　《马克思恩格斯文集》第 10 卷，人民出版社，2009，第 44 页。

向现实和历史保持开放的态度。在马克思那里，哲学已不是在无限还原的基础上，对于绝对真理的独断，而是在充分尊重社会历史现实的复杂性和偶然性的基础上，对于最一般的规律的有条件的叙述。

三　以人的生活世界取代思辨的理性王国

也正是在面向社会历史现实的研究中，马克思发现了为传统哲学所完全忽视的人的生活世界，从而使哲学在思辨的理性王国之外找到了真正发挥其现实作用的领域。当然，要理解这一革命性的变革，就必须从传统哲学所置身的思辨的理性王国说起。黑格尔曾经说过："真理的王国是哲学所最熟习的领域，也是哲学所缔造的，通过哲学的研究，我们是可以分享的。"[1] 而他所谓的"真理的王国"，便是指理性以思辨的方式在人的头脑中所建构起来的概念体系。那么，这是否意味着黑格尔等传统哲学家从一开始就无视整个现实世界的存在呢？事实并非如此。他们当然知道现实世界的存在，但同时却拒绝承认现实世界的真实性和本质性。也就是说，在他们看来，只有思辨的哲学式考察才构成对于现实世界的最为本质也最为真切的观照，现实世界的"绝对真理"只存在于抽象的观念和意识之中。于是我们看到，传统哲学按照"解释世界"的路向将现实变成了观念和意识的产物，从而完成了思辨的理性王国对于现实世界的统治。

但是，如果把哲学的使命定位为"改变世界"，那么思辨的理性王国的虚妄性也就暴露了出来。尽管马克思早年也曾一度接受过黑格尔主义以思想革命取代现实斗争的幻想，但是，现实的政治经验和对于哲学与现实关系问题的高度自觉使他意识到：世界的改变终究离不开人们物质性的实践活动，如果滞留于思辨的理性王国，那么变革的意图充其量只能表现为以某种新的方式去理解和说明现存的世界，因而也就是以新的方式承认了现存的世界。也正因如此，马克思哲学走进了比思辨的理性王国更为根本的人的生活世界，并在这个现实的物质领域中展开了对于人的解放的现实可能性的探求。关于这一转变的必要性，马克思写道："全部社会生活在本质上是实践的。凡是把理论引向神秘主义的神秘东

---

① 〔德〕黑格尔：《小逻辑》，贺麟译，商务印书馆，1980，第35页。

西，都能在人的实践中以及对这种实践的理解中得到合理的解决。"①
"不是意识决定生活，而是生活决定意识。"② 这些论断表明，思辨的理
性王国只是人的生活世界的一种异化形式，传统哲学虽然也会时时由此
"降到人间"，但终究只能外在地、抽象地谈论现实事物。只有将思想真
正切入人的生活世界，哲学才算是回到了自己的家园。

　　具体来说，马克思意义上的"人的生活世界"主要具有以下三点
特征。

　　第一，前反思性。这就是说，人的生活世界的存在并不依赖于任何
理性的思辨，早在哲学家们以概念的、逻辑的和反思的方式思考世界、
建构体系之前，现实的个人便已经在这个世界中展开了自身的活动。这
一情形有如马克思所言："人们为了能够'创造历史'，必须能够生活。
但是为了生活，首先就需要吃喝住穿以及其他一些东西。"③ 这些物质性
的活动虽然历来为哲学家们所不齿，却构成了"一切历史的第一个前
提"，因而具有一种存在论上的本原意义。可见，恰恰是人的生活世界的
存在，才使得构造思辨的理性王国的"纯粹活动"成为可能。当然，生
活世界又不仅限于物质性的生产活动，而是指人的全部现实存在，其中
自然也包括了意识、思维等精神创造。从这个意义上来说，人的生活世
界是一个比思辨的理性王国广阔得多也根本得多的世界，又怎么可能被
还原到理性的知识构造之中呢？

　　第二，主客统一性。如前所述，传统哲学所采取的是一种主体和客
体二元对立的思维方式，而这也就决定了它总是将现实世界抽象地割裂
为人与自然这两个互不相干的部分，似乎从来不会有人化的自然和自然
化的人。于是，类似于"人的思维是否具有客观的真理性""实体和自
我意识何者更为根本"等一系列高深莫测的哲学问题也就随之产生了。
与此相反，马克思则是按照人与自然相统一的原则来看待人的生活世界
的。例如在《1844年经济学哲学手稿》中，他便已经发现了工业活动对
于消解人与自然对立的假象的重大意义。不过，只是随着实践的思维方
式的确立，马克思才真正将人的生活世界奠基于人与自然的相互作用

　　①　《马克思恩格斯文集》第1卷，人民出版社，2009，第501页。
　　②　《马克思恩格斯文集》第1卷，人民出版社，2009，第525页。
　　③　《马克思恩格斯文集》第1卷，人民出版社，2009，第531页。

之上。在这一世界中，任何事物在具有客观实在性的同时也表现为主体实践活动的结果，即人的本质力量的对象化。马克思相信，只要这样理解事物，"任何深奥的哲学问题……都可以十分简单地归结为某种经验的事实"①。

第三，历史生成性。对于传统哲学而言，思辨的理性王国无疑是现实世界的意义来源，预先地规定好了后者的本质和发展。而这样一来，现实世界中的个人也就难免成为某种被动的客体，只能无所作为地面对着这个按照既定的范畴体系运动发展的世界，因为他们的一切活动都只能作为绝对真理的注脚。针对这种观点，马克思哲学以基于实践的历史生成论予以了反驳，从而证明了人的生活世界是在人们的实践活动中历史地生成的，不可能被任何预定的目的或意义所束缚。当然，人们也"并不是随心所欲地创造，并不是在他们自己选定的条件下创造，而是在直接碰到的、既定的、从过去继承下来的条件下创造"②，这种既定的条件（如一定的生产力水平）就是"人们自己创造自己的历史"的前提。马克思对此的强调绝不是为了否定人的自我生成，而只是要为人的生活世界的历史生成性确立一个现实的物质基础。

最后需要指出的是，在马克思那里，"人的生活世界"不论怎样区别于思辨的理性王国，但终究是一个哲学的概念。也就是说，这一概念并不能被简单地理解为直观意义上的现存世界，它并不意味着马克思对现存世界的无条件的接受与肯定。与胡塞尔晚年所倡导的"生活世界"类似，马克思语境中的"人的生活世界"也只有在颠覆理性形而上学和复归人的存在之根的意义上才有其正面的、肯定性的形象。而如果就其在19世纪西欧的具体呈现，即人的受奴役的状态而言，则无疑是一个并不适宜生活的生活世界。"物的世界的增值同人的世界的贬值成正比。"③这一命题表明，资本主义条件下的"人的生活世界"尽管依然具有前反思性、主客统一性和历史生成性，尽管依然保留着相对于思辨的理性王国的先在性，但现实的人们在其中却体会不到任何的家园感。于是，这样的一个世界自然也就成为有待被扬弃的否定性存在。

---

① 《马克思恩格斯文集》第1卷，人民出版社，2009，第528页。
② 《马克思恩格斯文集》第2卷，人民出版社，2009，第470~471页。
③ 《马克思恩格斯文集》第1卷，人民出版社，2009，第156页。

四　以现实的社会实践取代思维中的理性批判

一般来说，任何哲学都内在地具有一种批判性和超越性。但是，如何以哲学的这种批判性推动现实世界的变革，传统哲学家和马克思却有着迥然不同的看法。首先需要确定的一点是，即便是传统哲学家，也不会把一百塔勒的单纯概念同口袋里的一百塔勒混为一谈，他们在主观上同样希望实际地变革世界、将哲学的批判性思想从理论转移到现实中去。特别是在青年黑格尔派的哲学家那里，这种意愿还突出地表现为对于宗教和专制制度的猛烈批判。然而，在马克思看来，这种哲学的批判不过是"要求用另一种方式来解释存在的东西，也就是说，借助于另外的解释来承认它"；也正因如此，"青年黑格尔派的意识形态家们尽管满口讲的都是所谓'震撼世界的'词句，却是最大的保守派。"① 如果马克思的评论是恰当的，那么，原本具有现实的变革意图的传统哲学为何仅仅是在"为反对词句而斗争"，从而最终也没能走出"解释世界"的知识论路向呢？

对于上述疑问的解答，同样需要联系传统哲学观为哲学所设定的目的，即绝对真理。因为正是绝对真理的本原性、自足性和永恒性使传统哲学产生了这样一种信念，即理论可以超越生活，在生活之外建构起自己的理性王国，并由此实施对于现实世界的统治。而这样我们也就不难理解，以青年黑格尔派为代表的传统哲学家何以会天真地认为：只要通过哲学的批判使人们摆脱"虚假的"观念、幻象和教条，当前的现实便会立即崩溃。可以说，正是由于在自身的定位问题上抱有不切实际的乐观态度，传统哲学才会赋予思维中的理性批判以绝对的意义，并最终将现实的变革意图局限在了纯粹的思想领域。不过，我们也要看到，传统哲学的变革意图在现实中的落空并非只具有讽刺意味，在其不切实际的乐观态度中，毕竟包含着一个极为重要的思想成果，即思维和存在（哲学和现实、理论和实践）的同一性原则。而这一原则在黑格尔主义中的明确表达，更是直接地影响了马克思的哲学观的形成。

这就是说，一方面，马克思与传统哲学家不同，他从一开始便关注

① 《马克思恩格斯文集》第 1 卷，人民出版社，2009，第 516 页。

着哲学和现实、理性的批判和物质的环境之间双向的而不是单向的联系。在他看来，理论并不能真正超出生活，在生活实践之外找到自己的立足点；因此，"改变世界"终究是一个现实的历史活动，而不仅仅是思想活动。例如在《神圣家族》中，马克思就曾明确指出："思想永远不能超出旧世界秩序的范围，在任何情况下，思想所能超出的只是旧世界秩序的思想范围。思想本身根本不能实现什么东西。思想要得到实现，就要有使用实践力量的人。"① 而另一方面，马克思又接受了传统哲学中哲学与现实的同一性原则。这使他意识到，哲学不仅不在世界之外，而且本身就是生活实践的一种特殊形式，因此，由哲学发动的 "'思想形式的革命'是整个社会现实革命过程的一个客观的组成部分"②。从这个意义上说，青年黑格尔派的批判活动也并非毫无意义，但是，他们的知识论立场已经注定了哲学与现实的社会实践的脱节。与之形成鲜明对比的是，马克思哲学既实现了同无产阶级的革命实践的有效对接，又没有将"改变世界"完全等同于物质变革或纯粹的经济行动，而这无疑得益于他对黑格尔主义的批判性继承。

　　笔者认为，上述两方面考察将有助于我们正确理解马克思哲学以现实的社会实践取代思维中的理性批判的意义。其之所以如此，是由于在目前关于马克思哲学革命的探讨中，有不少研究者主张将其概括为"从理论哲学到实践哲学的跃迁"。应当承认，这样的概括并没有太大的问题，但其成立的前提条件则是对于"实践哲学"概念本身的澄清。事实上，围绕着这一概念产生了很多并不十分恰当的理解，比如将其理解为"以实践为研究对象的哲学"，或"强调理论在实践中应用的哲学"，以及"按照实践的观点来进行思考的哲学"，等等。在上述三种理解中，第一种理解无法使马克思哲学区别于先前的社会历史哲学，因为洛克、卢梭和黑格尔等人都曾对人的社会实践进行过深入的研究；第二种理解则模糊了马克思哲学同青年黑格尔派哲学的界限，因为鲍威尔、施蒂纳等人同样强调理论对于现实的颠覆；第三种理解相对来说最为接近马克思的原意，但仍然无法充分说明哲学向革命的实践过渡的必然性。

---

① 《马克思恩格斯文集》第 1 卷，人民出版社，2009，第 320 页。
② 〔德〕柯尔施：《马克思主义和哲学》，王南湜、荣新海译，张峰校，重庆出版社，1989，第 10 页。

因此，我们有必要按照上文所提到的思路来重新理解"实践哲学"：一方面，确立实践相对于理论的优先性地位，不论是在主观意图还是在客观效果上，都把"使现存世界革命化，实际地反对并改变现存的事物"① 作为哲学活动的目标，从而彻底区别于传统哲学；另一方面，重视哲学的批判作为一种意识形态斗争的实践意义，避免像某些第二国际理论家那样将哲学盲目地等同为脱离实践的空想。当然，这里所说的哲学已不是从绝对真理出发的思维中的理性批判，而是具备了实践的观点并且同具体的社会科学相结合的新哲学了。也只有具备了这样的认识，我们才能真正把握到从理论哲学到实践哲学的重大变革，以及马克思所倡导的现实的社会实践同哲学的内在统一关系。

不难发现，这种理解马克思哲学革命的思路所遵循的，正是贯穿马克思的哲学观的整个历程的主线，即哲学与现实（理论与实践）的关系问题。借助于对这一问题的不断深入的思考，马克思哲学不仅超越了传统哲学，而且也超越了继续以理论哲学形态存在的现代西方哲学。关于后一点，本书在第三章第三节中已作过说明，因而这里就不再赘述了。总之，在有关马克思哲学革命的考察的尽头重新发现了马克思的哲学观的核心问题，这本身就是对哲学观与哲学内在循环关系的最好证明。

---

① 《马克思恩格斯文集》第 1 卷，人民出版社，2009，第 527 页。

第五章　马克思的哲学观的理论回响与当代意义

马克思的哲学观不仅直接影响了马克思本人的哲学创造活动，而且也始终启发和引导着不同时代、不同民族的马克思主义者对于哲学本身的思考，从而保证了马克思主义哲学能够在新的历史境遇和各国的具体实际中继续作为一种"改变世界"的思想力量。因此，可以说马克思的哲学观构成了维系马克思主义哲学"家族相似性"的重要纽带，并且在规范马克思主义哲学发展的方面发挥着自身前提性和基础性的作用。即使是对于当代中国马克思主义哲学研究而言，马克思的哲学观也同样具有借鉴意义。

第一节　马克思的哲学观所开启的马克思主义的哲学观①

马克思的哲学观作为进行哲学研究工作的指南，其最重要的意义并不在于发现了关于哲学本身的真理，而在于提示了一种从哲学与现实的关系出发来思考哲学本身的思路。也正因如此，其后的马克思主义理论家才可能在遵循这一思路的前提下，继续对一系列元哲学问题展开富有个性的研究，从而在马克思的哲学观的基础上发展出了更为丰富多彩的马克思主义的哲学观思想。

一　恩格斯：哲学的世界观意义

众所周知，在马克思主义哲学发展史上，恩格斯同马克思一样具有

---

① 与"马克思的哲学观"和"马克思哲学观"的区别类似，这里所说的"马克思主义的哲学观"亦不同于"马克思主义哲学观"。其中，"马克思主义的哲学观"是指马克思主义理论家对于哲学本身的思考，而"马克思主义哲学观"则是指（不明主体）对于马克思主义哲学本身的思考。当然，二者之间存在密不可分的关联。

创始人的地位。但是，这并不意味着两人在具体的哲学观点和哲学研究的理路上完全一致。相反，恩格斯正是在与马克思不尽相同的理论领域中，以富有个性特征的方式充实和完善了马克思主义哲学。显然，这样的差异也存在于哲学观方面：与马克思高度重视哲学的实践意义不同，恩格斯则更为强调哲学的世界观意义。例如，他就曾在扬弃全部传统哲学的意义上，将自己与马克思共同创立的"现代唯物主义"称为一种世界观①。我们知道，所谓世界观，就是人们对于包括自然界、社会和人的思维在内的整个世界的一般看法和根本观点。因此，恩格斯在强调哲学的世界观意义的同时，事实上也就走向了对于自然界和人类思维中普遍规律的专门研究，从而与马克思在社会历史领域内的研究形成了互补的关系。具体来说，恩格斯的哲学观主要体现在以下几个方面。

（一）哲学基本问题

在《路德维希·费尔巴哈和德国古典哲学的终结》（以下简称《终结》）一文中，恩格斯指出："全部哲学，特别是近代哲学的重大的基本问题，是思维和存在的关系问题。"② 不可否认，这一命题在表面上的确具有一种知识论和独断论的外观。但是，如果联系恩格斯写作《终结》的时代背景，即黑格尔主义复活，以及各种形式的唯心主义哲学（如新康德主义、实证主义和庸俗唯物主义）在资产阶级知识分子和一部分社会民主党知识分子中日益流行，那么我们就会看到，恩格斯提出哲学基本问题理论的真实意图并不在于给哲学本身规定一个固化的解说模式，而在于论证实践唯物主义哲学产生的历史合理性。这一论证主要是通过哲学基本问题的两个方面来展开的。

哲学基本问题的第一个方面是思维和存在、精神和自然界何者为本原的问题。在恩格斯看来，尽管这一问题早在蒙昧时代就已经产生，甚至在中世纪的经院哲学中还起过巨大作用，"但是，这个问题，只是在欧洲人从基督教中世纪的长期冬眠中觉醒以后，才被十分清楚地提了出来，才获得了它的完全的意义。"③ 也就是说，世界本原问题在近代哲学中的

---

① 参见《马克思恩格斯文集》第9卷，人民出版社，2009，第146页。
② 《马克思恩格斯文集》第4卷，人民出版社，2009，第277页。
③ 《马克思恩格斯文集》第4卷，人民出版社，2009，第278页。

明确提出从一开始就带有宗教批判的意味，因为直到此时，人们才真正能够设想世界并非神创的可能性，并诉诸理性的力量来解决这一问题。而根据与宗教神学决裂程度的不同，哲学家在世界本原问题上也就分化成为两大阵营："凡是断定精神对自然界说来是本原的，从而归根到底承认某种创世说的人……组成唯心主义阵营。凡是认为自然界是本原的，则属于唯物主义的各种学派。"① 由此可见，唯心主义哲学无论取得过怎样辉煌的思想成果，但在本原问题上终究还是没能超出基督教的结论，因而不可能真正克服宗教神学；与此相反，唯物主义哲学则通过强调自然的本原性，否定了宗教神学的基本观点。这样，恩格斯便通过哲学基本问题的第一个方面，完成了对于近代唯物主义哲学产生的历史合理性的论证。

哲学基本问题的第二个方面是思维和存在的同一性问题，即人的思维能否认识现实世界。恩格斯指出："绝大多数哲学家对这个问题都作了肯定的回答。"② 但是，如何论证人的思维对于现实世界的认识是坚实可靠的呢？这个问题是所有主张可知论的哲学家都没能真正解决的。即使是黑格尔，也只是徒有其表地进行了一番形式上的论证。因为在他那里，人们所要认识的现实世界本身就是在绝对观念的发展中逐步实现的思想内容，因而必然会由此得出思维和存在同一的结论。也正因如此，以休谟和康德为代表的"不可知论者"才会在哲学史上同样占有一席之地，他们否认认识世界的可能性，或者至少是否认彻底认识世界的可能性。恩格斯写道："对这些以及其他一切哲学上的怪论的最令人信服的驳斥是实践，即实验和工业。既然我们自己能够制造出某一自然过程，按照它的条件把它生产出来，并使它为我们的目的服务，从而证明我们对这一过程的理解是正确的，那么康德的不可捉摸的'自在之物'就完结了。"③ 不难发现，恩格斯在这里表述了与马克思《关于费尔巴哈的提纲》第二条类似的观点，即人的思维的正确性不可能以逻辑的方式得到证明；只有超出理论的范围，进入改造世界的实践活动中，才有思维的现实性或非现实性可言。因此，可以说，恩格斯通过哲学基本问题的第二个方面

---

① 《马克思恩格斯文集》第 4 卷，人民出版社，2009，第 278 页。
② 《马克思恩格斯文集》第 4 卷，人民出版社，2009，第 278 页。
③ 《马克思恩格斯文集》第 4 卷，人民出版社，2009，第 279 页。

所要论证的，正是哲学中的实践观点的历史合理性。

综合上述两个方面，我们就会看到，恩格斯心目中解决哲学基本问题的典范只能是兼具唯物主义立场和实践观点的哲学，而这无疑便是他和马克思共同创立的"新唯物主义"。恩格斯的这一论证过程表明，"哲学基本问题"既是一个哲学观的论题，但更是一个哲学史的论题。因此，只有结合哲学史的视角，重视恩格斯所强调的"近代哲学"这一限定语，我们才能避免对哲学基本问题理论的简单化、片面化的理解。

（二）"扬弃"哲学

与马克思一样，恩格斯也在哲学研究中表现出了对于传统哲学的强烈否定态度。所不同的是，马克思在很大程度上是将哲学的"终结"等同为哲学的现实化（前期）或现存世界整体的革命化（后期），而恩格斯则更多的是从认识论的角度论证了"扬弃"哲学的必要性和可能性。

首先，基于对人的认识的有限性和无限性的辩证理解，恩格斯断言"哲学在黑格尔那里完成了"。需要注意的是，这里所说的"哲学"并不是一般意义上的哲学或哲学本身，而是那种自以为掌握着终极正确而又无所不包的绝对真理的传统哲学。而之所以说黑格尔完成了这个意义上的哲学，就是由于他虽然建构起了哲学史上最宏伟、最完善的体系，却无法克服体系的封闭性与历史的无限发展之间的矛盾，从而暴露了传统哲学观给哲学提出的任务，即绝对真理的全部虚妄性。在恩格斯看来，既然认识的无限性只能在无数代人的不断的认识过程中实现，那么所谓绝对真理"无非就是要求一个哲学家完成那只有全人类在其前进的发展中才能完成的事情"①，而这显然是不可能的。因此，后黑格尔时代的哲学必须把绝对真理撇在一边，"而沿着实证科学和利用辩证思维对这些科学成果进行概括的途径去追求可以达到的相对真理"②。

其次，恩格斯还专门探讨了自然哲学的"取消"问题。在他看来，这一工作的必要性就在于马克思的唯物史观已经彻底否定了历史哲学，因而相应地，也需要将哲学从自然界的领域中驱逐出去。恩格斯指出，

---

① 《马克思恩格斯文集》第 4 卷，人民出版社，2009，第 273 页。
② 《马克思恩格斯文集》第 4 卷，人民出版社，2009，第 273 页。

过去的自然科学尚不足以将自然界作为一个有联系的整体来认识，因而人们往往需要自然哲学以系统的形式描绘出一幅自然界联系的清晰图画。然而，自然哲学所能做的不过是"用观念的、幻想的联系来代替尚未知道的现实的联系，用想象来补充缺少的事实，用纯粹的臆想来填补现实的空白"①。即使在这一过程中，自然哲学确实提出了某些天才的思想，或预测到了一些后来的发现，但终究无法消除自身的臆测性。只是随着19世纪自然科学的"三大发现"和其他重大进步的取得，人们才第一次有可能依靠经验科学本身所提供的事实考察自然界中的辩证联系，并由此得出一个令人满意的"自然体系"。而这样一来，"自然哲学就最终被排除了"。

总之，恩格斯的结论是：哲学被"扬弃"了。这意味着，哲学"按其形式来说是被克服了，按其现实的内容来说是被保存了"②。具体来看，恩格斯所说的被克服了的形式无疑是指哲学作为"凌驾于其他一切科学之上的特殊科学"而具有的体系，因为哲学借以获得这一形象的专有任务，即认识世界的总联系，已经归到关于自然和历史的实证科学中去了；而恩格斯所说的被保存了的现实内容则是指哲学在其全部发展中取得的思想成果，其中一部分通过他和马克思的"拯救"而转变为现代唯物主义的世界观，另一部分则仍然留在哲学之中："在以往的全部哲学中仍然独立存在的，就只有关于思维及其规律的学说——形式逻辑和辩证法"③。由此我们可以看到，恩格斯的"扬弃"哲学的观点不仅不是针对哲学本身，而且，对于普遍规律和总体联系的强调决定了他事实上比马克思更为重视哲学以新形态的继续存在。那么，仅仅依据字面的表述便将恩格斯归入"哲学终结论者"的做法，便是大谬不然了。

（三）哲学与自然科学

如果说马克思为哲学走向现实找到的途径是与政治经济学相结合，那么，恩格斯则是通过哲学与自然科学的结合来实现哲学的现实化的。他相信，自然科学及其所推动的工业生产日益造就了资本主义生产关系

---

① 《马克思恩格斯文集》第4卷，人民出版社，2009，第300～301页。
② 《马克思恩格斯文集》第9卷，人民出版社，2009，第146页。
③ 《马克思恩格斯文集》第9卷，人民出版社，2009，第28页。

所不能容纳的现实力量，因此，只有深入于其中进行研究，哲学才能更全面地把握到"改变世界"的可能。而这样一来，哲学与自然科学的关系就成为恩格斯所要首先予以回答的关键性问题。

恩格斯认为，哲学与自然科学之间存在密切的相互作用：一方面，自然科学的进步和工业的发展带动了哲学的变革，这一点在近代哲学的发展中表现得尤为明显。他写道："在从笛卡儿到黑格尔和从霍布斯到费尔巴哈这一长时期内，推动哲学家前进的，决不像他们所想象的那样，只是纯粹思想的力量。恰恰相反，真正推动他们前进的，主要是自然科学和工业的强大而日益迅猛的进步。"① 另一方面，哲学也引导着自然科学的发展。近代自然科学已经通过经验研究积累了大量的实证材料，因而需要对这些材料进行系统的概括和整理，并在各个知识领域之间建立起正确的关系。"于是，自然科学便进入理论领域，而在这里经验的方法不中用了，在这里只有理论思维才管用。"② 这就是说，自然科学本身并不足以完成从经验研究向理论科学的过渡，它必须求助于哲学。

也正是由于这两个方面的相互作用，哲学与自然科学在近代具有了某种结合的趋势。我们知道，马克思曾在《1844 年经济学哲学手稿》中探讨过类似的问题，但是，他所提出的"自然科学和人的科学将是一门科学"的命题更多的是基于一种主客统一的生存论视角，并不同于恩格斯在这一问题上所采取的认识论视角。恩格斯认为，哲学与自然科学的结合既表现为这一时期的哲学家必须接受现代自然科学的成果，从而获得具有时代高度的思维形式；也表现为这一时期的自然科学家必须关心哲学上的一般结论，突破单纯的经验研究。当然，在这种相辅相成的关系中，恩格斯更为重视的是哲学对于自然科学研究的意义。因为他相信，自然过程的辩证性质已经决定了只有辩证法能够帮助自然科学走出形而上学的困境，转变为"自觉的辩证的自然科学"。

具体来说，自然科学需要在以下两个方面接受哲学的"支配"：一是把握时代的最高思维形式。恩格斯指出，理论的思维形式作为历史的

① 《马克思恩格斯文集》第 4 卷，人民出版社，2009，第 280 页。
② 《马克思恩格斯文集》第 9 卷，人民出版社，2009，第 435 页。

产物，在不同的时代具有完全不同的内容，而这也就决定了自然科学家在接受哲学时存在一个选择的问题。"对于现今的自然科学来说，辩证法恰好是最重要的思维形式，因为只有辩证法才为自然界中出现的发展过程，为各种普遍的联系，为一个研究领域向另一个研究领域过渡提供类比，从而提供说明方法"①。二是学习和了解哲学史。用恩格斯的话来说："认识人的思维的历史发展过程，认识不同时代所出现的关于外部世界的普遍联系的各种见解，对理论自然科学来说也是必要的，因为这种认识可以为理论自然科学本身所要提出的理论提供一种尺度"②。只有这样，才能避免哲学上在几百年前就已经提出并且在哲学界中早已被抛弃的一些命题在理论自然科学家那里作为崭新的知识而出现，甚至在一段时间里成为时髦。同样地，就正面意义而言，一定的哲学史修养也必然会使自然科学家得到某些有益的启示。

（四）与马克思的哲学观的比较

在马克思主义哲学史上，马克思和恩格斯的思想关系一直是一个耐人寻味的问题。其之所以如此，是由于在这一问题上曾出现过两种截然相反的观点：一种认为马克思、恩格斯的哲学思想是完全一致的，恩格斯的哲学著作有理由被视为理解整个马克思主义哲学的入门口；而另一种则认为恩格斯背离了马克思哲学的原意，把马克思主义哲学拉回到了一般唯物主义的水平。不过，为了避免以上两种观点的极端性和片面性，已经有越来越多的研究者倾向于以同一性前提下的差异性来解读马克思和恩格斯的思想关系，而这同样也是本书所持有的基本立场。那么，从哲学观的角度来看，二人思想的异同又有怎样的具体表现呢？

首先，就同一性的方面来说，马克思和恩格斯都是从否定绝对真理入手，消解了传统哲学观对于哲学的种种设定。在这一消解行动中，他们共同批判了具有终极性质的哲学体系，揭露了传统哲学中抽象的思维形式对于感性的现实内容的压制和取代。尽管有不少研究者认为恩格斯要为马克思主义哲学的不恰当的体系化负责，但正如恩格斯在《反杜林

---

① 《马克思恩格斯文集》第9卷，人民出版社，2009，第436页。
② 《马克思恩格斯文集》第9卷，人民出版社，2009，第436页。

论》序言中所澄清的那样①，这主要是出于批判杜林的体系哲学的需要。在超越传统哲学观的同时，马克思和恩格斯也都主张哲学回归现实生活世界，批判性地吸收其他各门学科的研究成果。至于有研究者质疑恩格斯的哲学基本问题理论限制了马克思主义哲学的意义，则是由于他们没有看到，作为马克思的哲学观的核心问题的"哲学和现实的关系"正是"思维和存在的关系"的具体化。

其次，我们也不应当忽视马克思和恩格斯在哲学观上的差异。事实上，本书在之前的几点考察中已经或多或少地涉及了这个问题，这些考察表明，他们二人在思考哲学本身时所采取的视角并不完全相同。与马克思相比，恩格斯的确在更大程度上保留了"哲学"与一般规律的直接相关性，而这也就决定了他并不满足于仅仅在社会历史领域中证实新唯物主义。但是，新唯物主义在自然界和人类思维中的证实却又不可避免地需要一种认识论的提问方式和研究方式，而这也就在一定程度上弱化了恩格斯的哲学观的革命性意义。除上文已经提到的内容外，马克思和恩格斯的哲学观差异还表现在以下两个方面。

其一，二人对哲学中辩证法的意义的理解不同。在马克思那里，辩证法主要是一种理解人对现存世界的能动作用的思维方法，表现为具有批判性和革命性的历史辩证法；因此，其最深刻的内容便是在本体论上对于"改变世界"的可能性的说明。与此不同，恩格斯则确认了自然辩证法相对于历史辩证法的优先地位，而这一点从他关于辩证法的定义中就可以看出来："辩证法不过是关于自然界、人类社会和思维的运动和发展的普遍规律的科学"②。这一命题表明，恩格斯所理解的辩证法主要是一种科学的思维方法，体现在自然科学和"历史科学"的认识论中。尽管恩格斯也强调辩证法与德国唯心主义哲学的关联，并且十分重视辩证法对于科学社会主义和阶级斗争的前提性意义③，但是，他的这样一种

① 恩格斯写道："本书所批判的杜林先生的'体系'涉及非常广泛的理论领域，这使我不能不跟着他到处跑，并以自己的见解去反驳他的见解。因此消极的批判成了积极的批判；论战转变成对马克思和我所主张的辩证方法和共产主义世界观的比较连贯的阐述，而这一阐述包括了相当多的领域。"（《马克思恩格斯文集》第9卷，人民出版社，2009，第10~11页。）

② 《马克思恩格斯文集》第9卷，人民出版社，2009，第149页。

③ 参见《马克思恩格斯文集》第3卷，人民出版社，2009，第495~496页。

理解已经明显区别于了马克思的观点，从而预示了日后马克思主义哲学内部两种理论传统的分流。

其二，与马克思相比，恩格斯更多地论述了哲学作为一种观念上层建筑的相对独立性。出于反驳论敌的需要，马克思和恩格斯在先前的历史唯物主义研究中一直是把重点放在经济方面，而相对忽略了对于其他因素的说明。为了弥补这一不足，恩格斯在晚年重新考察了上层建筑在整个社会有机体中的地位。具体到哲学，他指出："每一个时代的哲学作为分工的一个特定的领域，都具有由它的先驱传给它而它便由此出发的特定的思想材料作为前提。因此，经济上落后的国家在哲学上仍然能够演奏第一小提琴：18 世纪的法国对英国来说是如此（法国人是以英国哲学为依据的），后来的德国对英法两国来说也是如此。"① 与这种相对独立性相伴随的，则是哲学等意识形态对于全部社会发展的反作用，甚至是对经济发展的间接影响。不过，这并没有颠覆唯物史观的基本原理，因为在恩格斯看来，经济发展相对于这些领域的"最终的至上权利"仍然是确定无疑的。

二　19 世纪末 20 世纪初的马克思主义：哲学的方法论意义

19 世纪末 20 世纪初，为了适应西欧资本主义社会的新变化和工人运动的新发展，以及马克思主义世界化、民族化的需要，马克思主义理论家已不能固守于马克思、恩格斯的唯物史观理论，而必须重新阐述和发展唯物史观的原理。也正因如此，这一时期的马克思主义理论家大都把唯物史观区分为理论和方法两部分，希望以活的方法突破既成的理论而进行新的理论创造；有的理论家甚至把马克思、恩格斯的唯物史观完全等同于历史辩证法，并对这种方法本身进行了深入的研究。由此可见，这一时期的马克思主义理论家更为重视的是哲学的方法论意义，对于他们来说，哲学在很大程度上就是一种方法。

（一）作为哲学的辩证法

严格来说，对于辩证法的理解并不属于哲学观的内容。但是，这一时期的马克思主义理论家在哲学观上的方法论定向，因而他们的辩证法

---

① 《马克思恩格斯文集》第 10 卷，人民出版社，2009，第 599 页。

研究也部分地回答了"如何做哲学"的问题。

以罗莎·卢森堡为例。在她看来，辩证法应当具有一种总体性的范式，而所谓总体性，就是把社会的整个发展作为总体加以考察，按照"所论述的一切问题之间的最重要的辩证关系，从最全面的历史观点去阐明它们"①。也正是由于这种总体性，辩证法便不可能与政治经济学和科学社会主义相分离，它们共同构成了一门统一的关于社会发展的学说。卢森堡以马克思的政治经济学批判理论为范例指出："正是因为而且仅仅是因为马克思一开始就以社会主义者的立场，也就是用历史的观点去观察资本主义经济，所以他才能够解释资本主义经济的象形文字，正是因为他把社会主义的立场作为对资产阶级社会进行科学分析的出发点，他反过来才能科学地论证社会主义。"② 可见，卢森堡主张将辩证法作为贯穿于政治经济学和科学社会主义之中的"历史的观点"，用来揭示整体与部分、当下与未来的相互关系；同时将政治经济学作为辩证法的基本内容，将科学社会主义作为辩证法的理论立场。她相信，只有同这两个因素有机结合，辩证法才不再是抽象空洞的概念体系，而是兼具现实性和批判性的总体辩证法。事实上，卢森堡本人也正是按照这种总体辩证法进行研究，把世界历史看作由资本主义和非资本主义构成的结构性整体，才创立了资本积累理论。

与卢森堡不同，列宁则是从认识论的角度出发，强调辩证法必须具有客观实在性。其之所以如此，是由于在他看来，辩证法也有唯物主义和唯心主义之分，而唯心主义辩证法必然导致诡辩论："主观主义（怀疑论 13 和诡辩论等等）和辩证法的区别在于：在（客观）辩证法中，相对和绝对的差别也是相对的。对于客观辩证法说来，相对中有绝对。对于主观主义和诡辩论说来，相对只是相对，因而排斥绝对。"③ 不难理解，列宁在这里所说的"相对中有绝对"指的是承认发展中的事物的客观内容，而"相对只是相对""排斥绝对"则是说以事物的无限发展取消了其客观实在性。通过这种比较，列宁突出了辩证法应有的唯物主义性质，即与现实社会生活的活生生的联系。他相信，只有以此为前提，

①　《卢森堡文选》上卷，人民出版社，1984，第 403 页。

②　《卢森堡文选》上卷，人民出版社，1984，第 117 页。

③　《列宁专题文集 论辩证唯物主义和历史唯物主义》，人民出版社，2009，第 149 页。

辩证法关于历史发展的信念才能够真正体现在工人阶级的认识之中。

此外，列宁还提出了辩证法与逻辑学和认识论三统一的命题。他以马克思的理论工作为例，指出："在《资本论》中，唯物主义的逻辑、辩证法和认识论不必要三个词：它们是同一个东西都应用于一门科学"①。而辩证法与其他二者之所以"是同一个东西"，首先是由于辩证法作为"万物之间的世界性的、全面的、活生生的联系"② 在人的头脑中的反映，本身就包含着认识论的规定；其次则是由于辩证法还涉及人类认识的发展规律，而这也正是逻辑学的全部内容。应当看到，列宁提出这一命题主要是为了避免将辩证法构造成一个与逻辑学和认识论割裂开来的独立体系，而绝不是要抹杀三者之间的差别。尽管这一命题与卢森堡的"总体辩证法"有一定相似性，却比前者更多了一种抽象化和一般化的色彩。

（二）哲学的起源

我们知道，马克思和恩格斯曾在《德意志意识形态》"费尔巴哈"章中考察过哲学在历史中的产生过程，从而为这一问题的解决规定了唯物主义的方向。不过，19 世纪末 20 世纪初的马克思主义理论家并没有停留于既有结论，而是结合这一时期自然科学和人文社会科学所提供的新的思想资源，进一步发展了对于哲学起源问题的研究。

例如，在拉法格看来，尽管哲学并非产生于纯粹的思想领域，但也不能由此走向另一个极端，即到自然环境中去寻找哲学等思想观念的起源。因为如果像达尔文主义者那样以自然进化来说明人的历史，就必然会走向唯灵论。也就是说，这种考察方式虽然看似唯物，但是忽视了自然环境与"经济的或人为的环境"的差别，没有看到社会现象与自然现象是根本不同的。因此，拉法格认为，哲学等思想观念只能起源于社会有机体，即以人们的经济活动为核心的，包括文化习俗、语言等在内的人为环境。他写道："正是在这些经济的变革和由它们所产生的政治斗争中才在工商业的城市里产生了科学、哲学、诗和艺术；……不认识这些经济现象和政治纠纷或者只赋予它以微小意义的历史学家没有能力说明

---

① 《列宁专题文集：论辩证唯物主义和历史唯物主义》，人民出版社，2009，第 145 页。
② 《列宁专题文集：论辩证唯物主义和历史唯物主义》，人民出版社，2009，第 134 页。

古代社会何以瓦解，原始的自然哲学何以为苏格拉底和柏拉图的诡辩哲学所代替，多神教之终结和基督教之出现。"① 这样，拉法格就完成了对于哲学起源的"经济决定论"解读。

拉布里奥拉则着重考察了唯物史观的起源问题。在他看来，这一考察之所以必要，是由于"历史唯物主义现在已经能够借助于本身的原则说明自己的起源，这是它成熟的最令人信服的证明"②。可见，拉布里奥拉所要做的便是依据唯物史观的原则来揭示其自身产生的历史条件，从而再次证明任何思想都不是纯粹个人天才的产物。他指出，尽管从古希腊开始，哲学家们就对人类历史问题有所关注，但是，那些真正提出历史研究任务并试图揭示社会发展的历史必然性的思想却直到 17 世纪才产生。其中，政治经济学和政治哲学对人的本性和人的自由进行了富有成果的研究，而浪漫主义和空想社会主义则批判了上述学说的资产阶级性质。在这两方面中，拉布里奥拉无疑更为重视后者，因为"历史唯物主义只有在对社会主义的理论认识的基础上才能产生"③。

同样地，普列汉诺夫也对唯物史观的起源问题发表了自己的看法。他认为，虽然唯物史观的创立要归功于马克思和恩格斯，但唯物史观的问题，如社会存在与社会意识的关系、人类历史发展的规律、人性如何可能等，却早就已经被提出来了。从中世纪的神学历史学家用神意来解释历史过程，到 18 世纪的法国哲学关于"意见支配世界"的观点，再到 19 世纪的历史学以物质利益和阶级斗争来说明历史的进程，以及德国古典哲学对于必然的历史规律的强调，有关上述历史观问题的探讨已经取得了许多有益的成果，而马克思的唯物史观也正是在对这些成果的批判性继承中逐渐形成的。普列汉诺夫相信，既然"每个特定时代的思想体系永远是和前一时代的思想体系有密切的——肯定的或否定的——联系"④，那么，唯物史观自然也不例外。

---

① 〔法〕拉法格：《思想起源论》，王子野译，生活·读书·新知三联书店，1963，第155 页。
② 〔意〕拉布里奥拉：《关于历史唯物主义》，杨启潾、孙魁、朱中龙译，人民出版社，1984，第 105 页。
③ 〔意〕拉布里奥拉：《关于历史唯物主义》，杨启潾、孙魁、朱中龙译，人民出版社，1984，第 105 页。
④ 《普列汉诺夫哲学著作选集》第 1 卷，生活·读书·新知三联书店，1959，第 740 页。

（三）哲学的党性原则

在《唯物主义和经验批判主义》一书中，列宁基于恩格斯的哲学基本问题理论指出：哲学是有党性的，"唯物主义和唯心主义按实质来说，是两个斗争着的党派"①。不过，需要注意的是，与恩格斯在本体论上区分唯物主义和唯心主义的做法不同，列宁则为这一区分增加了认识论上的意义。在他看来，划分哲学党派的标准只能是：是否把自然界、物质、物理的东西、外部世界看作第一性的东西，即不依赖于感觉而存在的客观实在；而把意识、精神、感觉、心理的东西看作第二性的东西，即客观实在的映像、反映或感知。也正是在这个意义上，列宁提出要彻底贯彻唯物主义，同唯心主义展开最坚决的斗争。

那么，列宁为何要将唯物主义和唯心主义比作政治上对立的两个党派，并以此强调它们之间的斗争不可调和呢？从根本上来说，是由于"这种斗争归根到底表现着现代社会中敌对阶级的倾向和思想体系"②，即一种阶级斗争的需要。但是，如果就列宁在理论上的直接动因而言，那么则是由于马克思主义在这一时期遭遇到了来自马赫主义的挑战。我们知道，马赫主义的最大特点便是宣称以"感觉经验"超越了唯物主义和唯心主义之间"陈旧的"对立，从而建立起了一种一元论的宇宙结构。然而，在列宁看来，这种以无党性自夸的哲学不过是调和唯物主义和唯心主义的无聊伎俩。事实上，马赫主义者"每时每刻都在陷入唯心主义，同唯物主义进行不断的和始终不渝的斗争"③。为了证明这一点，列宁指出，马赫主义的要害就在于否定了感觉经验所赖以产生的客观实在，它从认为"感觉"不是外部世界的映象而是特殊"要素"的时候起，就已经无可挽回地陷入了不可知论和主观主义。对此列宁总结道：无论怎样新奇的诡辩言词都无法掩盖哲学上的党派斗争，任何哲学理论"不是彻底的唯物主义，就是哲学唯心主义的谎言和糊涂观点"④，所谓独立的"中间党派"是根本不存在的。

众所周知，马克思哲学革命的一个重要成果，便是以实践的观点超

---

① 《列宁专题文集：论辩证唯物主义和历史唯物主义》，人民出版社，2009，第130页。
② 《列宁专题文集：论辩证唯物主义和历史唯物主义》，人民出版社，2009，第130页。
③ 《列宁专题文集：论辩证唯物主义和历史唯物主义》，人民出版社，2009，第123页。
④ 《列宁专题文集：论辩证唯物主义和历史唯物主义》，人民出版社，2009，第120页。

越了主体和客体二元分立的思维方式。那么，这是否表明唯物主义和唯心主义的对立已经是一个完全过时了的问题呢？是否能够由此断言列宁的思维方式还停留在旧哲学的水平呢？要回答这个问题，就不能忽视"哲学的党性原则"命题的认识论性质。也就是说，只有在感觉和物质的反映与被反映的关系问题上，才有绝对的唯物唯心之分。单就这一点而言，马克思自然也不会否认。与此同时，我们也没有理由认为列宁错失了马克思的实践的思维方式。例如，他曾明确指出："马克思和恩格斯在他们的著作中特别强调的是**辩证**唯物主义，而不是辩证**唯物主义**，特别坚持的是**历史**唯物主义，而不是历史**唯物主义**。"① 这一命题表明，只要在认识论的范围之外，唯物主义和唯心主义的分别也就没那么重要了。

三　西方马克思主义：哲学的意识形态批判意义

作为在 20 世纪西方资本主义社会中形成的马克思主义学说，西方马克思主义不得不面对的一个根本现实，便是暴力革命机遇的丧失。也正因如此，这个学术谱系中的理论家都格外重视马克思关于哲学的意识形态功能的思想，反对像第二国际的马克思主义者那样把哲学仅仅当作一种方法来加以研究。也就是说，西方马克思主义理论家实际上是在以哲学作为武器，继续着对于资本主义制度的进攻；他们相信，哲学只要坚守理论与实践相统一的原则，就能够通过意识形态批判成为新的社会变革的启蒙。对于他们来说，哲学的主要意义决不在方法论或认识论的方面，而只能体现在批判性和启发性之中。

（一）葛兰西："人人都是哲学家"

在马克思主义理论家中，葛兰西是第一个明确提出"什么是哲学"的问题的人。在他看来，针对这一问题有三种可能的答案，即"单纯的感受活动"、"整理性活动"和"绝对的创造性活动"。前两种答案尽管有所区别，却都预设了一个绝对不可改变的、客观存在的外部世界，而哲学只能作为一种反映这个外部世界的有限的和狭隘的思维活动。因此，葛兰西主张按照第三种答案来理解哲学，但他同时指出，这里的"创造性"一词绝不意味着外部世界是由思维所创造的。为了避免这种唯心主

---

① 《列宁专题文集：论辩证唯物主义和历史唯物主义》，人民出版社，2009，第 115～116 页。

义倾向，就必须"把'创造性'理解为改变着许多人的感受方式、从而也改变着要是没有这许多人就不可设想的现实本身"①。这句话有两层含义：其一，哲学的创造性表现为对于现实的改变；其二，这里所说的"现实"并不是实体性存在，而是大多数人感受现实的方式，即日常生活领域中人们的世界观。

葛兰西认为，确立这样一种哲学观的前提是革除传统的成见："哲学是一种奇怪而艰难的东西，因为它是由特定领域内的专家或专业的和系统的哲学家所从事的专门的智识活动"②。而这种革除之所以必要，就是由于如果哲学与大多数人全然无关的话，那么哲学改变"现实"的创造性将无从谈起。也正是在这个意义上，葛兰西强调"人人都是哲学家"，而这种为大多数人所固有的"自发哲学"就包含在语言、常识和"大众的宗教"之中。当然，这并不是要否认普通人的哲学与职业哲学家的哲学之间的差别，因为前者毕竟只是一种无意识的、非批判性的世界观，而后者则是自觉的和批判性的系统理论；特别是葛兰西所说的"绝对的创造性活动"亦是针对后者而言的。但是，当他将二者共同纳入"哲学"名下的时候，事实上也就确认了真正意义上的哲学对于普通人的世界观进行改造的可能性。

我们知道，哲学与现实的关系问题是马克思的哲学观的核心关切，而葛兰西则将这一问题更加具体地表述为哲学家的哲学与普通人的哲学的关系。从他的哲学观与马克思的哲学观的这种区别和联系中我们可以看到，葛兰西实际上是将马克思以哲学改变世界的诉求聚焦在了文化世界和意识形态的领域之中。在他看来，哲学活动固然包括哲学家个人的思想创造，但更为重要的则是这些思想成果的大众化："引导大众进行融贯一致的思想，并以同样融贯一致的方式去思考真实的当今世界，这远比作为某一位哲学天才的个人发现或是知识分子小集团的财富的真理要重要，也更具有'原创性'得多。"③

---

① 〔意〕葛兰西：《狱中札记》，曹雷雨、姜丽、张跣译，中国社会科学出版社，2000，第258页。

② 〔意〕葛兰西：《狱中札记》，曹雷雨、姜丽、张跣译，中国社会科学出版社，2000，第232页。

③ 〔意〕葛兰西：《狱中札记》，曹雷雨、姜丽、张跣译，中国社会科学出版社，2000，第235页。

这样，作为"绝对的创造性活动"的哲学同宗教和常识的区别也就非常明确了。葛兰西指出，宗教和常识只能使普通人滞留于自发哲学的水平，而哲学则是要将人们"引导向更高的生活概念"①，因而它表现为对宗教和常识的批评和替代。或者用更明确的话来说，哲学的职责就是以新的哲学世界观改变大多数人的世界观，把大多数人提升到新的文化水平。而这种存在于哲学家和大多数人之间、知识分子和人民群众之间的文化改造运动也就决定了，一个时代的哲学既不是某个哲学家或某个知识分子集团的哲学，也不是广大群众的自发哲学，而是所有这些要素内在地结合在一起的历史过程。又由于"对于一种世界观的选择和批判也同样是一件政治性的事情"②，所以葛兰西强调"哲学与政治不可分割"，甚至认为哲学本身就是一场文化上的战斗。由此可见，葛兰西的文化领导权理论正是他的哲学观思想的直接推论。

（二）柯尔施：哲学和现实之间的辩证关系

在马克思主义思想史上，柯尔施最重要的理论贡献便是论证了马克思主义学说的哲学属性。而这一论证得以成立的前提，便是他对于哲学和现实之间辩证关系的重新阐发。柯尔施指出，在 20 世纪初的西欧，不论是正统的马克思主义者还是资产阶级的哲学教授，都持有一种非辩证的哲学观。在他们看来，哲学仅仅是一种处在历史的客观运动之外的独立存在的意识，在哲学和它的对象之间有一条明显的界限。唯一不同的是，正统的马克思主义者把哲学的这一特征当作拒斥哲学的理由，而资产阶级的哲学教授则将其视为哲学的固有属性。对此柯尔施评论道：存在于哲学与现实、理论与实践关系中的辩证原则已经被彻底遗忘，这必将导致哲学在革命面前的无能为力。

作为对这种非辩证的哲学观的反拨，柯尔施指出，包括哲学在内的所有意识形态都是"具体的现实而不是空洞的幻想"③。也就是说，哲学

---

① 〔意〕葛兰西：《狱中札记》，曹雷雨、姜丽、张跣译，中国社会科学出版社，2000，第 243 页。
② 〔意〕葛兰西：《狱中札记》，曹雷雨、姜丽、张跣译，中国社会科学出版社，2000，第 237 页。
③ 〔德〕柯尔施：《马克思主义和哲学》，王南湜、荣新海译，张峰校，重庆出版社，1989，第 35 页。

虽然只具有一种思想的形式，但是能够与人们的实践结成历史的联系并作用于现实，因而也是社会生活整体的一个有机的组成部分。当然，这一观点并不是柯尔施本人的首创。他指出，早在黑格尔的时代，哲学与现实之间的辩证关系就已经构成了全部哲学的生存原则。以"哲学是被把握在思想中的它的时代"这一命题为例，它表明哲学在黑格尔那里真正获得了关于自身现实性和实践性的信念。也正是基于这样一种信念，德国古典哲学才能够自觉地参与到"观念领域的革命运动"之中，从而成为"资产阶级革命运动的意识形态表现"①。柯尔施进一步指出，马克思作为德国古典哲学的继承者，自然也接受了哲学和现实的总体性原则，否则也不会将理论上的批判和实践上的推翻看作不可分离的活动。现在的问题是，既然黑格尔和马克思都明确反对哲学与现实的二元论，那么，上述那种非辩证的观点又何以会在 19 世纪末 20 世纪初甚嚣尘上呢？柯尔施认为，就正统的马克思主义者而言，是由于他们误解了马克思和恩格斯关于"废除哲学"的表述；就资产阶级学者而言，则是由于这个阶级已经丧失了革命性，所以"再不能在思想上把握观念和现实的历史发展之间尤其是哲学和革命之间的辩证关系了"②。

柯尔施相信，无产阶级是这个时代唯一具有革命性的阶级，因此，他们不但能够而且也应当恢复哲学与革命实践之间的联系。由此可见，柯尔施的哲学观思想的最终诉求便是"把社会革命作为活的整体来把握和实践"③，而这里所说的"整体"势必就包括了哲学的意识形态批判。按照他的理解，无产阶级在意识形态领域所要完成的革命任务绝对不亚于政治和经济领域中的任务，因为这些任务永远是相互作用着的，任何一方面的缺失都将不利于无产阶级革命整体的发展。除此之外，柯尔施还专门考察了"废除哲学"的问题。他认为，马克思和恩格斯的相关表述同样需要放到哲学与现实的辩证关系中进行理解，也就是说，"废除哲学"意味着对于整个资本主义社会现实的宣战，而不是简单地抛弃哲学。

---

① 参见〔德〕柯尔施《马克思主义和哲学》，王南湜、荣新海译，张峰校，重庆出版社，1989，第 12～13 页。

② 〔德〕柯尔施：《马克思主义和哲学》，王南湜、荣新海译，张峰校，重庆出版社，1989，第 12 页。

③ 〔德〕柯尔施：《马克思主义和哲学》，王南湜、荣新海译，张峰校，重庆出版社，1989，第 22～23 页。

因此，它绝不可能由一次思想上的行动而一劳永逸地完成；像国家的废除一样，哲学的废除也将是"一个非常漫长和非常艰巨的，通过各个完全不同的阶段而展开的革命过程"①。

（三）阿尔都塞：哲学是理论领域中的阶级斗争

我们知道，阿尔都塞一直致力于恢复马克思主义理论的科学形态。但是，这里的"科学"一词只是在反对马克思主义的人本主义化的意义上来说的，它并不表示阿尔都塞倒向了实证主义。而这一点在他的哲学观思想中的表现，便是对于哲学的批判性和阶级性的坚持。具体来说，阿尔都塞提出了如下三个有关哲学本身的命题。

其一，"哲学不生产知识，只陈述论点"②。显然，这一命题反驳了传统哲学观对于哲学的知识论定向。它表明，哲学的论点由于无法接受严格科学意义上的证明和验证，不能算作反映世界的客观知识，而只能被视为表述哲学家个人思想的"独断的命题"。

其二，哲学不能用"真理"或"谬误"来加以判断，唯一适用于哲学的评价只有"正确"或"不正确"。其之所以如此，是由于"真理"和"谬误"都是与认识相关的，它们的得出需要科学的验证或证明，而"正确"和"不正确"则与实践相关，它们标示着哲学对现存的政治和意识形态形势的考虑是否得当。总之，"如果我们想要理解在哲学中发生的事情，就必须把哲学命题公然宣称的对于充分存在的真理的忠诚抛到一边，同时看到这些命题与它们所干预的世界是以一种迥然不同的关系——正确性的关系——紧密相联的。"③ 阿尔都塞断言，尽管历史上的哲学家们总是求助于种种先验的真理或法则，但事实上，他们的哲学都是根据政治的、意识形态的和理论的形势，经过不断的"修正"而得到的。

其三，哲学没有任何外在的对象，只有"赌注"。由于哲学必须服从于现实的实践和政治，它不可能像科学一样客观地对现实作出说明，它的论点也更像是一种不确信的试探。正是在这个意义上，阿尔都塞认

① 〔德〕柯尔施：《马克思主义和哲学》，王南湜、荣新海译，张峰校，重庆出版社，1989，第18页。

② 陈越编《哲学与政治：阿尔都塞读本》，吉林人民出版社，2003，第5页。

③ 陈越编《哲学与政治：阿尔都塞读本》，吉林人民出版社，2003，第44页。

为"哲学本身就是它所干预的形势的一部分：它存在于这个形势内部，存在于'整体'内部。由此看来，哲学不可能对这个形势持有一种外在的、纯思辨的关系或者纯认识的关系，因为它加入到这个集合体当中去了。"也就是说，"在论点和那个作为它的赌注的东西之间，不可能只有一种'真理'关系，因而不可能只有一种纯认识的关系；相反，这必定是一种实践的关系、一种起修正作用的实践的关系。"①

不难发现，以上三个命题之间具有很大的相关性，而它们所共同指向的，便是颠覆知识论性质的传统哲学观，澄清哲学与政治的本质联系。阿尔都塞相信，在哲学家们所探讨的"永恒的"问题背后，是现实社会生活中生死攸关的利益；尽管大多数哲学家并不直接参与现实的阶级斗争，但他们还是领受了阶级斗争分派给哲学的任务，即整合占统治地位的意识形态，并保证这种意识形态成为"真理"。因此，"哲学归根到底是理论领域中的阶级斗争"②，它以自身的政治功能影响和改变着社会实践的性质与方向。"哲学只有通过作用于现存的一整套矛盾着的意识形态之上，作用于阶级斗争及其历史能动性的背景之上，才能获得自我满足"③。在这里需要注意的是，阿尔都塞的上述观点并非只针对马克思主义哲学，它们作为具有一般性的哲学观命题，同样反映了传统哲学的特征。所不同的是，传统哲学拒不承认自身的政治干预，而马克思主义哲学则能够"以自知之明如实地去行动"。也正是基于这种自觉的态度，马克思主义哲学创造了"一种新的哲学实践"。

当然，哲学的实践终究还是要表现为"对于理论领域的干预"，而这种干预所要做的，便是"在被宣布为正确的观念和被宣布为错误的观念之间、在科学的东西和意识形态的东西之间'划清界限'"④。阿尔都塞认为，作为哲学实践的划界行动具有两方面的作用：第一，保护科学的东西不受意识形态的东西的攻击，抵制那些表述相反倾向的意识形态概念的威胁；第二，揭示科学和意识形态的矛盾，从而生产出新的哲学问题，使哲学的论点得到正确的陈述。由此可见，阿尔都塞尽管承认哲

①　陈越编《哲学与政治：阿尔都塞读本》，吉林人民出版社，2003，第46页。
②　〔法〕阿尔都塞：《保卫马克思》，顾良译，杜章智校，商务印书馆，1984，第251页。
③　陈越编《哲学与政治：阿尔都塞读本》，吉林人民出版社，2003，第238页。
④　陈越编《哲学与政治：阿尔都塞读本》，吉林人民出版社，2003，第163页。

学与意识形态的密切关联，但并没有像葛兰西那样将哲学定位为意识形态；尽管强调马克思主义哲学的科学化，但同时又表示"哲学并不侵犯科学的领域"。在他看来，哲学正是借助于科学和意识形态之间的相互作用，才得以与阶级斗争的意图结成同盟，并为通向正确的理论立场开辟道路。

（四）霍克海默：哲学的社会功能

法兰克福学派自诞生之日起，就十分强调哲学应当从单纯的主体性批判中走出来，担负起社会批判的艰巨使命。因此，如何理解哲学在现代社会中的功能，就成为法兰克福学派所要回答的首要问题。在这一问题上，学派奠基者霍克海默的回答不仅颇具代表性，而且影响了整个批判理论的发展。

具体来说，霍克海默关于哲学的社会功能的思考是从哲学与科学的对比开始的。他指出，科学所研究的问题都是从现代社会的生活过程中产生的，因而科学与社会之间具有一种肯定性的关系；与此相反，哲学与社会则始终处在紧张的对抗状态之中，而这种对抗有时甚至表现为针对哲学家个人的公开迫害。其之所以如此，是由于"哲学所坚持的原则是，人的行为和目的不应当是盲目的必然性的产物。无论是科学概念还是社会生活方式，无论是占统治地位的思维方式还是占统治地位的道德风尚，都不应当根据习惯，不加批判地加以接受和实行。"[①] 这就是说，哲学不承认任何社会因素是天然的、不可更改的和永恒的，它坚信所有这一切都必须接受理性的批判。也正是在这个意义上，霍克海默认为哲学对社会现实的反抗是从哲学的内在原理中产生的，是内在于哲学本身的基本倾向。特别是在当下这样一个理性和现实并不协调、人的独立性也无法得到保障的社会中，哲学就更应当作为"科学和社会的批判者"，提供"一种超越了科学活动的支配形式和与此相联系的当代社会视野的思维"[②]。

我们知道，为了反驳"意识决定生活"的幻想，马克思主张将哲学的产生和发展还原到现实的物质生活之中。对此，霍克海默自然也表示

---

① 〔西德〕霍克海默尔：《论哲学的社会功能》，中原译，《哲学译丛》1981年第1期。
② 〔西德〕霍克海默尔：《论哲学的社会功能》，中原译，《哲学译丛》1981年第1期。

认同。但他同时认为，这种思路并不适用于考察哲学的社会功能。这是因为，对于哲学与现实的联系的强调往往会起到消解哲学的超越性的作用，从而得出类似于"哲学思维本身是一种特殊的社会状况的简单表述""每一种特定的哲学观念都归属于某个社会集团"这样一类的结论。霍克海默指出，这些结论事实上已经免除了哲学对社会发展所担负的责任，否认了"哲学思想可以使人们看到未来"，它们的唯一后果便是动摇哲学思想的坚定性。既然哲学与社会间的紧张关系既无法消除，也不应当被消除，那么，可以说哲学的社会功能就在于批判现存的东西。当然，"这并不意味着对个别的观念或状态作浅薄的吹毛求疵，好像哲学家特别爱逞能一样；也不意味着，哲学家对这种或那种孤立的情况大发牢骚，并提出补救措施。这种批判的主要目的在于，防止人类在现存社会组织慢慢灌输给它的成员的观念和行为方式中迷失方向。"①

通过霍克海默的上述说明，我们可以看到，哲学的批判不承认任何社会问题仅仅是个别的、孤立的现象，它所要求的是从社会整体的高度来审视人们的个体行为、个体存在和日常规划。或者从反面的角度来说，"人们在日常生活中一旦被迫建立孤立的观念和概念，他们就陷入矛盾之中，而哲学就是要揭示这些矛盾。"② 显然，这里所说的"孤立的观念和概念"就是指在晚期工业社会极权主义和大众文化的影响下，人们对自身生活形成的片面化观点。霍克海默指出，为了消除这些片面观点，就必须发展批判的和辩证的思维，使理性在世界中安家，而这也就构成了哲学的批判与经济和政治上的批判的根本区别。不可否认，哲学的批判将是一种艰苦的尝试。而且，即便没有哲学，人们似乎也能生存下去。但是，随着现代性弊端的日益显露，哲学的缺失已经降低了人的地位，使人们在暴力面前束手无策。因此，霍克海默相信，"历史的全部力量已经把哲学置于社会现实的中心地位，并且把社会现实置于哲学的中心地位"③。为了使人们不致由于当代的一系列可怕事件而丧失勇气，为了保存人们关于美好的未来社会的信念，哲学必须实现自身的社会功能。

---

① 转引自曹卫东《论哲学的社会功能》，《社会学研究》2004 年第 1 期。
② 转引自曹卫东《论哲学的社会功能》，《社会学研究》2004 年第 1 期。
③ 〔西德〕霍克海默尔：《论哲学的社会功能》，中原译，《哲学译丛》1981 年第 1 期。

（五）哈贝马斯：哲学的生产力

与法兰克福学派第一代成员对于哲学的批判功能的强调不同，哈贝马斯则更为重视哲学在合理性社会建构中的作用。例如，在《哲学在马克思主义中的作用》一文中，他就将哲学作为一种"生产力"固化在了社会结构之中。又由于"生产力"是标志着现代性的核心概念，它与"哲学"的结合表明哈贝马斯已经放弃了哲学在马克思主义理论传统中所具有的批判性形象，而使之成为社会改良的建构性因素。

那么，哈贝马斯所说的哲学的"生产力"究竟是怎样的呢？要回答这个问题，就需要首先了解他为哲学判定的时代语境，即哲学由形而上学向后形而上学的转变。哈贝马斯指出，这一转变的实质是哲学和科学的同一性关系的瓦解：长期以来，哲学和科学是一体的。而且，哲学由于具有把握世界的统一性的意图，往往被视为一种基本的科学，或"科学之王"。但是，随着现代科学的兴起，哲学事实上已不再可能继续凌驾于科学之上。在这种情况下，如何调整哲学和科学的关系，就成为哲学家无法回避的问题。对于这个问题，哈贝马斯既反对哲学朝科学的方向同化，也反对哲学通过转向非理性的东西而与科学形成对峙。他认为，哲学应当将自身定位于对科学主义的批判，而所谓科学主义，就是"科学对自身的绝对价值的信仰"[1]，将自身理解为唯一客观有效的认识形式。

除了后形而上学的时代语境外，哲学的"生产力"还与现代社会的文化状况有关：首先，宗教思想正在解体，宗教在很大程度上丧失了它的广泛影响，而群众性的无神论思想则清楚地表现了出来；其次，普遍的道德形式被打破，资产阶级的思想意识放弃了它在革命时期所宣扬的理性的天赋权利和形式主义的伦理学的普遍意义；最后，现代艺术已很少能满足政治系统的合法性需要，相反，艺术的批判潜力在起破坏作用的文化集团中得到了释放。哈贝马斯的上述分析表明，在现代社会中，宗教、道德和艺术已不完全是"对统治起稳固作用的意识形态"了。而与此相伴随的，则是科学在意识形态上的纯洁性的丧失，技术进步和科

---

[1] 〔德〕哈贝马斯：《重建历史唯物主义》，郭官义译，社会科学文献出版社，2000，第50页。

学的权威性逐渐与统治制度的合法化连接了起来。也就是说，"在技术至上的意识支配下，科学和技术在今天同时产生了意识形态的效果。"①

不难发现，上述两个方面都将哲学的"生产力"指向了科学时代人类的自我反思。也正是在这个意义上，哈贝马斯指出："哲学最重要的任务，是直接反对原始思维和纯理论的专制主义，反对科学的科学主义的自我认识和反对脱离了基础的政治系统的技术至上的意识。"② 他相信，唯有担负起这一任务，哲学才能抵御科学和技术、市场和资本、法律和官僚势力的不断扩张，捍卫"生活世界"。而这种捍卫之所以是必要的，就是由于"生活世界"蕴含着在社会及其成员间建立同一性的可能，并预示着一种政治公共领域的形成。由此可见，哲学在哈贝马斯那里最终成为建构性的社会要素："我不相信，在不要哲学的情况下，我们怎样能够在一个理性滋润着的、如此脆弱的土地上建立起一种同一性，并且确保这种同一性的发展。"③

四　中国马克思主义：从哲学的认识论意义到哲学的本体论意义

对于中国人来说，"哲学"是一个在 19 世纪末被引入的外来词。也只是从那时起，中国人才开始在学习西方哲学和整理本国传统思想的基础上，建构属于自己的哲学观。而具体到中国的马克思主义者，则是在接受马克思主义学说的前提下，来理解"哲学"这一概念的。也正因如此，他们的哲学观从一开始就与马克思主义在中国的历史形象特别是与中国社会的实际需要紧密相关，从而呈现出了一个由强调哲学的认识论意义到恢复哲学的本体论意义的变化轨迹。

（一）20 世纪 80 年代以前：哲学的认识论意义

首先需要指出的是，从马克思主义传入中国到 20 世纪 70 年代末，中国马克思主义者的哲学观始终处在不断的发展和变化之中，不同时代、

---

① 〔德〕哈贝马斯：《重建历史唯物主义》，郭官义译，社会科学文献出版社，2000，第49 页。

② 〔德〕哈贝马斯：《重建历史唯物主义》，郭官义译，社会科学文献出版社，2000，第53 ~ 54 页。

③ 〔德〕哈贝马斯：《重建历史唯物主义》，郭官义译，社会科学文献出版社，2000，第54 页。

不同个人对于哲学本身的理解也各有侧重。因此，本书所提出的"认识论"的定向只是就这一时期中国马克思主义者的哲学观的整体特征而言的，它并不表示每一位理论家都把指导人们正确地认识世界作为哲学的首要使命。例如，在中国的第一个马克思主义者李大钊那里，"哲学"便还保留着中国传统思想所格外重视的人生观意义："哲学可以帮助我们得到一个注意于远大的观念，从琐屑的事件解放出来，这于人生修养上有益"①。按照他的理解，唯物史观由于强调历史是由现实的个人所创造的，所以能够"给人以奋发有为的人生观"，鼓励人们"去创造一种快乐的世界"。

不过，在李大钊之后，中国马克思主义者的哲学观便很快地科学主义化了。例如，在 20 世纪 20 年代的"科学与玄学论战"中，作为唯物史观派代表的陈独秀虽不完全认同科学派的观点，却与科学派一样力主"科学万能"而拒斥本体论。他提出，我们所相信的科学不只包括自然科学，也包括社会科学，而社会科学中又包括了"实验主义的及唯物史观的人生哲学"。因此，科学完全可以解决人生观问题，而根本不需要"本体论、宇宙论的玄学，即所谓形而上的哲学"②。由此可见，陈独秀所主张的，正是把哲学放在广义的"科学"中进行理解。而瞿秋白更是在苏俄马克思主义理论的影响下，将"哲学"完全等同为具有普遍性和一般意义的基本原理。在他看来，哲学就是"求宇宙根底"，"统率精神物质各方面的智识而求得一整个儿的宇宙观"③。特别是在哲学与科学的关系问题上，他主张将哲学理解为"综合各科学的思想方法论"，即"科学之科学"，从而在一定程度上还原了西方的传统哲学观。

当然，这一时期的中国马克思主义者也并非完全忽视了哲学的本体论意义。20 世纪 30 年代，中国知识界曾发生过一场关于"哲学之消灭"的论战。其中一方（如叶青）认为，随着哲学的完全科学化，哲学也就被消灭了；而另一方（如张东荪）则针锋相对地指出，本体论是哲学所固有的传统问题，因而具有不可消灭的永久性。这场论战对于马克思主义者的最大启发便是，不能单纯对哲学作科学主义的理解，必须重视哲

---

①　《李大钊全集》第 4 卷，人民出版社，2006，第 166 页。

②　参见《陈独秀著作选》第 2 卷，上海人民出版社，1993，第 548 页。

③　《瞿秋白文集》政治理论编第 2 卷，人民出版社，1988，第 310 页。

学中的本体论问题。于是，艾思奇在《大众哲学》中便将哲学划分为本体论、认识论和方法论三部分，并指出三者是统一的整体。那么，他又是如何理解"本体论"的呢？他写道："世界的本身究竟是什么东西？是物质吗？是精神吗？这一步的讨论，叫做本体论"①。可见，艾思奇所理解的"本体论"还处在二元对立的认识论模式中，而这也就决定了他的哲学观不可能真正突破"一般性的认识方法"的定向。

与艾思奇一样，李达也采取了被认识论定向的哲学观思路，而这一点就体现在他对实践概念的理解中。李达认为，"实践"具有两层含义：一是本体论意义上的"人与自然相结合的媒介"；二是认识论意义上的"认识的源泉和真理性的规准"②。不过，在他看来，这两种意义并非同等重要。相比之下，他更为重视也更为强调的，是作为认识论范畴的"实践"。又由于李达赋予"实践"在哲学中的核心位置，所以他对这一概念的认识论意义的强调事实上也就决定了他所理解的"哲学"主要是一种求得正确认识的方法。当然，将中国马克思主义哲学的兴奋点最终固定在认识论上的，还是毛泽东。以他的哲学名篇《实践论》为例，其主旨便是"强调理论对于实践的依赖关系，理论的基础是实践，又转过来为实践服务"③。因为在他看来，哲学中的本体论内容（如世界的物质性证明）并非难事，只有"改造世界"的前提即正确地"认识世界"才是哲学发挥作用的主要领域。特别是在晚年，毛泽东还进一步将自己哲学观中的认识论倾向推向极端，提出了"哲学就是认识论"④的命题。

应当看到，这一时期的中国马克思主义者对于哲学的认识论意义的强调具有历史的合理性。因为只有将哲学定位于认识论、方法论，才能最大限度地使其成为革命实践的方法指南，从而为现实问题的解决提供思想上的帮助。也正是在这个意义上，毛泽东提出"让哲学从哲学家的课堂上和书本里解放出来，变为群众手里的尖锐武器"⑤。但同时我们也要看到，这种把哲学主要归结为认识论的做法又使得原本内容相当丰富

① 《艾思奇文集》第1卷，人民出版社，1981，第140页。
② 《李达全集》第12卷，人民出版社，2016，第43、45页。
③ 《毛泽东选集》第1卷，人民出版社，1991，第284页。
④ 《毛泽东文集》第8卷，人民出版社，1999，第390页。
⑤ 《毛泽东文集》第8卷，人民出版社，1999，第323页。

的哲学变得比较简单和贫乏了，其直接后果便是对于人的生存、发展和自由等一系列问题的忽视，从而在一定程度上助长了哲学的教条化和政治化的倾向。另一个值得注意的问题是，与 20 世纪上半叶中国马克思主义者在哲学观问题上的积极探索不同，新中国成立后的 30 年间，"哲学界讨论了各种各样的哲学问题，但唯独从来没有讨论过'哲学观'"[①]。其之所以如此，是由于在当时整个中国哲学界对于"哲学"的理解都被限定在了原理教科书的那种由认识论定向的"世界观 + 方法论"的思维框架之中。既然这一框架并没有充分体现马克思的哲学观的基本原则，而且还限制了哲学理念的创新，那么，它在 20 世纪 80 年代被质疑和批判也就在所难免了。

（二）20 世纪 80 年代以来：哲学的本体论意义

20 世纪 80 年代以来，中国马克思主义哲学在改革开放的时代背景下取得了长足的发展和丰硕的成果，而这其中又必然包括了对于哲学本身理解的不断更新。其之所以如此，是由于只有打破先前被认识论所定向的哲学观，研究者才能发现更为广阔的哲学领域，获得更为多样的"做哲学"的方式，并最终使哲学适应社会变革中人们新的存在方式。又由于被先前的研究者所最为忽视的哲学的本体论意义在这一时期得到了全面的恢复，本书选择用"本体论"来概括 20 世纪 80 年代以来的哲学观变迁。不过，为了避免不必要的误解，在这里还需要作以下两点说明。

其一，"本体论"的概括并不表示其他研究领域在中国马克思主义哲学中无足轻重。事实上，包括认识论、辩证法、价值论和历史观在内的诸多方面的研究不仅方兴未艾，而且都取得了突出的成绩。本书的这一概括只是为了表明，此时的中国马克思主义哲学研究者已经普遍认可了本体论在整个哲学中的首要地位，原先那种把哲学仅仅理解为求得正确认识的思维方法的观点已彻底失势，哲学在人们心目中的形象逐渐从"反映"恢复为了"反思"[②]。

其二，这里所说的"本体论"也不能被简单地理解为精神和物质何

---

①　孙正聿：《哲学观研究》，吉林人民出版社，2007，第 315 页。

②　参见何中华《哲学：走向本体澄明之境》，山东人民出版社，2002，第 206 页。

者为本原的问题（如艾思奇）。显然，这就涉及了对本体论概念本身的界定。按照海德格尔的观点，ontology 一词应当被理解为存在者（特别是人这种特殊存在者）之存在何以可能的问题，它集中体现了哲学的反思性质。而杨学功则进一步指出，ontology 只有在传统形而上学中才会专注于终极实在或实体，也就是说，世界本原问题只是本体论的一种已经被扬弃了的传统形态，并不是本体论的全部内容①。因此，本书用来概括 20 世纪 80 年代以来哲学观转向的"本体论"一词，也应当按照其现代意义来进行理解。

　　通过以上两点说明，我们可以看到，20 世纪 80 年代以来中国马克思主义哲学研究者所重新发现的哲学的本体论意义，从根本上来说就是"人"在哲学论域中的存在，抑或"人"同哲学的本质关联。就这一点而言，最好的例证便是对于实践概念的重新解读。如前所述，在改革开放前的哲学原理教科书中，"实践"的重要性更多地体现在认识论的方面。直到这一时期，研究者们才普遍意识到"实践"是标示着人的现实存在的核心概念，它表明人的生活世界无法被还原和归结为认识论意义上的客观对象，而马克思也正是借助于对这一概念的重新理解才实现了对传统形而上学的根本颠覆。因此，可以说正是实践概念引导着中国马克思主义哲学第一次把握到了马克思的哲学观的精神实质。基于这样的自我理解，哲学在这一时期主动担负起了强化人的主体自我意识，增强人的主动性、积极性和创造性的历史使命，从而真正成为塑造和引导时代精神的重要思想力量。而其中特别值得我们注意的，便是人学研究的兴起。因为正如汪信砚教授所指出的那样，人学并不是哲学的一个分支学科或部门哲学，也不是哲学的一种当代形态；相反，哲学是人学的一部分，即反思的人学②。毫无疑问，这一观点正是 20 世纪 80 年代以来哲学观的鲜明写照。

第二节　马克思的哲学观与马克思主义哲学的发展

　　如果将马克思本人所开创的哲学传统视为"一般"，而将其后不同

---

① 参见杨学功《传统本体论哲学批判》，人民出版社，2011，第 283 页。
② 参见汪信砚《人学与哲学的关系辨正》，《哲学动态》2002 年第 6 期。

时代、不同民族的不同马克思主义哲学家所创造的具体的哲学理论视为"特殊"，那么则可以说，马克思主义哲学就是在这样一种"一般与特殊"的张力结构中不断发展的。在这一发展过程中，马克思的哲学观作为一种一般性的理论原则，始终规范和引导着马克思主义哲学家"做哲学"的方式，从而使整个马克思主义哲学在"一般"的统摄下，从时代化、民族化和个性化三个方面充分拓展了自身"特殊"的理论空间。

一　致力于时代问题的解答

如前所述，马克思的哲学观蕴含着一种哲学面向现实世界开放的内在要求。也正是这样一种要求，决定了马克思主义哲学紧随时代问题的发展：首先，从否定的方面来看，马克思的哲学观对于"绝对真理"的否弃事实上也就排除了超历史的普适理论的存在。例如，恩格斯就曾明确反对用学理主义和教条主义的态度对待马克思的学说，似乎只要把它背得烂熟，就可以满足一切需要。他指出："如果不把唯物主义方法当做研究历史的指南，而把它当做现成的公式，按照它来剪裁各种历史事实，那它就会转变为自己的对立物。"① 其次，从肯定的方面来看，马克思的哲学观强调哲学要成为改造社会的实践活动的先导，而这就要求哲学以实践的和批判的观点分析每一时代的现实问题，确立起相对于具体的时代境遇的有限真理。也就是说，哲学只有随着时代的发展而开放自身，创造性地更新自身的形式和内容，才能够同物质的、现实的实践力量结合在一起。总之，按照马克思的哲学观，哲学不仅不排斥时代境遇的转换，而且其本身就是历史发展的最坚定的拥护者。因此，可以说马克思的哲学观时刻都在提示马克思主义哲学以生成的、发展的眼光审视现实世界，聆听来自时代的真切呼声。

有鉴于此，我们可以根据不同时代的核心问题的转换，将马克思之后的马克思主义哲学的发展分为三个阶段。

第一个阶段是 19 世纪末至 20 世纪初。在这一时期，随着机器大生产体系的形成和生产力的迅速发展，资本主义的经济基础被进一步地稳固了下来。而这也就使得资本主义各国不仅有可能而且有必要在世界范

---

① 《马克思恩格斯文集》第 10 卷，人民出版社，2009，第 583 页。

围内展开争夺殖民地的斗争，帝国主义时代也由此开始。显然，这些变化挑战了马克思先前提出的有关资本主义危机和无产阶级革命的一系列理论，它们要求马克思主义哲学通过说明帝国主义现象来重新思考人类社会的命运。针对这样的时代课题，以卢森堡和列宁为代表的马克思主义哲学家们自觉发展了唯物史观，创立了帝国主义理论。其中，最为典型的例证便是卢森堡对于资本主义世界发展的考察。我们知道，马克思的政治经济学批判主要考察的是资本主义的历时性发展，而相对忽视了资本主义的空间性扩张，这在一定程度上妨碍了它对于帝国主义现象的说明。因此，卢森堡在考察中引入了空间视角，把世界历史看作是由资本主义和非资本主义构成的结构性整体，而"帝国主义"这一概念所表达的，就是"在争夺尚未被侵占的非资本主义环境的竞争中所进行的资本积累"①。她相信，随着非资本主义环境被瓜分殆尽，资本主义也就进入了其最后阶段。

　　第二个阶段是 20 世纪 20～50 年代。马克思主义哲学在这一时期所面临的时代境遇主要包括以下两个方面：一是国际共产主义运动困难重重，不仅西欧的无产阶级革命屡遭失败，而且即使是在革命取得了胜利的俄国，现实的社会主义制度也存在种种明显的弊端；二是资本主义在进一步强化自身统治的同时造成了法西斯主义的崛起，特别是接连爆发的世界大战，更加剧了人类的生存危机。为了回答"人类向何处去"的重大问题，欧洲的马克思主义哲学家们开辟了一条既批判现存的资本主义制度，同时又批判苏联的社会主义模式的理论道路。在他们看来，虽然哲学在一定时期内无法与物质的革命力量相结合，但它本身同样具有现实的解放作用。以霍克海默的现代性批判为例，他指出：晚期工业社会的技术普遍化不仅吞噬了文化的创造性，而且使人们的生活和行为日益受到可计算性符号的操纵，从而最终导致了极权主义。类似地，这种极权主义在苏联等社会主义国家中则表现为对于个体的极度贬抑。总之，"在我们这个时代，感情泛滥成灾，自由思想却孤立无援。控制自然并未带来人的自我实现；社会现状依旧表现出其客观的强制。"②

---

① 〔德〕卢森堡：《资本积累论》，彭尘舜、吴纪先译，生活·读书·新知三联书店，1959，第 359 页。

② 曹卫东选编《霍克海默集》，上海远东出版社，1997，第 231 页。

　　第三个阶段是 20 世纪 60 年代至今。这一时期有两个因素导致了马克思主义哲学主题的变化：一个是全球性的环境问题及其所引发的绿色运动，另一个则是席卷西方世界的"新左派"运动。其中，前者向哲学家重新提出了人与自然的关系问题，而后者则推动哲学转向了对于社会公平正义问题的研究。需要注意的是，由于这两方面的问题都具有资本主义社会改良的性质，与此相应，这一时期的马克思主义哲学家们也有意识地消解了马克思主义哲学中的革命性成分。例如，分析的马克思主义就主张以马克思的历史规律学说和生产力首要性的观点来对抗葛兰西、卢卡奇和柯尔施等人的意识形态批判理论，其目的是论证无产阶级革命在现阶段的不可能性和不合理性，从而使社会主义运动变得更加温和。不过，这一时期的马克思主义哲学并没有完全丧失自身的批判性。以生态学的马克思主义为例，这一派别的理论家认为，生态危机的根源在于资本主义的生产方式以及在此基础上产生的社会制度和意识形态。因此，人类要走出生态危机，就必须把生态学研究和对资本主义的批判结合起来，重建自然与社会、自然史与人类史的关系。

　　通过上述考察我们可以看到，马克思主义哲学始终在随着时代问题的变化而不断调整自身的发展方向，拓展自身的研究领域。因此，可以说马克思主义哲学的发展史就是马克思的哲学观中去绝对化和非体系化要求的最好印证，它反映了哲学在突破学理主义、教条主义的过程中不断更新自身理论形态的可能。或者说，正是由于放弃了一劳永逸、完满自足的体系化迷梦，马克思主义哲学才真正成为人们现实生活的理性。

二　与各国具体实际相结合

　　马克思的哲学观表明，虽然哲学只具有一种思想的或理论的形式，但它本身却是社会历史现实的一个有机的组成部分。这就是说，任何哲学理论都是在一定的现实环境中形成并反作用于这一环境的，根本不存在所谓世界之外的遐想。毫无疑问，马克思有关哲学与现实之间辩证关系的思考也深刻地影响了马克思主义哲学的发展，它使哲学家们意识到，只有从各国具体的革命实践和各民族特殊的文化传统出发进行哲学思考，才能充分实现哲学批判和引导的社会功能。我们知道，自 19 世纪下半叶开始，随着国际共产主义运动的发展，马克思主义哲学逐渐传播到世界各国。在这种情况下，上述认识也就显得尤为必要了，它与马克思的哲学观中的反对"绝对真理"的要求一道，确保了马克思主义哲学的世界化发展。例如，恩格斯就曾在指导俄国革命运动时强调：需要把马克思的历史理论"应用于本国的经济条件和政治条件。但是，要做到这一点，就必须了解这些条件"①。同样地，列宁也要求把马克思主义的原则"在某些细节上正确地加以改变，使之正确地适应于民族的和民族国家的差别"②。

在这里，我们有必要对马克思主义哲学的世界化发展和西方哲学的全球传播作一比较，以证明马克思的哲学观所发挥的作用。众所周知，随着资本主义的全球扩张，从古希腊到后现代的西方哲学也传入了所有非西方的国家。然而，西方哲学家却从来没有提出过哲学的世界性与民族性的关系问题。因为在他们看来，西方哲学就是哲学本身，即使不能被称为"绝对真理"，也仍然具有世界性的一般意义；至于其他国家和民族，只要直接拿来学习就好了。显而易见，这是"西方中心论"在哲学观中的直接表现。但是，从更深层次来看，西方哲学家忽视或否认哲学的民族性的根本原因在于，他们从来没有把哲学放在哲学与现实的关系中进行思考，因而在很大程度上保留了哲学的独立性外观，并最终抽象地强化了西方哲学中的一般性内容。

与之不同，马克思主义哲学则遵循着马克思的哲学观思路，提出了多元发展的哲学观。这种哲学观认为，哲学的世界性必然要以民族性为前提，哲学的世界化发展绝不是西方哲学单线进化的结果，而是立足于各国具体实际和各民族多元文化的思想结晶。于是，我们看到，马克思主义哲学虽然产生于西欧，但是在资本主义的全球化和无产阶级的革命运动中获得了世界历史的性质，成为世界各民族进步力量所共同享有的思想财富。或者说，最初作为一种西方哲学的马克思主义哲学正是由于清醒地意识到了自身在地域和文化上的特殊性，并由此确立起对非西方世界的开放态度，才得以超越西方哲学的民族文化限制，创造出一种不同于西方哲学的新的哲学传统。而这样一来，两种哲学不同的发展命运

---

① 《马克思恩格斯文集》第 10 卷，人民出版社，2009，第 532 页。
② 《列宁专题文集：论无产阶级政党》，人民出版社，2009，第 256 页。

也就非常清楚了：西方哲学在进入其他国家后仍然保持着自身的独立形态，与该民族的哲学并立存在，甚至发生激烈的冲突；马克思主义哲学则主动适应各国社会发展的客观需要，以民族化的方式贯彻自身的理论原则，从而最终成为不同民族哲学的一个组成部分。

具体来说，马克思主义哲学在世界范围内的多元发展也可以分为三个阶段。

19世纪末20世纪初，第二国际的马克思主义理论家在恩格斯的指导下，将历史唯物主义学说运用于本国的革命实践，从而推动了马克思主义哲学在东欧和南欧的民族化发展。其中，最为突出的便是由拉布里奥拉所开创的意大利的马克思主义哲学传统。我们知道，意大利哲学素有鲜明的历史主义特征。而拉布里奥拉正是以此为出发点，将社会主义运动作为"人创造自己的历史"① 这一命题的现实内容，从而确立了以现代社会的阶级斗争分析人类历史的观点。

20世纪20~50年代，马克思主义哲学由西方扩展到东方，先后在苏俄和中国实现了富有民族性的全新发展。不可否认，马克思主义哲学的这两种形态都是在政治、经济、文化相对落后的国家中形成的，因而在很大程度上区别于西欧的马克思主义哲学。但我们也要看到，正是它们的产生赋予了马克思主义哲学以真正的世界性影响。例如，毛泽东就是通过将马克思主义哲学与中国传统智慧融会贯通，形成了他立足于亲身实践、着眼于具体分析的哲学思维。

自20世纪60年代末以来，在"新左派"运动的推动下，英国和北美的马克思主义哲学迅速崛起，成为后工业社会的典型理论形态。我们知道，作为分析哲学的策源地，英美哲学界一向缺乏研究马克思主义的兴趣与热情。但是，随着柯亨"第一次把分析哲学的程序标准引进历史唯物主义的基本思想中"②，一种以表述清晰和论证严密为特点的科学的马克思主义哲学引发了英美学界的高度关注，从而成为当代马克思主义哲学世界化发展的新的增长点。

上述考察表明，马克思主义哲学已经在一百多年的民族化进程中形

---

① 〔意〕拉布里奥拉：《关于历史唯物主义》，杨启潾、孙魁、朱中龙译，人民出版社，1984，第35页。

② 〔英〕安德森：《当代西方马克思主义》，余文烈译，东方出版社，1989，第22~23页。

成了多种理论形态并存的格局，而且，它也正是以这种民族化的进程来丰富和深化自身的世界历史性质的。随着马克思主义哲学作为一种批判性力量被纳入不同国家的具体实际和文化传统之中，马克思的哲学观中关于破除绝对体系和面向现实世界开放的要求也就得到了进一步的实现。

三　体现哲学家的个性特征

除了时代化的内容和民族化的特色以外，马克思主义哲学还具有鲜明的个性化的风格，而这种个性化也同样可以在马克思的哲学观中找到依据。如前所述，马克思的哲学观要求哲学家成为现实变革运动的参与者和反思者，而这一要求不论实现与否，其本身就意味着恢复了哲学与哲学家个人生活的关联，指明了哲学创造与哲学家的自我实现是同一个过程。尽管哲学创造的个性化是很自然的事情，但相比于传统哲学观将哲学定位于"客观真理的无主体表达"的做法，马克思的哲学观则更能激励哲学家将自己的生命体验特别是以"改变世界"为目的的个性思考融入哲学。也正因如此，马克思主义哲学能够在坚持自身理论传统的前提下，充分包容不同哲学家由于不同的个人气质、知识背景、理论兴趣而形成的特殊的理论创造风格；即使在同一时代、同一文化传统中，我们也仍然可以看到马克思主义哲学鲜明的个性特征。

其中，最为典型的例证莫过于马克思和恩格斯在哲学创造风格上的差别。马克思接受过良好的古典教育，因而擅长哲学思辨，也更为关注社会历史领域中的问题。这些因素使得他的哲学创造体现出浓厚的人文主义色彩，并在本体论、法哲学和历史观的建构方面取得了突出的成就。与马克思不同，恩格斯则是自学成才的，虽然在学术研究方面缺乏严格的学院式训练，但是有着丰富的社会实践经验（如军事作战、工厂管理等），这决定了他的兴趣主要集中在自然科学和政治经济学的方面[1]。而这一点在他的哲学创造中的反映，便是明显的科学化倾向，以及在认识论、方法论和自然辩证法等方面的理论专长。即使是在同一研究领域中，二人的差别也同样明显。例如，同样是政治经济学批判，但马克思的论

---

[1]　参见〔英〕麦克莱伦《马克思以后的马克思主义》，林春、徐贤珍等译，东方出版社，1986，第 11 页。

述往往更为抽象和富于哲学思辨，甚至可以说是一种哲学的表达；而恩格斯的论述则更为强调经济规律本身的内容，具有决定论的色彩。

又如在法兰克福学派内部，不同哲学家的文化批判理论也各有特色。以阿多尔诺为例，尽管他深刻地批判了晚期资本主义社会的文化工业体系，却对这一批判本身抱有一种悲观的态度。他写道："文化向来可以产生驯服那些革命和野蛮本能的作用，工业文化也助其一臂之力。这充分说明，人们根本无法摆脱这种残酷的生活境遇。"① 也就是说，由文化产品的异化所带来的社会异化是根本无法消除的。而这样一来，我们也就不难理解阿多尔诺何以会消极对待现实的政治问题，而不是设法将自己的学说付诸实践。相比之下，马尔库塞的批判理论则更加彻底和富有激情。他相信，只有通过文化的批判，才能把人的本能从压抑性文化中解放出来；因此，在现代社会中，文化革命已变得比经济革命更为深刻。而当席卷西方的"新左派"运动袭来时，他更是热情地予以了支持，从而在理论和实践上同时贯彻了激进的政治立场。

同样的例证还存在于马克思主义哲学中国化的历程之中。众所周知，毛泽东和李达有着长期密切而深入的哲学交往。但是，他们二人对马克思主义哲学中国化所作出的贡献却是极为不同的。毛泽东更注重从整体、全局把握事物，因此，他对马克思主义哲学中国化的理解便是从形式到内容的全面中国化，即创造出完全中国形态的马克思主义哲学。例如，他就曾明确要求全党按照中国的特点去应用马克思主义，"使之在其每一表现中带着必须有的中国的特性"，即是说，使之具有"为中国老百姓所喜闻乐见的中国作风和中国气派"②。与毛泽东不同，李达所强调的首先是对于马克思主义哲学本身的全面、系统和准确的理解。尽管李达并没有创造出像毛泽东哲学那样具有完全中国形态的马克思主义哲学，但他却无疑完成了更为基础性的工作。

总之，马克思主义哲学的发展也是一个面向哲学家个人的现实生活开放的过程。如果再联系本节前两部分的内容，那么我们就会看到，马克思主义哲学正是通过对时代问题、各国具体实际和哲学家个人生活的

---

① 〔德〕霍克海默、阿道尔诺：《启蒙辩证法》，渠敬东、曹卫东译，上海人民出版社，2003，第170页。

② 《毛泽东选集》第2卷，人民出版社，1991，第534页。

开放，实现了马克思的哲学观中关于哲学对现实世界开放的要求。当然，这也就再次证明了马克思主义哲学的丰富内容和多元格局绝不是任意发展的偶然结果，而是在"一般"原则统摄下的"特殊"展现。

第三节　马克思的哲学观与当代中国马克思主义哲学研究

正如本书在考察中国马克思主义的哲学观时指出的那样，20 世纪 80 年代以来，中国马克思主义哲学研究者逐渐把握到了马克思的哲学观的精神实质，并尝试按照马克思的方式来看待和审视哲学本身。然而，理论上的把握并不等于实践上的贯彻。也恰恰是在这一时期（特别是 20 世纪 90 年代以来），中国马克思主义哲学研究出现了明显的非现实化倾向，不少研究者在"回到文本"的过程中将马克思主义哲学研究越来越多地变成了一种一般意义上的西方哲学研究。而随着现实批判性的丧失，中国马克思主义哲学也就难免遭遇了被边缘化的命运，成为社会中无人问津的纯学术讨论。不可否认，要走出这样的困局，中国马克思主义哲学还有很多要做。但在这一过程中，我们仍然需要格外重视马克思的哲学观对于马克思主义哲学发展的规范意义。也就是说，马克思的哲学观绝不应当仅仅是一种学术考察的对象，而应当被看作是有关"如何做哲学"的重要指示。唯有如此，我们才能避免在这一问题上重新陷入理论和实践的脱节，为中国马克思主义哲学的未来发展找到可供借鉴的思想资源。

一　兼顾学术性与现实性

既然我们要解决的是中国马克思主义哲学研究脱离现实的问题，那么，就必须首先了解这一问题产生的原因。应当承认，中国马克思主义哲学与现实的疏远起初只是一种针对哲学与现实的不恰当关系的自觉纠正。这种不恰当的关系表现为："在建国后的前 30 年，哲学的论争总是附着于特定的政治斗争，或者被赋予特定的政治斗争的色彩"①。这表明，在 20 世纪 80 年代之前，虽然马克思主义哲学与现实的关系是"密

---

① 孙正聿：《哲学观研究》，吉林人民出版社，2007，第 314 页。

切"的，但这种"密切"关系却是以一种扭曲的形式存在的。这一时期的马克思主义哲学由于频频出位，以至于在一定程度上沦为现实生活中个别事件的论证手段或辩护工具，因而难免有人会批评马克思主义哲学只具有政治方面的功能，根本算不上是一门学问。不论此类批评的动机如何，但它确实反映了当时马克思主义哲学研究中存在的问题。好在随着改革开放以来思想解放的不断推进，学界对于哲学原理教科书体系的批判性反思也日益深入。于是，有越来越多的马克思主义哲学研究者提出了明确的"学术性诉求"，以期按照哲学本身所特有的思维方式和发展规律来开展研究，而这样的诉求也自然有其合理性。

然而，"矫枉"又难免"过正"，"学术性诉求"很快便将中国马克思主义哲学研究带向了另一个极端。其之所以如此，是由于"'学术性'是一个充满歧义的概念，它既可相对于'政治性'而言，也可与'现实性'相对待"①，如果不详加区分，那么便很可能由拒斥哲学的政治化而走向哲学的非现实化。进一步来说，哲学的"政治性"也不完全意味着哲学成为政治的附庸，因为哲学与政治的关系本身就是哲学与现实的关系的一种表现形式。由此可见，拒斥哲学的政治化的目的应当是摆正哲学与政治的关系，而不是断绝哲学与政治的任何勾连，更不是对现实生活乃至整个外部世界采取一种规避的态度。令人遗憾的是，许多马克思主义哲学研究者所理解的"学术性"恰恰就是这样一种完全无关于现实的、空洞无物的学术规定性，他们在"学术性诉求"的名义下所做的无非是将马克思主义哲学研究变为一种概念的堆砌或技术性的考究，一种对现实生活世界毫不关心的、走着纯粹思想自我构成道路的智力游戏。即使这种研究仍冠以"马克思主义"之名，但其实质上早已违背了马克思主义哲学的本性，在纯粹形式主义的追求中迷失了方向。

如果说哲学的"学术性"是这样一个"迷阵"的话，那么，哲学的"现实性"也同样有可能是一个"陷阱"。我们知道，不论是黑格尔还是马克思都曾提示我们，"现实"并不是自明的东西；没有纯粹客观的现实，有的只是处在某种理论框架中并接受某种主体尺度的现实。举例来

---

① 汪信砚：《当前我国马克思主义哲学研究的三个误区》，《哲学研究》2005 年第 4 期。

说，如果不进入黑格尔的语境，那么"凡是现实的东西都是合乎理性的"① 这一命题将无法被正确地理解。也正因如此，我们在强调哲学研究的"现实性"时，必须十分注意这一概念所标示的只能是以哲学所特有的方式透视现实，而不是离开哲学的特点、按照一般人的思维方式建立起哲学与现实生活的关联。

然而，不少马克思主义哲学研究者却不自觉地落入了这样一个"陷阱"。在他们看来，哲学的"现实性"便是哲学对现实生活的简单而直接的参与，似乎哲学如果不对现实生活中的个别事件作出立竿见影的反应，便无法实现所谓的现实性诉求。于是，一系列抹杀哲学与现实的必要间距的理论便应运而生了，它们使马克思主义哲学在一定程度上重蹈了过去盲目政治化的覆辙。针对上述做法，我们可以再次举出那个"引起近视的政府的感激和同样近视的自由派的愤怒"② 的黑格尔命题，因为它清楚地表明：哲学的"现实性"并不会与一般人的意识和观念直接等同，如果放弃了自身的超越性、反思性，哲学的现实回归也就失去了应有的理论深度和学术底蕴，就会混同于其他学科。

通过上述考察，我们可以看到，关于"学术性"和"现实性"的认识误区已经给马克思主义哲学研究带来了许多不利的影响。因此，我们只有避免前者的形式主义倾向和后者的非哲学化做法，才能在正确的意义上谈论哲学研究中的学术性和现实性的关系问题。就此而论，马克思的哲学观已经为这一问题的解决提供了重要的思想资源：首先，从学术性的方面来看，马克思精深的哲学修养，特别是对德国古典哲学的深入把握，决定了他的哲学创造有着很高的学术起点。也就是说，马克思首先是一名熟习于哲学的思维方式和发展规律的专家。尽管他曾反复在"生活决定意识"的意义上强调哲学的现实根基，却从来没有把哲学视为物质条件的被动反映，反倒是一直"以一个特殊的领域——哲学——里的战斗来参加在社会的一切领域里进行的反对整个现存秩序的革命斗争"③。毫无疑问，这里所体现出的"哲学和现实之间的辩证关系"正是

---

① 〔德〕黑格尔：《法哲学原理》，范扬、张企泰译，商务印书馆，1961，序言第 11 页。
② 《马克思恩格斯文集》第 4 卷，人民出版社，2009，第 268 页。
③ 〔德〕柯尔施：《马克思主义和哲学》，王南湜、荣新海译，张峰校，重庆出版社，1989，第 38 页。

最具学术性的理论原则。其次，从现实性的方面来看，马克思的哲学观的最本质要求便是哲学对现实世界的开放。从投身思想事业起，马克思就明确反对将哲学局限在自我封闭的概念体系中；他相信，哲学只有成为人们现实生活的理性，才能真正实现自身的价值。当然，这并不意味着哲学将无中介地直接面对现实，而实践的观点就是马克思为哲学透视现实找到的最好的理论框架。在这一框架中，哲学的现实性和批判性内在地联系在了一起。

　　总之，马克思的哲学观和在这种哲学观规范下的马克思的哲学实践共同表明，哲学的学术性和现实性并不是相互对立的。其中，哲学思想的深入发展必须以解决现实问题为旨归，否则就会堕入纯粹形式主义的追求；而哲学对现实问题的关注又必须被提升到哲学研究的学理层面，否则便只能停留于实证描述的水平。当然，马克思也不是凭空实现哲学的学术性和现实性的统一的，这种统一既与德国古典哲学（特别是黑格尔主义）的理论氛围相关，又与当时大冲突、大动荡的时代现实对于哲学的热切呼唤有关，而这些因素都是当代中国马克思主义哲学研究所不具备的。不过，这并不能成为我们今天沉溺于文本解读或概念游戏的借口，中国特色社会主义现代化建设的生动实践同样需要马克思主义哲学的学术透视和理论引领。

二　强化同其他人文社会学科的联系

　　就中国马克思主义哲学研究脱离现实这一问题而言，"兼顾学术性与现实性"只是解决问题的一个总体的方向，而非具体的路径。不过，马克思的哲学观已经为我们提示了一条哲学面向现实世界开放的可能的路径，即同其他人文社会学科的结合。在马克思看来，虽然政治经济学、历史学、人类学、政治学等学科可能包含着意识形态的陷阱，但它们在获取事实材料、进行初步理论概括等方面都是可取的，因而哲学同它们的结合也就等于间接地面向现实世界开放。例如，19世纪下半叶人类学研究的迅速发展就为晚年马克思探索人类历史规律提供了大量的新素材。当然，马克思并没有停留于这些学科的经验性和实证性的水平，而是坚持以哲学的方式研究这些学科所提出的问题。于是，在他那里，哲学与其他人文社会学科之间形成了这样一种关系：后者为前者提供现实的内容，而前者则渗透于后者之中，使其成为批判的、革命的理论。以马克思的政治经济学批判为例，哲学正是由于深入政治经济学的研究成果之中，才得以揭示出隐藏于这些成果背后的更为深刻的东西。

也许有人会说，在哲学与其他人文社会学科的关系问题上，马克思的哲学观并不足以规范当代中国马克思主义哲学研究。因为在马克思的时代，哲学还保留着作为"科学之科学"的余威，而且各学科也还处在"你中有我、我中有你"的相互关联之中；与此形成鲜明对比的是，在我们今天，哲学早已成为庞大学科体系中的普通一员，而学科的分化更是达到了壁垒森严的地步。那么，我们又应当如何看待这种质疑呢？在这里需要指出以下两点。

第一，马克思向来反对以"绝对真理"自居的哲学高高在上地对其他学科指手画脚，甚至妄想取代其他学科的具体研究。在他看来，各学科只有摆脱了传统哲学带给它们的"一般化""普遍性"的阴影，才能更好地投身于现实。这就是说，马克思从来没有想要凭借传统哲学观赋予哲学的权威来发号施令。

第二，尽管在当今时代，各门学科都趋向于越来越强的专业化，以至于成为仅仅属于专家的知识领域，但是，哲学仍然应当有意识地警惕并拒斥这种知识专门化的倾向。这种情形恰如阿德勒所言："唯有哲学，因其与普通个体的常识性知识密切相联，因而仍然保持着非专门化——知识广博者的国度，是每个人的事务。"① 作为对这一观点的佐证，马克思有关"一门科学"的论述也向我们表明，他对学科的分化持有一种基本的批判态度。这是由于，与学科的分化相伴随的，是各门学科在各自狭窄领域中的不断深化，而这也就意味着它们越来越多地远离了自身得以成立的前提，即人的历史存在的意义，以及人与自然界在未来达到本质统一的可能性。显然，这些都是马克思所无法接受的。总之，即使在我们今天这个学科高度分化的时代，马克思的哲学观也仍然有着现实的指导意义，它提示我们不能将哲学看作一门与其他学科一样封闭的、仅靠向自身内部的深入钻研就足以自立的学科。

---

① 〔美〕阿德勒：《哲学的误区》，汪关盛等译，孔之放校，上海人民出版社，1992，第85页。

事实上，马克思的哲学观中有关反对哲学过分专门化的要求已然在其后的马克思主义哲学中得到了贯彻，而最为典型的例证便是法兰克福学派的批判的社会理论。1931 年，霍克海默发表题为"社会哲学的现状与社会研究所的任务"的就职演说，也正是在这一演说中，他为法兰克福学派确立了"哲学与社会科学的联盟"的研究纲领。这一纲领的内容包括：第一，突出哲学在研究中的地位，弥补由于前任所长格吕贝格对哲学的盲目排斥而造成的理论缺陷；第二，打破具体学科之间的传统界限，开放在哲学指导下的多学科合作研究。针对第二点，霍克海默强调指出，由于"社会哲学主要关心那些只有处于人类社会生活关系中才能够理解的现象，即国家、法律、经济、宗教"，因而有必要"对以现实的哲学提问方式为基础的研究进行组织，将哲学家、社会学家、国民经济学家、历史学家、心理学家统一到持续的研究共同体中，并一起研究"①。他相信，只有这样，才能使哲学的批判意识真正融入社会研究之中。

正是在霍克海默的卓越领导下，法兰克福学派充分践行了"哲学与社会科学的联盟"这一研究纲领。我们看到，虽然波洛克、纽曼、基希海默等人的经济、政治分析并没有太多的哲学意味，但是，他们的研究却无疑为阿多尔诺、马尔库塞等专业哲学家转向社会科学提供了巨大的理论支撑。通过他们的跨学科合作，马克思主义哲学以开放的姿态走向了极权主义、纳粹主义和大众文化等一系列重大的现实问题，取得了一大批具有深远影响的理论成果。因此，可以说一部法兰克福学派史就是一部哲学在与社会科学的联盟中不断发展的历史；其经验表明：不同的学科和学术背景完全可以在同一研究纲领下进行整合，而这种整合的目的便是恢复人文社会学科由于片面专业化而失去的对于社会整体的认识。

上述考察表明，当代中国马克思主义哲学研究不仅有必要而且有可能强化同其他人文社会学科的联系。换言之，如果不能将哲学研究拓展于经济学、政治学、社会学等具体的理论领域，那么马克思主义哲学对现实问题的关注就很可能会流于表面，成为空洞的抽象话语。即使我们

---

① 〔德〕霍克海默：《社会哲学的现状与社会研究所的任务》，王凤才译，《马克思主义与现实》2011 年第 5 期。

已经很难像马克思、恩格斯那样建立起哲学同其他学科之间的整体性联系，但至少要对其他学科抱有开放的态度，摒弃"哲学只能以纯粹的方式存在"的观念。同时，这种开放态度也意味着，哲学研究者应当接受并欢迎其他学科的专家在本专业基础上进行的具有哲学性质的思考，因为这些都是建立学术共同体的必要前提。

三 探索中国的发展道路

本书第三章指出，在马克思看来，哲学应当自觉关注人的生存境遇，将人的解放和自由全面发展作为自身的理论主题。由此可见，马克思之所以强调哲学面向现实世界开放，就是为了在真正"改变世界"的意义上探索人类解放道路，回答"人类向何处去"这一时代大问题。而这一点对于中国马克思主义哲学研究的启示便是，哲学的现实性本身并不是目的，它只能服务于一个更为根本的研究目标，即探索中国道路、回答"中国向何处去"的问题，从而使马克思主义哲学真正成为中国人民伟大实践的理论先导。显然，这一目标正是马克思关于哲学主题的要求在中国的具体化。尽管中国并没有经历过与19世纪西欧完全相同的人的生存困境，但是，资本主义的时代语境决定了中国与其他国家一样，都面临着实现人的自由全面发展的重大机遇和严峻挑战。这种"一般—特殊"的关系决定了中国马克思主义哲学研究必须在立足本国具体实际的前提下，按照马克思的哲学观的要求来确定自身的理论目标。

就这一点而言，早期中国马克思主义者已经为我们树立了良好的典范。以李达为例，他之所以能够成为马克思主义哲学中国化的杰出代表，就是由于他始终把中国问题放在马克思主义哲学研究的中心位置。早在1923年，他便已经明确意识到"马克思学说之在中国，已是由介绍的时期而进到实行的时期了"①。也正是基于这种认识，李达在传播和阐释唯物史观的过程中，特别重视以唯物史观"考察目前中国的出路"。因为在他看来，唯物史观乃是对社会发展一般规律的揭示，"学者苟循此以求之，必了然于国计民生之根本，洞悉其症结之所在，更进而改造之不难

---

① 《李达全集》第 3 卷，人民出版社，2016，第 108 页。

也"①。由此可见，李达全部研究的目的就在于以马克思主义哲学的世界观和方法论为指导揭示中国社会特殊的发展规律，引导中国人民科学地看待中国社会的现实问题，认清中国革命的正确道路。具体来说，他首先探讨了中国社会问题的特性，指出："中国社会问题虽亦同为资本主义之产物，然其发生之理由，乃因产业之不得发展，与工业先进国因产业发展过度而发生之社会问题大不相同，此其特性也"②。因此，李达认为，中国革命的目的就在于通过发展产业来解决大多数人民的生活问题；"要发展中国产业，必须打倒帝国主义的侵略，廓清封建势力和封建制度，树立民众的政权，发展国家资本，解决土地问题"③。可以说，李达等早期中国马克思主义者正是由于充分地适应了半殖民地半封建条件下中国社会的迫切需要，才使得马克思主义哲学在中国焕发出蓬勃的生机和巨大的理论生命力，从而最终成为现代中国哲学的主潮。

当然，探索中国道路这一研究目标在不同的历史时期又有着极为不同的具体内涵。如果说李达的马克思主义哲学研究是为了探索中国革命的道路，那么，当代中国马克思主义哲学研究所要探索的则是中国式现代化发展的道路。这一关涉到"中国向何处去"的时代大问题虽不似20世纪上半叶的"革命道路之争"那般迫切和紧要，却同样与中国人民的生存境遇密切相连。具体来说，当代中国马克思主义哲学研究应当从以下几个方面回应我们这个时代的关切。

一是考察中国在全球化进程中的历史方位。马克思的世界历史理论已经表明，全球化在发达国家和发展中国家之间造成了一种"中心—边缘"的结构。那么，作为发展中国家的中国应如何避免从属于发达国家的命运，在积极参与全球交往的同时保持自身相对独立的地位？此外，全球化的实质是资本的全球化，它必将导致资本主义的一切消极后果在世界范围内的蔓延。那么，作为社会主义国家的中国又将如何在抵御资本逻辑主导的同时开创人类文明的另一种可能？以上这些问题都是摆在中国马克思主义哲学研究者面前的重要课题。

二是关注中国发展所面临的现代性问题。我们知道，当代中国正处

① 《李达全集》第4卷，人民出版社，2016，第4页。
② 《李达全集》第4卷，人民出版社，2016，第133页。
③ 《李达全集》第5卷，人民出版社，2016，第96页。

在从传统农业文明到现代工业文明、从计划经济到市场经济的历史转型中。因此，在很长一个历史阶段内，现代化将是中国发展的主要方向。然而，随着现代化进程的推进，现代性的陷阱也逐渐在中国显现，而其中最为典型的便是由科学理性的片面张扬所导致的生态危机和人的异化存在。因此，对于当代中国来说，问题并不在于要不要现代性，而在于如何避免现代性的消极后果，以确保人的现代化与物的现代化的协调发展。

三是推动中国发展理念的创新。中国马克思主义哲学研究应当自觉发挥哲学与人的生存的本质关联，以一种批判的、反思的观点参与到发展理念的变革之中，为探索一种新型文明形态提供思想资源。

四是反思中国文化转型与文化精神创新。文化最为集中地反映着人类的生存智慧、价值追求和审美情趣，因而对文化问题的研究也就直接意味着对人的精神生活的批判性反思。也正是在这个意义上，我们认为当代中国马克思主义哲学研究非常有必要参与到中国社会转型期的文化建构之中，以自身所特有的实践批判思维分析大众文化、消费文化、网络文化等新兴文化现象，以及全球化背景下的文化冲突给当代中国带来的机遇和挑战，以期为人的全面发展作出自身应有的理论贡献。

四　参与意识形态斗争

本书多次指出，马克思十分重视哲学的意识形态批判功能，因为这种批判所引发的人们观念的变革本身就是现实世界改变的一个环节。当然，对于马克思来说，哲学的意识形态批判决不仅限于揭露"德意志意识形态"的秘密，作为他最重要的哲学实践的《资本论》本身也是一种意识形态批判。在这部著作第一卷的第二版跋中，马克思已经言明，他所要解构的意识形态就是在对资本主义的实证研究中形成的并且被资产阶级所强化的"普遍永恒资本的幻象"，即"把资本主义制度不是看做历史上过渡的发展阶段，而是看做社会生产的绝对的最后的形式"①。尽管这一批判主要是以政治经济学的方式进行的，但其中却始终贯穿着哲学的人文关怀和辩证法的革命精神。因此，可以说马克思在《资本论》

---

① 《马克思恩格斯文集》第 5 卷，人民出版社，2009，第 16 页。

中对于资本主义必然被扬弃的历史趋势的揭示就是他的哲学的意识形态批判的最终成果。在其后马克思主义哲学的发展中，虽然出现了某些忽视或放弃意识形态斗争的做法，但以葛兰西、卢卡奇和柯尔施为代表的早期西方马克思主义哲学家们还是坚决地贯彻了马克思的哲学观中关于意识形态批判的要求。同样地，毛泽东也正是由于意识到"掌握思想领导是掌握一切领导的第一位"①，才会如此重视对于教条主义和经验主义的哲学批判。

那么，这一点对于当代中国马克思主义哲学研究又有着怎样的启示呢？我们知道，随着市场经济的不断发展，中国社会的利益格局越来越分化，思想观念越来越多元，而这也就使得意识形态领域内的较量和斗争呈现出一种愈演愈烈的态势。也正因如此，习近平总书记强调指出："意识形态工作是党的一项极端重要的工作"，而这项工作的首要目的便是"巩固马克思主义在意识形态领域的指导地位"②。诚然，当代中国马克思主义哲学研究早已摆脱了那种充当个别政治事件的理论注脚的形象，但是，在意识形态斗争这一事关国家长期稳定发展的重大问题上，中国马克思主义哲学研究不仅不应当而且也不可能撇清与现实政治的关联，一味回避政治只能是一种缺乏社会责任和历史担当的做法。也就是说，当代中国马克思主义哲学研究需要在学术性和意识形态性之间找到一个恰当的平衡点，按照马克思为哲学的意识形态批判所树立的典范，积极参与到对我们这个时代的塑造活动之中。

首先，在哲学界内部，中国马克思主义哲学研究必须旗帜鲜明地反对各种针对马克思主义指导地位的"真理多元论""过时论""取消论"。当然，这绝不是出于某个特定的政治团体或具体学科的一己私利，而是中国现代化发展的客观需要。具体来说，中国传统哲学不论经历怎样的"现代诠释"或"创造性转换"，就其思想根源来讲始终是外在于当下这个资本主义时代的；而西方哲学不论引入怎样的现代思想或后现代思想，就其基本立场来讲仍然存在与资本统治的同构关系。因此，只有内生于资本主义时代、并且对资本统治持批判态度而且已经民族化为当代中国

---

① 《毛泽东文集》第 2 卷，人民出版社，1993，第 435 页。
② 《习近平谈治国理政》第 1 卷，外文出版社，2018，第 153 页。

哲学的一个组成部分的马克思主义哲学才能真正担负起规范中国现代化发展、关切当代中国人的生存境遇的历史使命。在这个问题上，马克思主义哲学研究者必须有一种当仁不让的态度。

其次，也是更为重要的，中国马克思主义哲学研究需要在一系列现实的热点、难点问题上发出自己的声音，同各种反马克思主义的和假马克思主义的观点展开较量。我们知道，意识形态斗争的关键是掌握群众，巩固马克思主义在意识形态领域的指导地位说到底是巩固马克思主义在人民群众心中的影响力。因此，马克思主义哲学研究的学院化、书斋化事实上也就是一个故步自封、主动放弃意识形态阵地的过程。为了扭转这种"自我放逐"的态势，当代中国马克思主义哲学研究有必要借鉴恩格斯有关"德国的工人运动是德国古典哲学的继承者"① 的思想和艾思奇对于"大众哲学"所作的宝贵探索，尝试在新的历史条件下开辟出一条马克思主义哲学与人民群众相结合的路径。而这一尝试取得成功的关键，就在于从哲学的高度透视和回应人民群众所关心的重大问题。只有广大人民群众真正体会到马克思主义哲学对于人的生存和发展的深切关怀，意识到马克思主义哲学的理论诉求与自身根本利益的高度统一，马克思主义哲学才算是真正取得了意识形态斗争的胜利。

马克思说过："理论在一个国家实现的程度，总是取决于理论满足这个国家的需要的程度。"② 当代中国马克思主义哲学研究只要以学术性与现实性的统一为方向，以强化同其他人文社会学科的联系为路径，以探索中国的发展道路为目标，以参与意识形态斗争为己任，就一定能够按照马克思的哲学观的本质要求，在马克思主义哲学中国化的道路上创造出真正无愧于时代精神的理论成果。

---

① 《马克思恩格斯文集》第 4 卷，人民出版社，2009，第 313 页。
② 《马克思恩格斯文集》第 1 卷，人民出版社，2009，第 12 页。

参考文献

（一）中文部分

1. 《马克思恩格斯文集》第 1～10 卷，人民出版社，2009。

2. 《马克思恩格斯全集》中文第 1 版，第 3、40 卷。

3. 《马克思恩格斯全集》中文第 2 版，第 1、3、31、47、50 卷。

4. 《列宁专题文集：论辩证唯物主义和历史唯物主义》，人民出版社，2009。

5. 《列宁专题文集：论无产阶级政党》，人民出版社，2009。

6. 《毛泽东选集》第 1、2 卷，人民出版社，1991。

7. 《毛泽东文集》第 2、8 卷，人民出版社，1993、1999。

8. 《习近平谈治国理政》第 1 卷，外文出版社，2018。

9. 北京大学哲学系外国哲学史教研室编译《古希腊罗马哲学》，商务印书馆，1961。

10. 苗力田主编《亚里士多德全集》第 7 卷，中国人民大学出版社，1993。

11. 〔法〕笛卡尔：《哲学原理》，关文运译，商务印书馆，1958。

12. 〔德〕黑格尔：《精神现象学》上卷，贺麟、王玖兴译，商务印书馆，1979。

13. 〔德〕黑格尔：《小逻辑》，贺麟译，商务印书馆，1980。

14. 〔德〕黑格尔：《法哲学原理》，范扬、张企泰译，商务印书馆，1961。

15. 〔德〕黑格尔：《精神哲学》，杨祖陶译，人民出版社，2006。

16. 〔德〕黑格尔：《哲学科学全书纲要》，薛华译，上海人民出版社，2002。

17. 〔德〕黑格尔：《历史哲学》，王造时译，上海书店出版社，2006。

18. 〔德〕黑格尔：《美学》第 1 卷，朱光潜译，商务印书馆，1979。

19. 〔德〕黑格尔：《哲学史讲演录》第 1、2、4 卷，贺麟、王太庆译，商务印书馆，1959、1960、1978。

20. 《费尔巴哈哲学著作选集》上、下卷，商务印书馆，1984。

21.〔德〕施蒂纳:《唯一者及其所有物》,金海民译,商务印书馆,1989。

22.〔德〕梅林:《保卫马克思主义》,吉洪译,人民出版社,1982。

23.《卢森堡文选》上卷,人民出版社,1984。

24.〔德〕卢森堡:《资本积累论》,彭尘舜、吴纪先译,生活·读书·
新知三联书店,1959。

25.〔法〕拉法格:《思想起源论》,王子野译,生活·读书·新知三联
书店,1963。

26.〔意〕拉布里奥拉:《关于历史唯物主义》,杨启潾、孙魁、朱中龙
译,人民出版社,1984。

27.《普列汉诺夫哲学著作选集》第1卷,生活·读书·新知三联书店,
1959。

28.〔意〕葛兰西:《狱中札记》,曹雷雨、姜丽、张跣译,中国社会科
学出版社,2000。

29.〔匈〕卢卡奇:《历史与阶级意识——关于马克思主义辩证法的研
究》,杜章智、任立、燕宏远译,商务印书馆,1999。

30.〔匈〕卢卡奇:《关于社会存在的本体论》上卷,白锡堃、张西平、
李秋零等译,白锡堃校,重庆出版社,1993。

31.〔德〕柯尔施:《马克思主义和哲学》,王南湜、荣新海译,张峰校,
重庆出版社,1989。

32.〔德〕柯尔施:《卡尔·马克思——马克思主义的理论和阶级运动》,
熊子云、翁廷真译,重庆出版社,1993。

33.〔法〕阿尔都塞:《保卫马克思》,顾良译,商务印书馆,2010。

34.陈越编《哲学与政治:阿尔都塞读本》,吉林人民出版社,2003。

35.〔法〕阿尔都塞、巴里巴尔:《读〈资本论〉》,李其庆、冯文光译,
中央编译出版社,2008。

36.〔法〕巴利巴尔:《马克思的哲学》,王吉会译,中国人民大学出版
社,2007。

37.〔捷克〕科西克:《具体的辩证法——关于人与世界问题的研究》,
傅小平译,社会科学文献出版社,1989。

38.曹卫东选编《霍克海默集》,上海远东出版社,1997。

39.〔德〕霍克海默、阿道尔诺:《启蒙辩证法——哲学断片》,渠敬东、

曹卫东译，上海人民出版社，2003。

40. 〔德〕阿多尔诺：《否定辩证法》，王凤才译，商务印书馆，2019。

41. 〔美〕马尔库塞：《理性和革命——黑格尔和社会理论的兴起》，程志民等译，重庆出版社，1993。

42. 〔德〕哈贝马斯：《重建历史唯物主义》，郭官义译，社会科学文献出版社，2000。

43. 〔德〕哈贝马斯：《后形而上学思想》，曹卫东、付德根译，译林出版社，2001。

44. 〔德〕哈贝马斯：《理论与实践》，郭官义、李黎译，社会科学文献出版社，2004。

45. 〔德〕哈贝马斯：《现代性的哲学话语》，曹卫东等译，译林出版社，2004。

46. 复旦大学哲学系现代西方哲学研究室编译《西方学者论〈1844 年经济学—哲学手稿〉》，复旦大学出版社，1983。

47. 中国社会科学院哲学研究所马克思主义哲学史研究室、《哲学译丛》编辑部编译《马克思哲学思想研究译文集》，人民出版社，1983。

48. 〔美〕阿德勒：《哲学的误区》，汪关盛等译，孔之放校，上海人民出版社，1992。

49. 〔英〕安德森：《当代西方马克思主义》，余文烈译，东方出版社，1989。

50. 〔俄〕奥伊泽尔曼：《元哲学》，高晓惠译，人民出版社，2013。

51. 〔美〕布鲁德尼：《马克思告别哲学的尝试》，陈浩译，中国人民大学出版社，2019。

52. 包亚明选编《一种疯狂守护着思想——德里达访谈录》，上海人民出版社，1997。

53. 孙周兴选编《海德格尔选集》下卷，上海三联书店，1996。

54. 〔美〕胡克：《对卡尔·马克思的理解》，徐崇温译，重庆出版社，1989。

55. 〔德〕胡塞尔：《现象学与哲学的危机》，吕祥译，国际文化出版公司，1988。

56. 〔美〕卡弗：《马克思与恩格斯：学术思想关系》，姜海波、王贵贤等译，中国人民大学出版社，2008。

57. 〔美〕卡弘：《哲学的终结》，冯克利译，江苏人民出版社，2001。

58. 〔法〕科尔纽：《马克思恩格斯传》第1卷，刘磊、王以铸、杨静远译，持平校，生活·读书·新知三联书店，1963。

59. 〔法〕科尔纽：《马克思的思想起源》，王瑾译，中国人民大学出版社，1987。

60. 〔德〕克朗纳：《论康德与黑格尔》，关子尹编译，同济大学出版社，2004。

61. 〔美〕莱文：《不同的路径：马克思主义与恩格斯主义中的黑格尔》，臧峰宇译，北京师范大学出版社，2009。

62. 〔德〕赖欣巴哈：《科学哲学的兴起》，伯尼译，商务印书馆，1983。

63. 〔美〕罗蒂：《哲学和自然之镜》，李幼蒸译，生活·读书·新知三联书店，1987。

64. 〔美〕罗蒂：《后哲学文化》，黄勇译，上海译文出版社，2009。

65. 〔法〕洛克曼：《马克思主义之后的马克思：卡尔·马克思的哲学》，杨学功、徐素华译，东方出版社，2008。

66. 〔德〕洛维特：《从黑格尔到尼采：19世纪思维中的革命性决裂》，李秋零译，生活·读书·新知三联书店，2006。

67. 〔英〕麦克莱伦：《青年黑格尔派与马克思》，夏威仪译，商务印书馆，1982。

68. 〔英〕麦克莱伦：《马克思以后的马克思主义》，林春、徐贤珍等译，东方出版社，1986。

69. 〔美〕萨林斯：《文化与实践理性》，赵丙祥译，张宏明校，上海人民出版社，2002。

70. 〔德〕施太格缪勒：《当代哲学主流》上卷，王炳文、燕宏远、张金言等译，商务印书馆，1986。

71. 〔德〕文德尔班：《文德尔班哲学导论》，施璇译，北京联合出版公司，2016。

72. 《李大钊全集》第4卷，人民出版社，2006。

73. 《陈独秀著作选》第2卷，上海人民出版社，1993。

74. 《瞿秋白文集》政治理论编第2卷，人民出版社，1988。

75. 《艾思奇文集》第 1 卷，人民出版社，1981。

76. 《李达全集》第 3、4、5、12 卷，人民出版社，2016。

77. 陈立新：《历史意义的生存论澄明——马克思历史观哲学境域研究》，安徽大学出版社，2003。

78. 崔唯航：《马克思哲学革命的存在论阐释——从理论哲学到实践哲学》，中国社会科学出版社，2005。

79. 戴劲：《马克思的感性存在论研究》，人民出版社，2011。

80. 何萍：《马克思主义哲学史教程》上、下卷，人民出版社，2009。

81. 何中华：《哲学：走向本体澄明之境》，山东人民出版社，2002。

82. 何中华：《重读马克思——一种哲学观的当代诠释》，山东人民出版社，2009。

83. 侯才：《青年黑格尔派与马克思早期思想的发展——对马克思哲学本质的一种历史透视》，中国社会科学出版社，1994。

84. 黄浩：《马克思的哲学观研究——基于"柯尔施问题"的视角》，学习出版社，2014。

85. 李成旺：《马克思哲学革命的文本学解读》，中国社会科学出版社，2011。

86. 李文阁：《复兴生活哲学——一种哲学观的阐释》，安徽师范大学出版社，2010。

87. 李志：《马克思的个人概念》，人民出版社，2014。

88. 刘放桐主编《西方近现代过渡时期哲学——哲学上的革命变更与现代转型》，人民出版社，2009。

89. 鲁路：《马克思博士论文研究》，中央编译出版社，2007。

90. 聂锦芳：《哲学原论——经典哲学观的现代阐释》，中国广播电视出版社，1998。

91. 聂锦芳主编《马克思的"新哲学"——原型与流变》，中国社会科学出版社，2013。

92. 孙伯鍨、张一兵主编《走进马克思》，江苏人民出版社，2012。

93. 孙正聿：《哲学通论》，复旦大学出版社，2005。

94. 孙正聿：《哲学观研究》，吉林人民出版社，2007。

95. 陶德麟、汪信砚主编《马克思主义哲学的当代论域》，人民出版社，

2005。

96. 汪信砚：《全球化、现代化与马克思主义哲学中国化》，武汉大学出版社，2010。

97. 吴晓明、王德峰：《马克思的哲学革命及其当代意义——存在论新境域的开启》，人民出版社，2005。

98. 吴晓明：《形而上学的没落——马克思与费尔巴哈关系的当代解读》，人民出版社，2006。

99. 杨寿堪：《冲突与选择：现代哲学转向问题研究》，北京师范大学出版社，2008。

100. 杨学功：《超越哲学同质性神话——马克思哲学革命的当代解读》，北京大学出版社，2010。

101. 杨学功：《传统本体论哲学批判——对马克思哲学变革实质的一种理解》，人民出版社，2011。

102. 俞宣孟：《本体论研究》，上海人民出版社，2005。

103. 张艳涛：《马克思哲学观》，社会科学文献出版社，2008。

104. 张一兵主编《马克思哲学的历史原像》，人民出版社，2009。

105. 赵敦华：《马克思哲学要义》，江苏人民出版社，2018。

106. 赵修义、童世骏：《马克思恩格斯同时代的西方哲学——以问题为中心的断代哲学史》，华东师范大学出版社，2008。

107. 周可：《马克思的资本概念》，北京师范大学出版社，2019。

（二）外文部分

1. James Bonar, *Philosophy and Political Economy*：*In Some of Their Historical Relations*, London：Routledge, 2017.

2. Lucio Colletti, *Marxism and Hegel*, London：NLB, 1973.

3. Max Horkheimer, *Between Philosophy and Social Science*：*Selected Early Writings*, Cambridge, M. A.：The MIT Press, 1993.

4. David Leopold, *The Young Karl Marx*, Cambridge：Cambridge University Press, 2007.

5. Norman Levine, *Marx's Discourse with Hegel*, London：Palgrave Macmillan, 2012.

6. Nicholas Lobkowicz, *Theory and Practice*：*History of a Concept from Aristotle*

to Marx, Notre Dame, I. N. : University of Notre Dame Press, 1967.

7. Michael H. McCarthy, *The Crisis of Philosophy*, New York: State University of New York Press, 1990.

8. Richard Rorty, *Consequences of Pragmatism*, Minneapolis, M. N. : University of Minnesota Press, 1982.

9. W. A. Suchting, *Marx and Philosophy*, London: Palgrave Macmillan, 1986.

图书在版编目（CIP）数据

马克思的哲学观的当代解读／刘秉毅著. -- 北京：
社会科学文献出版社，2023.11
国家社科基金后期资助项目
ISBN 978 - 7 - 5228 - 2496 - 3

Ⅰ.①马…　Ⅱ.①刘…　Ⅲ.①马克思主义哲学 - 研究
Ⅳ.①B0 - 0

中国国家版本馆 CIP 数据核字（2023）第 172645 号

国家社科基金后期资助项目
马克思的哲学观的当代解读

著　　者／刘秉毅

出 版 人／冀祥德
组稿编辑／曹义恒
责任编辑／吕霞云
责任印制／王京美

出　　版／社会科学文献出版社·政法传媒分社（010）59367126
　　　　　　地址：北京市北三环中路甲 29 号院华龙大厦　邮编：100029
　　　　　　网址：www.ssap.com.cn
发　　行／社会科学文献出版社（010）59367028
印　　装／三河市龙林印务有限公司

规　　格／开本：787mm × 1092mm　1/16
　　　　　　印张：14.25　字数：225 千字
版　　次／2023 年 11 月第 1 版　2023 年 11 月第 1 次印刷
书　　号／ISBN 978 - 7 - 5228 - 2496 - 3
定　　价／98.00 元

读者服务电话：4008918866